本书系江西省教育科学规划重点项目
"大学生死亡教育课程行动研究"
（课题编号：18ZD080）的研究成果

新时代思想政治教育丛书

大学生生死教育研究

兰霞萍　著

天津出版传媒集团

天津人民出版社

图书在版编目（ＣＩＰ）数据

大学生生死教育研究 / 兰霞萍著. –– 天津：天津
人民出版社，2024.1
（新时代思想政治教育丛书）
ISBN 978-7-201-20088-0

Ⅰ.①大… Ⅱ.①兰… Ⅲ.①生命哲学—教学研究—
高等学校 Ⅳ.①B083

中国国家版本馆 CIP 数据核字(2024)第 035751 号

大学生生死教育研究
DAXUESHENG SHENGSI JIAOYU YANJIU

出　　版　天津人民出版社
出 版 人　刘锦泉
地　　址　天津市和平区西康路35号康岳大厦
邮政编码　300051
邮购电话　（022）23332469
电子信箱　reader@tjrmcbs.com

责任编辑　武建臣
装帧设计　汤　磊

印　　刷　天津新华印务有限公司
经　　销　新华书店
开　　本　710毫米×1000毫米　1/16
印　　张　23.5
插　　页　2
字　　数　310千字
版次印次　2024年1月第1版　2024年1月第1次印刷
定　　价　108.00元

序言一
生死学视角下的生死教育

兰霞萍博士的这本书以生死教育作为对象进行系统研究，应该说是一个大胆的尝试，他面临着两个难题：一是在当前中国，虽在社会舆论层面对生死教育呼声日益高涨，但在实践层面还远谈不上成为学校教育的一部分；二是人们对生死教育的认知还处在众说纷纭、莫衷一是的状态。然而兰霞萍博士的研究运思缜密巧妙，既有理论演绎，又有实证分析，借助生死学知识背景，在多个层面与多重维度下对生死教育的本质内涵进行了全面而深刻的阐述，颇具前瞻性与学理性。

作者对生死教育作出如下界定："它以生死学学科为依托，是个体通过对死亡知识的学习、体验与思考，探寻人生根本问题，试图唤醒个体死亡意识、转变死亡态度、促进个体生命成长、寻求安身立命之道，实现生命意义和人生价值，以期超越死亡，达到生死一体、两相安、三自在的过程。"作者非常清晰地揭示了何为生死教育、生死教育何为及生死教育为何的本质内涵。

一、何为生死教育？

生死教育即是关于人生根本问题的教育。人生根本问题即是生死问题，而生死问题是生命的内在本质规定，显然这是教育回到生命原点的内在必然。

生死教育的本质内涵是什么？这样的发问，意味着把生死教育当作一种现象存在来看待，即是对生死教育进行哲学思考。作者明确指出："生死教育的本质在于死亡这一对象的参与，在探讨生死教育本质的过程中必须紧紧抓住这一特点。"对死亡的认识是所有自我认知之根基与源头，西谚"认识你自己"的原意是"记住，你将死去"。任何个体唯有基于生命必有一死的本质规定而获得对人生的探讨，才算是真正的自我认知。乔布斯在斯坦福大学2005年毕业典礼上的演讲中曾说道："'记住你即将死去'是我一生中遇到的最重要的箴言。它帮我指明了生命中重要的选择。因为几乎所有的事情，包括所有的荣誉、所有的骄傲、所有对难堪和失败的恐惧，这些在死亡面前都会消失。我看到的是留下的真正重要的东西。你有时候会思考自己将会失去某些东西，'记住你即将死去'是我知道的避免这些想法的最好办法。你已经'赤身裸体'了，你没有理由不去跟随自己内心的声音。"

人类是唯一意识到有死的生命。当个体意识到有死，死亡便直接融入个体自我并成为当下意识结构，从而将死亡纳入个体人生的筹划之中。在生死教育活动中，死亡通过两个看似矛盾实则统一的过程介入个体人生的筹划：

其一，去特殊性走向普遍性。在唯有一死的生命本质面前，我们才能打破现实中的种种隔膜，获得一种"类"的共性认知与意识。这就是说生死教育使个体成为"人"，以此建构起某种使命感与归宿感，消除个体面临死亡的孤独感与自尊焦虑。"对黑格尔来说，在人的教化中，在把人培养成为普遍的人的改造中,一个重要的环节是对死亡的恐惧。死亡的景象震撼着他们,似乎整个在粉碎了他们的生命的特殊性。"①

其二,克服平均化成就个体性。福科明确指出,"正是在对死亡的感知中,个体逃脱了单调而平均化的生命,实现了自我发现;在死亡缓慢的和半隐半现的逼近过程中,沉闷的共性生命最终变成了某种个体性生命"②。当代存在主义先驱基尔凯廓尔十分强调人的个体性,宣布唯有"孤独的个体"才是"真实的存在"。对自己的身后事,他曾经提出如下要求:"假如我战死之后而愿有一块墓碑的话,我只要刻上'那个孤独者'几个字就行了。"③在生命最终走向死亡的进程中,个体才能成为真正的担当者。任何人的死都是第一次,也是唯一的一次,而且不可替代、不可重复。为此,个体是用其一生来为死作准备的。显然,生死教育旨在通过唤醒死亡意识使个体成为"你"。

二、生死教育何为?

人是唯一意识到有死的生命,但人也恰恰是总处于生死紧张与冲突中的生命,而且人的成长过程也正是不断调整生死矛盾从而走向生命完成的过程。调整生死关系,舒缓生死紧张并建构生死之间的内在张力正是生死教育的基本内容,这也是生死教育的本质内涵。

第一,在本能层面上的死亡禁忌与死亡焦虑。这种生死紧张,是本能层面上的紧张。作者指出,死亡禁忌呼唤生死教育,但生死教育不致力于完全消除人类的死亡禁忌,而是在充分了解人类死亡禁忌的基础上,生死教育试图将过度抑制的死亡意识与死亡恐惧重新唤醒,提供一个认识死亡、思考死

---

① [加拿大]查尔斯·泰勒:《黑格尔》,张国清、宋进东译,译林出版社,2009 年,第 212 页。

② [法]米歇尔·福科:《临床医学的诞生》,刘北城译,译林出版社,2011 年,第 193 页。

③ 肖安平:《互爱不仅是友谊》,湖北人民出版社,2001 年,第 9 页。

这种求生避死被称之为"活命哲学",又俗称"好死不如赖活",强调活着的价值要比死了的价值重要得多,价值观的前提是活着比死了好得多,即使是好死,也不能放弃生命,也即是说活得再不好、再窝囊、再屈辱甚至再行尸走肉,只要是活着就比死去要强很多。如果我们理性地思考,"好死不如赖活"就是没有尊严,没有质量?从而也就没有意义?显然,我们不能简单下定论与做判断,也不能以英雄主义价值取向来否定。

荷马史诗《奥德赛》曾记叙奥德修斯到冥间拜访阿基里斯的情形:"老人,当您活着时,我们希腊人使您像神一样荣耀,而您现在,您有力地控制着死者。因此,根本不必为您死了而悲伤,阿基里斯。"奥德修斯这样说着,而阿基里斯直截了当地作出下述回答:"不,不必安慰性地提及我的死亡,光荣的奥德赛。我宁愿成为他人的雇工,成为一个得不到遗产、其生活微不足道的人的雇工。这样我就可以活在世上;而不愿成为统治着所有已被消灭的死者们的君王。"这里所表达的不正是"好死不如赖活"吗?

我们以善生善死为最终目标,但实际上的生死冲突,特别是生死价值冲突使得情况复杂化了,我们究竟是传导一种轻死重生价值取向还是重死轻生价值取向?这大概需要生死教育在普适价值前提下,有针对性地实施才能解决。

三、生死教育为何?

作者明确揭示生死教育的目的就是"生死一体、两相安、三自在",且贯穿统领着全书,这是对生死教育本质内涵的准确阐述。生死教育旨在建构生死一体,通过调整生死紧张达到生死两安,并培养转化为知情行三自在的生死素养。

第一,生死一体观。傅伟勋先生曾指出,必须基于"生死一体"来理解死亡问题。他指出,高龄化乃至死亡过程中的死亡问题"不是根本问题,生死(乃是一体两面的)问题才是根本问题"。死亡问题,"其实本来就是人生自始至终的生死问题"。因为好的死亡是好的生活的一部分。我们的生命具有整体性,我们对人生意义和人生价值的追求也是一种整体性的追求。因此,建构生死一体观是生死教育的首要目标与任务。

生死一体概念有两个重要内涵,一是生死整体观,死亡本是生命的一部分,有生必有死,生死不应分离,它们本是一个整体;二是生死互动观,生死不仅是一个整体,生死之间还可以进行互动。生死之间具有一种张力,既反对不知生焉知死,也不同意不知死焉知生,主张生死互动、生死互参,达到向死而生、以死观生的生命状态。生死教育中生死一体概念所追求的是《庄子·齐物论》所说的"方生方死,方死方生",不仅要深刻领悟生死一体的生命境界,还要具有生死互动、生死转化的能力。

第二,生死两相安。生死两相安有两层意义,一是生死安顿,生前的生活是安顿的,死时的生命是安详的;二是由于死者走得安详,有充分的时间与生者道谢、道歉、道别、道爱,没有未竟心愿,死者与生者之间的情感得到充分交流与释放,死者是没有遗憾的,生者是慰藉的。

生死两相安包括:处理亲人离世,追求逝者魂安,生者心安;面对生死困境,应做到不以生拒死,不以死碍生,求得生死两相宜。世人求物之丰、求名之盛,并不能真正令个体在生命的最后阶段安顿自己的心灵,根本在于无法求得生死两相安,因此,通过爱与被爱令人与人之间生死和谐而不冲突,比如孝道、对他人之爱,求得个体自我内心平衡,这样方能够生死两相安。

第三,生死三自在。生死自在既指人生的一种境界,活得明白,有追求,死得坦然,无困惑;也指达到这一境界的生死素养,包括认知、情感与行为皆本于自在。

不可否认,在生死这一根本问题上,我们面对三重生死隔离:个体自我的生死隔离、我与他人的生死隔离和处于死亡困境者和远离死亡困境者的生死隔离。这是构成生死迷境的三个基本方面,而走出这三重迷境,须从两处着手转识破执:

一是破生死执,以自在心观生死。所谓自在,即自在就是拘束无碍,超脱了一切对立的分化状态和一切的束缚状态。无得无失、无生无死的本然状态。我们以此对待生死便成自在心。二是破人我执,以大我观生死。将个体融入人群、家庭、人类整体,从而建构起一个生命共同体。一位哲人说过,他们的灾难,是为你而发生。美国诗人约翰·堂恩说:"每一个人都是这广袤大陆的一部分,任何人的死亡都是我的损失。因为我是包孕在人类之中的,不要问丧钟为谁而鸣,它为每一个人敲响。"

唯有本于自在,我们方能建立普泛生死观。所谓普泛生死观,即以生死沟通你我,取得最大最普遍的和谐;以生死观世界,以达成最大最普遍之共识。普泛生死观即是在于认知上知己知人、知人如己;在情感上乐自己之生以及人之生,哀自己之死以及人之死;在行动上推己及人,"己欲立而立人,己欲达而达人","己所不欲勿施于人"。

到此,从作者的字里行间,我见到一幅清晰完整的生死教育画面,而循着作者的思路,我也碰触到一条流畅的生死教育实践进路。可以预见,随着本书的出版发行,作者的研究成果必将对读者产生极好的生死教育启蒙效应,从而也将极大地助力生死教育的普及推广。

胡宜安

广州大学马克思主义学院

著名生死学家、生死教育家

序言二
向死而生:把握生命中的每一天

　　因缘殊胜,我与兰霞萍博士的"生死教育"研究是在云端相遇。为增强交流的认知临场感,我们相约在瑶湖师大见面。聊开之后,知道兰博士跟许多才俊一样有过一番艰苦磨砺、奋发向上的青葱岁月,也知道他与"生死教育"研究的因缘际会。临别时,他告诉我,他的一本专门探讨"生死教育问题"的新书《大学生生死教育研究》即将付梓,希望我能为此书写个序。因了多年亲近"禅宗文化",谛听一切贤圣的生死之道,对乔布斯修炼的"生死禅"亦有一知半解,加上本着学习和奖掖青年之故,我就爽快地答应了,前提是我得通读一遍。

　　《大学生生死教育研究》由八章构成,聚焦大学生生死教育问题,分别明晰了生死教育的概念、分类与特性、理论依据、实施原则与研究取向;从哲学、心理学、社会学视域考察了生死教育的理论问题、大学生生死教育的关键问题和生死教育实施的特点;从实证调查的角度,审察了大学生生死教育的需求,厘定了大学生生死教育的目的,建构了大学生生死教育的内容组织;从整合优化的角度讨论了大学生生死教育课程实施的途径、意义、条件、过程和评价;从实然和应然的角度探索了我国大学生生死教育的实践问题,包括主要形式、多元化(渗透、活动、学科)课程的设计与实施、存在的问题和改进的方略。

全书以课程理论为研究框架,初步建构了大学生生死教育的课程内容体系,希望后续将进一步完善课程内容与教学设计体系,契合时代的生死教育需求和智能技术赋能教育革新的时机,把它建设成为线上和线下相结合的一流课程,让更多大学生和公民接触生死教育,引起更多人深度理性地思考死亡、讨论死亡,唤醒死亡意识,转变死亡态度,引发个体生命觉醒,促进生命成长,确立安身立命之道,提升生命质量,从而走向生死教育的生死一体、生死两安、生死自在的终极目标。

该书是在其博士论文基础上迭代优化而成,饱含经年的浸润研究之功。全书针对性强,研究问题明了,理论基础有支撑力,国内外文献综述充分,研究方法适切,过程严谨,内容丰实,知行相应,是当前高校开展大学生生死教育的一部具有研究性的教科书,具有深刻的现实意义和实践价值,同时对普罗大众认识和践行生死教育问题,乃至廉政教育建设问题亦大有裨益。

无疑,写这样一本书或从事这一领域的研究是需要勇气、远见和智慧的,因为它在面临专业挑战的同时,更面临一种"集体无意识"的文化避讳压力,面临是非认知方面的巨大挑战。如同作者在"后记"中深有感触地写道:在一个讳死乐生的文化传统里,从事生死教育研究或开展生死教育活动会遇到太多困难与阻碍。我们总是过多地关注"生",渴望着"生",忌讳"死",认为死亡是一种惩罚,打心底里否认着"死"。

诚然,在传统文化中,我们避讳死亡话题,对生死教育问题有一种先天的畏惧或忌讳。然而避讳的并非虚妄,忌讳的不等于屏蔽,否则无异于掩耳盗铃或是鸵鸟心理。其实,生死教育在我们的文化中一直以一种"自在"或"泛在"的方式存在着。在历史和现实中,我们都直接或间接地和生死教育问题交织在一起。比如,丧葬文化、老龄化问题、自杀和安乐死问题,以及"人生三问"——"我是谁？""我从哪里来？""我要到哪里去？"重要主题。

"生死教育"是文化差异所带来的一种概念表征差异，实则是指"死亡教育"，是"向社会大众传达适切的死亡相关知识，让学习者在日常生活中树立面对生命和死亡应有的正确态度"（美国的专业定义）。在亚洲地区由于文化的差异更多被称为"生命教育"或"生死教育"。

死亡是世间万物都需要遵循的自然规律，是生命的一部分。死亡教育的目的在于帮助人们客观理性地认识死亡的人生意义。死亡教育实际上是"名为谈死，实为论生"，是以生死学为取向的生命教育。它力图确立"未知死，焉知生"的生命哲学命题，让每个人，尤其是年轻的学子站在生命终点重新反思和规划自己的人生，以死观生，向死而生，树立正确的人生观和死亡观，从而辉映主体性的力量，实现自主的生命自觉，真实地把握生命中的每一天，让自己切实地活在当下，旷达超然，每天拥有。

死亡是一种能力，一种追求圆满幸福人生的能力，只有完整地统一人生观和人死观，才能提升生命的质量。生死教育的一个目的，就是要唤醒人的死亡意识，培养尊重生命的人文精神，帮助人们学会正视死亡、接纳死亡，达到生死两安。如此，我们才能真正地欣赏和关爱每一个生命。其实，现实中所有"今朝有酒今朝醉的醉生梦死和及时行乐"，那种"我死后哪管它洪水滔天"的自我毁灭，各种陋习或违法犯罪行为，都是不尊重生命、缺乏死亡意识的表现。

理性地讨论生死教育问题，是积极向上的人生态度。人，这一辈子其实就是"向死而生"的过程（海德格尔《存在与时间》）。

"死亡不是生的对立面，而是作为生的一部分与之永远存在。"（村上春树《挪威的森林》）我们无法离开死亡去谈生命，缺乏死亡教育的人生或教育都是不完整的。如果说，教育是使人过上一种完整而幸福的生活，教育是"教天地人事，育生命觉醒"，那么完整的生命觉醒需要"死亡"参与，生死教育是教育的重要内容。离开死亡去谈生命,去思考人生,我们不可能看清生命的全貌,也不可能会有一个通透深彻的人生体悟。如同作者所说,没有"死亡",只有"生命"参与的教育活动是不完整的,教育不应只具有"生"的维度,应该而且必须也要有"死"的维度,死亡作为看待教育活动的重要维度,生死教育应该而且也必须成为教育的一种重要类型。

人,在面对与接受死亡的时候,就是真正为了更好生活的开始。所谓的"向死而生",就是要"认真想想死亡这件事"。死亡,是人类唯一公平的事,无论是帝王将相,还是贩夫走卒,最终的结局都是一样。2005 年,乔布斯在斯坦福大学毕业典礼上的演讲中坦诚地谈到了"死亡":"没有人愿意死,即使想上天堂,人们也不会为了去那里而死。但是,死亡是我们每个人共同的终点,没有人能逃脱它。事情本该如此,因为死亡就是生命最好的一个发明。它促动生命的变革,推陈出新。"

无独有偶,特斯拉创始人兼首席执行官、太空探索技术公司首席执行官兼首席技术官马斯克,也从另一个角度说到死亡的意义,人类根本没有必要追求长寿,死亡对于人类来说非常重要,多数人到死都不会改变自己,因为思想完全固化了,唯有不断地死亡,完成新陈代谢,这个世界才会生机勃勃。

耶鲁哲学家卡根也曾说,我们都会死去,我们不会永远活着,这个事实会影响我们如何生活,塑造或部分塑造了恰当的生活方式。正确地面对与接受"向死而生"的人生现实,我们才能真正敬畏生命,创造有意义的人生。真正做到"生死"的管理,明白这一生你要做什么,心平气和地把握生命的每一天,我们才有可能最终无憾地说出"此生光明,亦复何言!"(王阳明)

回顾人类历史,我们可看到那种在"多元智能理论"中表现出"自我认识优势智能"(加德纳)的哲人、禅者、觉悟者、仁者、道者关于"生死问题"的认知与修炼。从认知升维的角度看,他们是属于超越常人认知维度的"超人",远超处于"知道分子、知识分子、智能分子、智慧分子"不同进阶的芸芸众生的认知维度。

他们是洞见生命"本来面目"的智者。

比如，禅宗中禅者的生命态度把生活日用都看作是"向死而生"的修炼过程。禅者永远都是秉持着"随缘任运，日用是道"的风范，在行、住、坐、卧一切日常生活中参禅妙悟，彻见本心。"一是一，二是二，头上是天，脚下是地，饥即餐兮困即睡。"（慧南禅师）"平常心是道"。二六时中，无处不禅定，何处不道场？一切日用皆是禅。"何期自性，本无生灭。"（《坛经》）

又如佛家净宗祖师印光大师卧室或闭关处总挂一"死"字。他告诫众人，学道之人念念不忘"死"字，则道业自成。一切有形的，我们都带不去的。诸行无常，安住当下。念死，是让我们学会理智地去面对；念死，是更应该知道珍惜自己的当下。印光大师教我们，"看破"最好的方法就是把"死"字贴在额头上，想到诸行无常，也就没有什么放不下了。

"春有百花秋有月，夏有凉风冬有雪；若无闲事挂心头，便是人间好时节。"（无门慧开禅师）"过去无悔、当下无怨、未来无忧"（明海禅师）。不忧心未来、不追悔过去、不怨恨当下得失。行者若能通过禅修，达到禅心三无，便是"无事挂心头"的境界。

"物来顺应，未来不迎，当时不杂，既过不恋。"这是广为传颂的曾国藩十六字格言，实则是对"应无所住而生其心"（《金刚经》）、"犹如莲花不著水，亦如日月不住空"（《普贤行愿品》）的真实体悟。

"生如夏花之绚烂，死如秋叶之静美。"（泰戈尔）你会不会深以为然，觉得泰戈尔灵魂深处颇得如来的加持？

我国宗教哲学大师、北京大学楼宇烈先生曾用一副对联表达自己对禅宗的体悟：上联是"做本分事、持平常心、成自在人"；下联是"行慈悲愿、启般若慧、证菩提道"，横批"活在当下"。

向死而生，就是要践悟"活在当下，把握生命中的每一天"。

"向死而生"是"活在当下"的思维模型,是"把握生命中的每一天"的行为范式。每个人都得学会接受"人都会死"的现实,我们所过的每一个年月日时分秒,如手中流沙,都是"走向死"的过程。在我们一出生时,就应该有人告诉我们,你已经朝向死亡前进。那么我们就会全心好好生活,每一天和每一分钟。虽然有不少个明天,但今天却只有一个。

活在当下,是"向死而生"者的时间观和生命观。当下,是佛教里最小的时间单位,是1/3600秒,即一秒钟有60个刹那,一刹那有60个当下。当下,指现在这一刻,指此时此刻的任务情境。禅修就是"从这里"开始——此人!此时!此事!此地!当下即是。

活在当下是一种超越"生死撕裂"的大觉悟。活在当下的日用意义何在?

当下,是直下担当,是对待时间的一种哲学,也是实现时间管理的最佳门径。美国20世纪最具原创性的哲学家之一瓦兹(A.Watts)认为,"明天以及有关明天的计划有可能一点意义也没有,除非你充分地与当下的现实接触,因为你生活在当下而且只生活在当下。除了当下的现实,并不存在着其他的现实,因此,即使一个人可以永生,为了将来而活也意味着永远地与生活失之交臂"。

它是一种自然而然。活在当下就是该吃饭时吃饭,该睡觉时睡觉,该干什么就干什么。活在当下就是平常心,顺其自然,就是"饥来饭困来眠"。而不是吃饭时千般挑剔,睡觉时万般思虑。

它是一种专注和心流(Flow Theory)。是"用志不分,乃凝于神"(《庄子·达生》)的一心一意或专心致志;是"制心一处,无事不办"(《遗教经》);是"怀之专一,鬼神可通"(蒲松龄)的奇迹;是"抟物精神、工匠精神、职人精神"的辉映;是心无杂念地专注、精熟和乐于某事或某项技能的心理活动状态;是精益求精,追求卓越,是淡泊名利、宠辱不惊,是"神驰"或"化境"之态,是向上的生命姿态。

活在当下是最真实的时间，是倾听内心的生命场景。"过去心不可得，现在心不可得，未来心不可得。"（《金刚经》）乔布斯每天清晨醒来时总是会问自己："假如今天是我的最后一天，我应该做什么？"他常告诫众人"不要被教条束缚，不要被他人的喧嚣遮蔽了你自己内心的声音，还有最重要的是，你要有勇气去听从你的直觉和心灵的指示"。活在当下，就是把今天当作最后一天过，用心去做来自内心深处的、最有意义的事。

一个人如果领悟到"活在当下"的真谛，你就"没有时间觉得老"。

佛光禅师门下弟子大智出外参学二十年后归来，问其师别来状况，佛光禅师道："很好，很好。讲学、说法、著作、写经，每天在法海里泛游，世上没有比这更欣悦的生活了。每天，我忙得好快乐。"大智很惊奇地问："师父，分别这二十年来，你每天的生活仍然这么忙碌，怎么都不觉得你老了呢？"佛光禅师淡然地说："我没有时间觉得老呀！"大智觉得这句话比他在外二十年的参学心得还要多。

没有时间觉得自己老，是世界上最烂漫的"忘我"。大凡有超凡成就者大抵都有此般"当下即是"的心态。著名的国画大师李可染先生是这样，一代才女苏雪林教授也是这样。李可染先生在耄耋之年依旧精神矍铄，神情俊朗，当人们问起他高寿时，他竟幽默地回答"年方九十"。台湾学界朋友庆贺苏雪林先生百岁寿辰，苏先生一身大红夹袄，满面喜气，并不忘一再向诸亲好友和媒体强调"我哪有 100 岁，我今年才 98 哪！"多么可爱的回答。这种向前的生命姿态和忘我境界，是世间最美丽的造型。96 岁还在编舞的美国现代舞之母玛莎·葛兰姆是这样，100 岁还在摄影的台湾著名摄影大师郎静山也是这样……多么令人感动的身影，这种姿态实是他们作为人生典范最令人尊敬的地方，也着实令许多未老先衰的年轻人深觉羞愧。

活在当下，故而"不知老之将至"；因为热爱，所以"没有时间觉得自己老"。顺其自然，就是与己方便，身心平和；就是活在当下，乐以忘忧。活在当下是指关心此时此刻的生活、学习和工作任务情境,关注一个个稍纵即逝的"现在",立足和运筹"今天",浸润于现在手头上的事,乐在其中,现在该做什么就去做什么,人生真谛就是"此人!此时!此事!此地!"

松下幸之助曾说,没有人知道自己的寿命何时尽,所以要珍惜每一天,为自己的生命负责,这才是可敬的人。停止为过去烦忧,让今日的努力成为明日的成果。"今日,生命尊贵也,一生百岁中的一日不复得也。"(《道元》)"勿追过去,莫愿未来……善加观察,不摇不动,作今日当做之事。"(《中部经典》)加拿大医学家奥斯勒说,将已消逝的"昨天"完全封闭,把"未来"以及尚未诞生的"明天"遮断。这样,你的"今天"必是安全的……把"昨天"关闭吧!而"明天"的道路也许连强者都颠踬难行,也把它关闭吧!所谓未来就是今日,而非明日。的确,因为再伟大的事业都是由一天天的"功德"组成的。对待生命最虔诚的态度就是实实在在地过好每一天。一天天的努力构建着整体的事业和生命之链。埋葬昨天,遮断明天,注重今天,立刻着手去做好眼下必须做的事。这是生活的平常心。

面对新一天黎明的来临,我们应该像印度戏剧家卡利达沙那样:"看啊,今天/这才是生命,生命的生命/在那短短的行路中/包含着你存在的一切真理和现实:成长的喜悦,行为的荣耀,成功的光彩/昨天不过是梦幻/明天只是幻影/竭尽全力生活在今天/把昨天改成幸福的梦/把明天化为希望的幻想/张开眼睛吧!向着今天/这是对黎明的召唤。"这既是对黎明的召唤,更是对自己的郑重承诺。

加拿大幽默作家S.利科库曾写道:"人生的进程实在很奇妙。孩童时常说'如果我长大了,要如何如何……';到了少年期则又说'如果我会赚钱的话,要如何如何……';长大成人后又会说'我结婚以后要如何如何……'。结婚后呢?只有再顺延下去'等我退休后……'。他终于退休了,当他回顾过去的生活历程时,只觉一片朦朦胧胧,像冷风吹过,如轻烟迷漫一般,根本看不到他当初所界定的'间隔'。"

活在当下，人生其实就是"当日当时的生活连续"，把握生命中的每一天，我们都应该学会向每一个黎明打招呼。

当下，国外和港台地区的死亡教育相对发达，比如，1963 年，美国明尼苏达大学正式开设了死亡教育课程。1977 年，《死亡教育与研究》杂志（*Death Education and Research*）正式创刊。20 世纪 60 年代，美国中学程度以上的有关死亡教育的课程已达到 1100 门以上。英国、爱尔兰、日本、瑞士等国家也相继兴起了各级各类的以死亡教育为主题的"死亡觉醒运动"或死亡咖啡馆（Death Cafe），而且除课堂教育之外，还融入感受、领悟、体验等教学方式，比如参观殡仪馆、墓地，参加葬礼，到癌症病房、安宁疗护病房或老人院做义工等。死亡咖啡馆的活动目前在 66 个国家和地区举行。

其实，我国的生死教育研究起步不晚，各种传播航道也正在破冰。比如，我国生死教育的先行者、江西师范大学道德与人生研究所所长郑晓江先生，早在 20 世纪 90 年代就出版了系列相关著作，在东亚地区有较大的影响。2014 年，上海手牵手生命关怀发展中心的王莹女士发起了以"破除死亡禁忌，启蒙死亡教育，发展临终关怀"为目标和主旨的死亡咖啡馆活动，现已举办了近五百场活动。我国台湾地区在 20 世纪 90 年代开始兴起死亡教育，并将其本土化为"生死学"或"生命教育"。此外，传统上学校鲜于涉及生死教育的问题也正在改善，如北京大学、山东大学、广州大学等高校已经陆续设立了死亡教育的相关课程，各种相关活动也逐步被接受和采纳。但目前我国的死亡教育还深受"讳死乐生"的文化传统影响，普及度低、课程标准不统一、教学形式单一等问题。2020 年，教育部在《关于政协十三届全国委员会第三次会议第 1275 号（教育类 118 号）提案答复的函》（教思政提案〔2020〕349号）曾公开表示，新冠疫情发生以来，高度重视疫情期间全社会的生死教育，注重把生死教育与疫情期间的思想政治教育、心理健康教育等紧密结合起来,培养全社会对生命价值的正确理解和认知,提高国民心理素质和精神力量,采取一系列举措,推进相关工作取得成效。

死亡教育是人生的必修课,希望在各种主客观方面积极力量的赋能下,我们每个人都能修习好这门人生功课,迈向生命的圆满,从而获得如作者所说"活得明白,死得安详,生死无憾,生死两相安"。

今年是我国生死教育专家郑晓江先生十周年祭,华人生死学与生死教育学会于 6 月 23 日在北京举办了"纪念郑晓江先生逝世十周年学术研讨会"。此书的出版是一种对学术先驱的致敬。

珍重不从今日始,出山时节千徘徊。"当勤精进,如救头燃,但念无常,慎勿放逸。"(《普贤菩萨警众偈》)

当下即是。让我们一起在日用中参悟和践行"向死而生"的人生哲学命题。

是为序。

钟志贤

江西师范大学青蓝湖畔净觉斋

2023 年 7 月 3 日

目录
CONTENTS

绪论 / 1

　一、问题的提出 / 1

　二、国内外研究综述 / 9

　三、研究内容与意义 / 34

　四、研究方法与过程 / 37

　五、研究的理论基础 / 48

第一章　起点与边界:生死教育概念辨析及相关概述 / 51

　一、生死教育的概念辨析 / 51

　二、生死教育的分类与特性 / 62

　三、生死教育的理论依据 / 68

　四、生死教育的实施原则与研究取向 / 76

　本章小结 / 79

第二章　视域与构架:大学生生死教育的理论探讨 / 81

　一、哲学视域下的生死教育 / 81

　二、心理学视域下的生死教育 / 94

　三、社会学视域下的死亡教育 / 100

四、大学生生死教育的关键问题 / 114

五、大学生生死教育实施的特点 / 122

本章小结 / 127

第三章 拒斥与接纳：大学生生死教育需求的考察 / 129

一、自我意识与生死教育需求 / 130

二、行为动机与生死教育需求 / 138

三、个体发展与生死教育需求 / 143

四、大学生生死教育需求的实证调查 / 150

本章小结 / 161

第四章 向死与善生：大学生生死教育目的的审思 / 163

一、死亡态度与生死教育目的 / 164

二、死亡焦虑与生死教育目的 / 172

三、生命成长与生死教育目的 / 177

四、生命质量与生死教育目的 / 180

五、大学生生死教育目的的实证调查 / 189

本章小结 / 195

第五章 认知与超越：大学生生死教育内容的组织 / 197

一、认知领域的生死教育内容 / 198

二、情感领域的生死教育内容 / 211

三、技能领域的生死教育内容 / 216

四、超越死亡与生死教育内容 / 222

五、大学生生死教育内容的实证调查 / 227

本章小结 / 232

第六章 整合与优化：大学生生死教育实施的途径 / 234

一、大学生生死教育实施的途径 / 234

二、高校设置大学生生死教育课程的意义 / 244

三、实施大学生生死教育课程的条件 / 248

四、大学生生死教育课程实施的过程 / 251

五、大学生生死教育课程实施的评价 / 268

本章小结 / 271

第七章　夹缝中的探索:我国大学生生死教育的实践

/ 274

一、大学生生死教育的主要形式 / 274

二、大学生生死教育渗透课程的设计与实施 / 277

三、大学生生死教育活动课程的设计与实施 / 281

四、大学生生死教育学科课程的设计与实施 / 284

五、大学生生死教育实践存在的问题 / 303

六、大学生生死教育实践改进的方略 / 308

本章小结 / 316

结　语 / 318

附　录 / 321

参考文献 / 330

后　记 / 349

绪 论

一、问题的提出

死亡意义与价值的消解来源于对死亡的错误认知。有一种潜在力量使每一个社会个体都无法避免，那即是我们生长于其中的死亡文化。我们很难逃逸出死亡文化的边界。在现代社会中，人们接受了大量错误的死亡知识。被死亡文化浸染的我们，在生命成长和个体发展过程中认识和经验死亡，在走向死亡的过程中慢慢接受了对死亡的态度、情感和处置方式。我们不愿意谈论死亡，即使偶尔涉及也会以避讳的方式来处置，认为死亡不吉利，以图掩盖死亡对自我和他人的冲击，隐藏起内心对死亡的恐惧，忽略死亡对人生的重要意义。中国人重生讳死、乐生恶死的传统文化和民族心理随处可见，已然进入我们日常社会生活。尤其是进入现代社会以来，人类死亡环境和死亡经验模式发生巨大变化，现代生物医疗技术深刻影响了人类的生命进程，也导致死亡时间、死亡地点和死亡方式等死亡形式的变迁。死亡形式变迁改变了人们对死亡的经验和认知模式，人的死亡受到医疗技术宰制，生命质量遭到严重侵蚀。人们对死亡的认知远远滞后于医疗技术的迅猛发展,现代社会人们迫切需要提升对死亡与生命的认识,对国人进行生死教育已刻不容缓。

在现代社会背景和传统死亡文化熏染下成长的当代大学生,长时间接受关于"生"的"有用"的知识,而学到的关于"死"的"无用"的知识非常少,在生与死的知识结构与总量不平衡中,死亡对个体发展与生命成长的动力和作用非常有限。死亡及其相关议题是教育活动的重要内容,其促进个人发展的作用与功能并没有受到教育理论界的普遍重视,更没有被教育活动充分挖掘出来。由于大学生生死教育的缺失,致使大学生创造丰富生命、充分展开生命的紧迫感与动力消失,大学生总体上呈现出一种生命无根感和漂浮感,导致其生活迷茫、精神空虚、意义虚无、价值缺失、漠视生命、自杀杀人等现象及各种问题的发生。

(一)大学生生活迷茫与精神空虚现象蔓延

在中国现有国民教育体系和课程体系背景下,经历十几年应试教育的莘莘学子,从小学就开始紧张焦虑,马拉松似的你追我赶、埋头苦学与努力拼搏,不管是主动的还是被动的,在高考这根指挥棒下,因着对大学的憧憬与追求,有一天目标实现了,不论是理想的或非心仪的大学,一朝跨入神圣的象牙塔,学习变得更加自主,生活逐渐走向独立,等到对大学新鲜与好奇的劲头一过,这种个体自由与自主的增加,不仅没有使大学生感觉到半点轻松与惬意,反而内心出现巨大落差,生活因没有目标追求而迷茫了,对学校课程与专业知识的学习缺乏动力进而精神变得空虚甚至不知所措。大学生生活迷茫与精神空虚现象不断蔓延,这绝不是某一个大学或某一个大学生的专属情况,而基本成为大学生群体或高校组织的一个整体现象,这种现象也引起了社会关注和部分高校教师的重视,学者们从不同的视角对此种现象进行了有益探索。如中国计量大学李丹青教授为帮助学生尽快进入"大学生"角色,开始大学的学习和生活,自主设计"大学生学习指导"课程,课程教学效果非常好,受到大学生的喜爱与欢迎,在其他高校具有巨大影响,并推动教育部成立了相应的教育指导委员会。

此外,还有许多著作如覃彪喜的《读大学究竟读什么》、高杰的《别让大学毁了你》、尹李雯等著的《谁的大学不迷茫》等,作者根据个人经历和知识背景对大学生们迷茫的生活提出了各种建议和不同的意见。应该说这些建议与观点具有一定借鉴意义,然而此类建议与观点也仅仅局限于如何做,但这样做的动力和意义在哪里? 怎样根据大学生实际情况来构建起行为的意义? 而最终的问题是如何使大学生生活不迷茫,精神变得充实起来却没有得到完全解决。生活迷茫和精神空虚与生命意义密切相关,如果不从死亡视角去反思,永远都不能看清生命的全貌,很难激发出个体寻求生命意义的动力。死亡是生命的刺激物,它迫使个体在生命时间有限的情况下思考人生的根本问题,以相应行为对生命意义强制做出决断。生死教育是以认识死亡、思考死亡、探讨死亡、传递死亡知识来促使大学生体验到生命存在的紧迫感,通过彰显死亡的必然存在,唤醒死亡意识,将个体生态逼入一种边缘处境,从而迫使大学生主动思考生命意义与价值等人生问题,从源头上为大学生生活与学习提供动力。

(二)大学生生存意义与价值缺失现象突出

2016 年,北京大学心理健康教育与咨询中心副主任徐凯文老师根据自己多年从事危机干预和心理咨询的经验和对大学生学习与生活状况的观察,创造出一个新词"空心病"来描述当今大学生学习与生活存在的普遍问题。他指出,空心病看起来像是抑郁症,与抑郁症具有共同的症状表现,如情绪低落、意义虚无、兴趣减退、价值缺失、快感缺乏,等等。如果到精神科医院治疗一定会被诊疗为抑郁症,但药物治疗对这种症状通常没有效果。徐老师说,有空心病症状的学生有强烈的孤独感和无意义感。有好多同学告诉他:我不知道我为什么要学习,我不知道我为什么要活着。我现在活着只是按照别人的逻辑活下去而已。这种状况的核心问题是缺乏支撑其意义感和存在感的价值观,①其中最极端的就是放弃自己。还有一位同学这样描述自己:我原来是站在一块极其不稳定、随时都有可能四分五裂的小岛上,但是至少我心里知道是在什么地方。现在是已经知道自己原来站的地方是不对的,它在茫茫大海上漂泊着,我看不到陆地,内心总有一种存在的焦虑,甚至有时会感到深深的恐惧。

徐凯文总结的"空心病"只是形象的说法,其实也叫"价值观缺陷所致的心理障碍",主要表现的特征是:符合抑郁症诊断的基本症状;会有强烈的孤独感和无意义感;人际关系通常是良好的;对生物治疗不敏感甚至是无效的;有强烈的自杀意念;出现这样的问题与症状已经不是一两天;传统心理治疗效果不佳,等等。徐凯文认为,"空心病"产生的土壤是功利化的应试教育,所有的价值观就是只关心分数,基础教育者忽视甚至放弃了对人的培养,一切让位于考试。②如果探究"空心病"的深层原因,应试教育可能仅是一项重要的影响因素,但"空心病"背后的根源可能更应该从个体意义与自我价值的缺失来探寻。对大学生进行生死教育,就是试图帮助大学生确立生活目标,点燃生活梦想,重新发现生命意义和个体存在价值,促进其生命成长,从而能够安身立命,实现自我价值,提升生命质量,力争成为一个幸福的现代公民。

---

① 徐凯文. 时代空心病与焦虑经济学,MBA 智库商学苑. https://mp.weixin.qq.com/s?__biz=MjM5NDA2ODIyNA%3D%3D&idx=2&mid=2661458797&sn=439e547f7cadc166692e2dfd0253efcb〔EB/OL〕.2016-12-09.

② 徐凯文. 时代空心病——功利化应试教育之祸. https://www.sohu.com/a/111020973_454777〔EB/OL〕.2016-08-18.

(三)大学生漠视生命与自杀杀人现象剧增

大学生漠视生命与自杀杀人现象呈逐年递增之势，情况绝不容乐观。2004 年马加爵事件、2005 年复旦大学学生虐猫事件、2009 年吉林农业大学郭力维在宿舍内杀死同学赵研事件、2010 年药家鑫开车撞人杀人事件、2013 年上海复旦大学研究生林森浩在饮水机中投毒杀死其同学黄洋事件等，此类事件层出不穷。此外，自杀已成为大学生漠视生命的有力见证，相关材料显示我国每年有约 28.7 万人自杀，至少 200 万人自杀未遂，自杀是 15~34 岁年龄段的首位死亡原因。据不完全统计，我国高等学校在校大学生自杀人数呈逐年上升的趋势，2002 年 27 起，2004 年 68 起，2005 年达到 116 起，2006 年则增至 130 起之多。①近年来，大学生自杀现象逐渐增多，这已成为一个不争的事实，2017 年大学生自杀事件更是接连出现，1 月 11 日，山东大学一女生在出租屋内上吊自杀，被发现时已身亡四天；2 月 27 日，广西大学一在校大学生烧炭自杀死亡；3 月 4 日，渭南职业技术学院农学院一名大二学生在宿舍内上吊身亡；4 月 11 日，厦门华厦学院大二在校女学生因卷入校园贷选择自杀等②，诸如此类大学生自杀事件屡见不鲜，还有未见诸报端及网络媒体的大学生自杀事件更是难以计数。

当前尚处于青少年阶段的大学生，刚过青春期，思维活跃、情感丰富、精力充沛，人生观、价值观、世界观正处在形塑期，思想活动呈现出独立性、选择性、多变性、差异性特征，且程度日益增强，有些学生不同程度地存在价值观扭曲、社会责任感缺乏、心理素质欠佳等问题，容易受到社会、网络媒体等不良环境影响，盲目接受新鲜事物，寻求新鲜刺激，容易走向极端甚至导致死

① 黄文. 正视大学生自杀，珍爱每一个生命[N]. 中国教育报，2007-10-08.

② 风青扬. 大学生自杀事件为何频发？凤凰号，http://wemedia.ifeng.com/13409677/wemedia. shtml.

亡。[①]怎样理解死亡、死亡有何意义、如何思考死亡从而珍惜生命、如何引导大学生正确面对死亡、如何从死亡的认知中看到生命的价值，寻求人生的意义等问题成为摆在大学生面前重大而现实的课题，生死教育的意义与价值在这一重大而现实课题前不断突显出来，对大学生进行生死教育已然刻不容缓。

(四)当前高等学校大学生生死教育的缺失

由上可知，大学生漠视生命、自杀杀人、生活迷茫及生存意义与个体价值的缺失等现象的出现与大学生生死教育的缺失有关，也即是说对大学生进行生死教育是希望大学生确立生活目标，重新发现生命意义和个体存在的价值，促使其热爱生命、珍惜生命从而能够遏制大学生漠视生命、自杀杀人事件和价值缺失等的发生。但是现实情况是，无论学校、家庭还是社会方面，对大学生的生死教育都严重缺乏。

在学校教育中，从基础教育到中等教育再到高等教育，我们的教育教了学生很多知识，学了不同的专业，获得了较强的生存技能，升学、工作、赚钱、养家，过上丰裕富足的生活，可这只是实然教育目的的关键词，对应然教育目的，如人生层面、精神层面和生命成长层面关注太少了，再高的学历、再强的能力、再丰富的物质享受，也过不好这一生，甚至有人提前结束生命。从某种意义上来说，我们的教育重视物质性、专业技能的教育，忽视精神性、生命价值的教育，只有关于"生"的教育，没有关于"死"的教育，更没有个体生死关系与价值的教育。

在家庭生活中，很少有父母能够直面孩子对死亡的提问，或当孩子在场的情景下谈论死亡话题，家庭教育中几乎没有生死教育或死亡教育，这是中

---

① 魏彤儒,齐秀强.青少年死亡教育:必要性与可行性的双重诉求[J].中国青年研究,2015年第7期。

国家庭生活中难以否认的事实。因为谈论死亡被认为是一件不吉利的事情，因为死亡很血腥、不吉利，死亡让人心生恐惧，死亡是一种禁忌，害怕死亡及死亡现象会对孩子的成长造成心理阴影。家庭生活中死亡永远是缺席和不在场的，取而代之的是，对"生"的期望、对功名利禄的追求、对美好生活的向往。家庭教育几乎成为学校教育的一个翻版。即便适逢亲人的离世，也不会告诉孩子亲人已经死亡的事实，对孩子说得最多最常见的话语是那个亲人去天堂了。于是，在一系列的葬礼仪式中，大人们在忙东忙西，忙上忙下，孩子却只能静静地在角落里悲伤、猜疑和好奇死亡究竟是什么，孩子对亲人离世的心理感受完全成了被忽略的对象，死亡在孩子印象中变得越来越神秘甚至是恐惧，这几乎是中国孩子在成长过程中体会死亡的一个缩影。

在社会方面，生死教育的缺失造成国人对死亡的无知、困惑和痛苦，错误死亡知识的传递与传统文化的熏染更增重了国人对死亡的误解与恐惧，且这两个问题几乎同时存在，互相纠缠在一起，直接影响了国人之行为、语言、情感、处事方式和对待死亡的态度等各个方面。现代人们与现代教育有意无意地忽略死亡的作用及其对个体发展的内在价值，以至索甲仁波切说今日的人们被教育要否定死亡，认为死亡没有任何意义，不过是毁灭和失去一切。在忌讳死亡的文化传统里，我们很自然地习得两种对待死亡的态度，一是奉行鸵鸟哲学，把死亡当作唯恐避之不及的事，另一种是坚信人早晚都有一死的现实，把死亡当作船到桥头自然直的事。①这两种态度完全不了解死亡的真正含义，更不了解死亡的意义。吊诡的是，在现代社会生活得越久，死亡意识便越麻木，对死亡的恐惧越是强烈，对死亡的思考越是无力。事实上，生死教育的缺乏不仅造成对死亡思考的无力，忽视了死亡对个体发展的内在价值，而且现实生活中人们对于死亡现象的体验已变得非常迟钝，如应

---

① 索甲仁波切.西藏生死书[M].郑振煌，译.杭州：浙江大学出版社，2016年，第9页。

对死亡事件时的慌乱,面对临终之人应该做些什么而显得木然与不知所措,不知道经历丧亲之恸如何进行悲伤辅导与自我调适,不知道末期病人是否应该抢救、如何进行抢救、怎样进行选择,不懂得缓和治疗和安宁照护的意义与价值,等等。

综上所述,当代大学生生死教育的缺失,使大学生创造丰富生命、充分展开生命的紧迫感与动力消失,总体上呈现出一种生命无根感和漂浮感,从而导致大学生生活迷茫、精神空虚、意义虚无、价值缺失、漠视生命、自杀杀人等现象及问题的发生。从前期调研与文献梳理发现,目前国内高校开设生死教育课程的数量极其少,且开设生死教育或死亡教育课程的多为医学护理院校,面向大学生通识教育的非常少。从开设课程名称来说,如广东药学院邹宇华教授直接命名为"死亡教育"、广州大学胡宜安教授则称为"生死学"、而山东大学王云岭老师课程是"死亡文化与生死教育"、北京师范大学陆晓娅老师课程名称叫"影像中的生死课"、华中师范大学杨足仪教授的课程则是"死亡哲学"、南昌大学郑晓江教授开设的"中国生死智慧"等,可见,高校开设生死教育课程名称各不相同,且这些高校教师开设课程的目标和出发点都有自己的思考和侧重点;而从课程内容来说,高校教师开设生死教育课程的内容都不一样,正如山东大学王云岭所说,选择什么样的教育内容具有相当大的随意性。

总之,根据前期调查,大部分普通高等学校大学生生死教育基本处于空白状态,医护院校医学、护理学等专业的大学生,在某门专业课程如"医学伦理学""护理伦理学"中,有相关章节对死亡相关问题简单、零星地进行介绍,而从公共通识教育视角对大学生进行死亡教育的上述少数几所高校,其课程也有以下特点与问题:一是生死教育目的较为模糊,开设课程的目标和出发点各有侧重;二是生死教育课程内容较为随意,零散不成体系;三是生死教育实施与教学方式较为单一,基本以传统课堂教学为主,缺少在相关死亡情境中体验与感受死亡的校外活动和现场教学等方式;四是教师教育情怀、知识素养、教育能力难以适应生死教育课程的要求。

基于上述特点与问题,本书以大学生生死教育为研究对象,以泰勒课程理论和布鲁姆教育目标分类理论为理论基础,从理论上分析大学生生死教育需求、确定大学生生死教育目标、构建大学生生死教育内容体系、探讨大学生生死教育实施途径,并辅之以大学生生死教育实证调查,对我国大学生生死教育进行实践探索,分析生死教育渗透课程、活动课程和学科课程实践存在的问题,在此基础上设计大学生生死教育课程实施方案,系统构建大学生生死教育课程内容体系,设置生死教育课程,通过学科课程实践发现生死教育实施过程的问题,提出死亡教育出现问题的相关对策和改进方略。

二、国内外研究综述

(一)国外研究

生死教育是以生命终点为思考起点,通过探讨死亡与生命的关系,向死而生,以实现个体生命价值和幸福为最高目标的过程。从内涵上说,死亡教育名为谈死,实为论生,指称的就是生死教育,它并不是教人如何死亡,而是通过唤醒和转化死亡意识、发现生命意义、开掘生命潜能、扩充生命价值,促使生活更幸福、活出生命本真的实践活动。因此,生死教育与死亡教育具有相同的内涵所指,可以互用或共用。下文在梳理死亡教育、生命教育、生死教育概念发展演变过程中对其进行全面而深入的分析与阐释,特别指出的是,本书认为生死教育与死亡教育系同一概念。

1.关于死亡教育起源与发展的研究

(1)死亡教育最早起源于美国

死亡教育发源于西方死亡学研究，最早开始于美国，但"死亡学"(Thanatology)概念是由俄国生物学家梅契尼科夫1903年在《人的本质》一书中首次提出，他指出用科学的精神及方法研究"死亡学"和"老人学"，可减少人类受痛苦的过程，并改善人类生活品质。[①]随着死亡学研究的不断深入，死亡教育开始兴起。约翰·C.哥本哈得(John C. Gebhart)在1928年发表一篇对美国丧礼及殡仪馆进行评价的文章，开死亡教育研究之先声。20世纪50年代西方一批关注死亡学发展的学者通过论著和撰文的形式发起"死亡觉醒"运动，其中最突出的主题就是"死亡焦虑"。[②]与此同时著名作家艾略特在1955年就明确指出死亡教育与性教育同等重要。此后，哈满·费费尔(Herman Feifel)在1959年出版第一部死亡教育著作《死亡的意义》(The Meaning of Death)，死亡教育逐渐演变成为一门教育学分支学科，后来进一步发展为"生死教育"。[③]1968年美国杰·唐纳·华特士(J. Donald Walters)最早提出"生命教育"(Education for Life)这一概念，在加州北部内华达山脚下创建"阿南达智慧生活学校"(Ananda Living Wisdom School)，致力于探索蕴含生命教育中的原则并遵循这些原则生活，开始倡导和践行生命教育思想。至此，死亡教育与生命教育出现合流、交互影响的现象，死亡教育与生命教育开始走向统一，其内涵与所指逐渐变得含混与模糊。

归纳起来，美国早期死亡教育大致分为四个阶段。第一阶段为死亡教育的探索期(1928—1957年)。哥本哈得在1928年以经济观点探讨美国丧礼及殡仪馆，开死亡教育之先声；社会学家托马斯·D.伊利特(Thomas D.Eliot)在

---

① 陆晓娅.影像中的生死课[M].北京:北京师范大学出版社,2016年,第23页。

② 郑晓江.国外死亡教育简介[J].教师博览,2000年第2期。

③ 周士英.美国死亡教育研究综述[J].外国中小学教育,2008年第4期。

1930年发表有关居丧与悲伤研究的文章;斯浮雅·阿斯索尼(Sylvia Anthony)在1940年著书探讨儿童的死亡概念,罗伯斯特·R.哈本斯特影(Robest R. Habonstein)在1955年与威廉姆·M.莱姆斯(William M. Lamers)合著《美国丧礼史》,为开展死亡教育工作提供了许多宝贵的资料。①

第二阶段为死亡教育的发展期(1958—1967年)。1958年,威廉姆·弗昂斯(William Faunce)和罗伯特·富尔顿(Robert Fulton)倡导从社会角度来探讨死亡教育,1959年,哈满·费费尔从行为科学观点出版了第一部死亡教育的代表著作《死亡的意义》,引起社会各阶层热烈的回应,开启了美国教育界推动死亡教育的契机。1963年,杰斯卡·米特福得(Jessica Mitford)撰写了《美国方式的死亡》(*The American Way of Death*)一书,对学术界和大众均产生一定影响,迄今仍是美国死亡教育的重要用书。格如尔满(Grollman)于1967年出版专著《向孩子讲述死亡》(*Explaining Death to Children*),从心理学、社会学、教育学等来探讨儿童与死亡。1966年卡立斯(Kalish)和卡斯特伯姆(Kastenbaum)开始编辑报类刊物《临终:死亡与濒死杂志》(*Omega:The Journal of Death and Dying*),在发行12期之后,更名为《临终杂志》(*Journal of Omega*),探讨死亡与濒死及其相关主题。1967年雷斯特(Lester)编制《死亡恐惧量表》。②

20世纪60年代,死亡教育课程开始出现在美国的大学和中学,1963年罗伯特·富尔顿首次在明尼苏达大学开设第一门正规死亡教育课程,继而利温顿(Leviton)、威斯满(Weisman)、埃尔冉(Irion)、费费尔等大学教授陆续开设相关死亡课程。③

---

① Pine VR. The age of maturity for death education: A sociohistorical Portrait of the era 1976–1985[J].Death Studies,1986(10):209–231.

② Collett L.J, Lester. The fear of death and the fear of dying[J].J Psy-eho,No.9, 1969, p.23.

③ 袁峰,陈四光.美国死亡教育发展概况[J].湖北教育学院学报,2007年第1期。

第三阶段为死亡教育的兴盛期(1968—1977年)。1969年库布勒·罗斯(Kubler-Ross)出版了后来成为畅销书的《死亡与临终》(*On Death and Dying*),描述了濒死患者的反应,并从人本观点对医护人员与濒死患者的相处提出建议。同时提出癌症末期患者精神状态的五阶段说,其中接受期患者心境平和、接受死亡的事实,是进行死亡教育的最佳时机。1970年特姆伯尔(Templer)编制了《死亡焦虑量表》。1972年,卡斯特伯姆和阿斯伯格(Aisenberg)出版《死亡心理学》(*The Psychology of Death*),深入探讨了死亡教育的内容,并总结了相关理论和实验研究,阐述了死亡与濒死、老化、自杀、谋杀等主题。1974年死亡、临终与丧亲国际工作团队(International work Group on Death、Dying and Bereavement,IWG)成立。同年,富尔顿创立了死亡教育与研究中心(Center for Death Education and Research)。1976年,死亡教育与咨询论坛(The Forum for Death Education and Counseling)成立,1987年发展成为死亡教育与咨询方面最重要的专业组织——死亡教育与咨询学会(Association for Death Education and Counseling,ADEC),建立了"死亡教育者"(Death Educator)及"死亡咨询师"(Death Counselor)的专业执照制度,并在美国和加拿大等地成立分支机构,这对死亡教育与咨询的发展起到了巨大的促进作用。

自1970年第一次死亡教育研讨会在明尼苏达州哈姆莱恩大学举行之后,死亡教育在美国受到社会各界广泛关注和高度重视,并逐步成为学校教育中的一门学科。至1973年已有600所大学开设死亡教育课程;至1976年,有1500所中小学实施死亡教育课程。[1]

第四阶段为死亡教育的成熟期(1978—1985年)。1977年《死亡教育》(*Death Education*)杂志创刊,标志着美国死亡教育进入成熟期,死亡学研究向死亡教育领域转变。后改名为《死亡研究》(*Death Studies*)。至20世纪70

---

[1]　郭巧红,任小红,刘琳.我国医学教育亟需死亡教育补课[J].医学与哲学,2009年第7期。

年代末,死亡教育已成为大学课程中被认可的一个部分,并逐步在中小学普及。至 1985 年,全美 61% 的大学至少提供一堂死亡教育课。① 至 1987 年,全美 16 个医学院、369 所护理学院和 72 所药学院几乎全部将死亡教育内容、教材整合到相关学科中。② 目前,美国中小学和高等教育阶段普遍开设死亡教育课程。医学相关院系开设的死亡教育课程更为普遍,至 2004 年,有 52% 的医学系及 78% 的护理系都设有 3 个必修学分的"死亡与濒死课程"。③

20 世纪 90 年代,死亡教育已在美国完全落实。此外,日本、英国、法国、德国、荷兰等许多国家在大、中、小学相继开设死亡教育课并开展相应的研究,且死亡教育现已成为关涉人类高度精神探索的热门学科。

(2)死亡教育在发达国家的迅速发展

20 世纪 70 年代死亡教育在美国进入成熟期后,关于死亡学和死亡教育的研究迅速向全球传播和扩张。日本死亡教育就是在这样的形势下发展起来的,刚开始引入西方尤其是美国的死亡教育和死亡学研究成果,随后进行了迅速本土化的研究过程,逐步向医疗机构和临终关怀领域渗透。日本最早出现的学习和研究死亡学的组织是 1977 年在大阪成立的"死亡临床研究会",截至 1982 年,已经召开六届研究会议,当时有近 500 人及相关医疗机构参加会议。淀川基督教医院在 1984 年还率先设立临终护理病房。上智大学自 1982 年首开"思考生与死"的讲座以来,每年都会举办死亡教育讲座,传播死亡知识,倡导珍惜生命,热爱生活。④ 东京英和女学院研究生院人间科学研究科于 1993 年首开"死生学课程",日本临床死生学会于 1995 年成立

---

① Tandy RE, Sexton J.A death education course survey[J].Health Education, No.5, 1985, p.35.

② Dickinson GE, Summer ED, Durand RP. Death education in U.S. professional colleges: Medical, nursing, and pharmacy[J].DEATH Studies,No.11, 1987, p.58.

③ Hannelore Wass. A perspective on the current state of death education [J].Death Studies,No.4, 2004, p.289.

④ 葛晓飞.当代大学生死亡教育的现状及对策研究[J].世界教育信息,2007 年第 4 期.

并召开了第一次会议,同时期日本学界出版了一些关于死生学的相关著作,如竹田纯郎·森秀树主编的《死生学入门》《生与死的思考》《人生的临终图画》《对孩子来说什么是死》等,朝日文化中心还编制了《死前的准备教育》录音带和教科书。[①]此外,以死亡为专题的演讲陆续在文化中心和老年大学展开,各种相关组织与团体纷纷成立,如哀伤辅导组织、追悼会、社会服务部以及以医护人员为主的哀伤研究会等。东京大学于 2002 年起获得日本文部科学省重大基金项目即东京大学全球化 COE"死生学的展开与组织化"项目并成立了研究基地,至 2008 年该项目已顺利进入第二个五年计划研究阶段。[②]

在澳大利亚与新西兰两国,与其说是死亡教育,还不如说是死亡教育与生命教育还未合流时的生命教育,因为它们都是由非政府组织发起的,主要目标是促进个体对生命的珍惜和身心健康发展,如澳大利亚的生命教育针对当时青少年吸毒泛滥并常有致死事件发生,为有效解决青少年吸毒问题,1974 年,长期从事戒毒辅导工作的特德·诺夫斯(Rev. Ted Noffs)牧师正式提出"生命教育"概念,并于 1979 年在悉尼成立生命教育中心(Life Education Centre,LEC),通过长颈鹿哈罗尔德的形象,协助学校进行反毒品教育,并开展"预防药物滥用、暴力与艾滋病"的宣传推广工作。目前生命教育中心已发展成为一个正式的国际性机构并成为联合国(NGO)"非政府组织",且在美国、英国、新西兰、南非和中国香港等国家及地区成立了 200 多个分支机构。[③]新西兰于 1988 年成立非营利性机构"生命教育计划"并得到时任总理戴维德·兰格威奇(David Lange)的支持,于次年在全国范围内推广,该组织致力于教育学生认识世界、个体与他人的奇妙之处,指导学生充分认识自我和发挥自己的潜能,目前该组织已探索形成了一套包括自尊、人体构造、食

---

① 钟义珍.基于"死本能"理论的死亡教育研究[D].西南大学,2011 年硕士学位论文。

② 吴跃俊.日本关于生死学研究述评[J].日本研究,2009 年第 2 期。

③ 李高峰.生命与死亡的双重变奏:国际视野下的生命教育[D].华东师范大学,2010 年博士学位论文。

物、营养和物质认识等较为成熟的课程模式。①

英国死亡教育始于社会学者和医学家对濒死和临终的研究与关注,从1960年开始,死亡教育就逐渐成为学校教育的一门学科,且非常重视儿童的死亡教育,开设了内容与死亡有关的课程,采取多种方式实施死亡教育,如邀请殡葬行业人员和医生护士走进课堂;和学生共同谈论人在临终时会面临什么情况;让学生角色互换,轮流模拟亲人因车祸身亡等事件的处理方式等。②西塞莉·桑德斯博士于1967年还在伦敦建立圣克里斯多弗临终关怀院,标志着英国临终关怀学的建立,1976年成立死亡教育咨询学会。③此外,英国的生命教育于1986年威尔士王子访问澳大利亚后,在英联邦14个地方建立了直接沿袭澳大利亚生命教育中心的慈善性机构。它与英国本土的生命教育实践相结合,逐渐演变为一种全人关怀和全人培养的生命教育。它主张通过生命教育培养积极主动的公民,认为生命教育既要有个人、社会和健康教育,也要有公民权利与职责教育。生命教育以学生的道德、灵性、精神、社会和文化发展为目标,与公民教育虽然名称各异,但其教育理念和目标存在很多方面的一致性,可见英国的死亡教育与生命教育并未形成统一的生死教育模式,反而与公民教育出现合流并轨的特殊现象。

德国实施了"死的准备教育",出版了专业教材。④死的准备教育重在引导人们以坦然、明智的态度面对死神的挑战。《价值与规范》就是德国部分国立和公立中学及高中宗教课程所使用的教材,其主题包括死和葬礼、青少年自杀、符合人道的死法即有关伦理的问题、对生命的威胁即与死的对决,引导学生认识与思考死亡方式,即可回避的死亡与不可回避的死亡、对死的解

① 黄渊基.生命教育的缘起与演进[J].求索,2014年第8期。
② 钟义珍.基于"死本能"理论的死亡教育研究[D].西南大学,2011年硕士学位论文。
③ 谈丽丽.死亡教育的现状及开展意义[J].中华中西医学杂志,2010年第8期。
④ 邹宇华.死亡教育[M].广州:广东人民出版社,2008年,第13页。

释等内容。其主要教育方式是组织学生参观殡仪馆,使青年学生直面人生终点,感悟生命;通过参观殡仪馆里的技术处理间和告别间,学生们才知道,原来这里没有难闻的气味和可怕的恐怖景象,与世长辞的人们是那样安详。此外,德国死亡教育的对象还扩展至儿童,使小学生在游戏中接触到死亡的题目,帮助青少年战胜对死亡的恐惧与焦虑。

法国则成立总统委员会,专门处理有关生与死的社会控制问题,前总统密特朗亲任"国家生命与健康科学伦理顾问委员会"的主席;在荷兰,"有尊严地死"的死亡观不仅成为公民日常文化的重要组成,还纳入了国家的法律规范之中,荷兰因此成为世界上第一个通过安乐死法律条文的国家,使死亡伦理转向现实的实践伦理层面,①这与其国民普遍接受死亡教育和死亡文化有很大关系。

2.关于死亡教育研究的主要领域

(1)死亡教育目标的研究

美国学者利温顿强调死亡教育的目标在于提升生命的意义与品质,美国死亡教育研究者戈登(Gordon)和卡拉斯(Klass)指出死亡教育4个总体目标,一是让民众获悉关于死亡的更多知识;二是学习如何面对自己的死和亲友的死;三是了解临终护理和丧葬仪式等相关事宜;四是确立自己对有关死亡的社会和伦理问题的价值取向。②英国的死亡教育亦大致认同上述四个目标。查尔斯·克拉(Charles A.Corr)、克莱德·内比(Clyde M.Nabe)等人认为死亡教育具有六个目标:第一个是要改善人们的生活;第二个是指导人们与社会进行有效的交流,让他们知道社会上有一系列关于临终关怀、葬礼事务以及纪念仪式等服务可以帮助他们渡过难关;第三个是帮助人们了解他们作

---

① 刘辉,张希晨,李燕.灾难托起的生命伦理命题:死亡教育[J].中国医学伦理学,2008 年第 5 期。

② Clark,V. Death Education in the United Kingdom[J].Journal of moral education, No.27, 1998, p.394.

为公民的社会作用，通过这个途径让他们了解事前指示医疗决定、协助自杀、安乐死、器官捐献等重要的社会问题；第四个是为医疗工作人员和相关咨询人员提供专业知识；第五个是提高人们在面临难关时的沟通能力；第六个就是帮助人们了解，在人生旅程中，这些常常讳莫如深的话题有助于他们的成长。①而瓦斯(Wass)认为死亡教育目标有三：接受死亡的相关讯息；培养处理和面对死亡事件的能力与技巧；确立个人的价值观。卡诺特(Knott)提出死亡教育目标包括信息共享、调整行为和价值澄清三方面，而伊吉斯登特尔(iGbsonetal)等死亡教育学者则提出针对不同年龄的教育对象应有不同的教育目标。

(2)死亡教育内容的研究

1969年利温顿最早提出三个层面的死亡教育内容，包括死亡本质、对死亡及濒死的态度和其引起的情绪问题、对死亡及濒死的调适，但他也认为自杀及其预防等也应该是死亡教育课程的应有内容。②查尔斯·科尔、克莱德·内比等学者认为死亡教育包括认知、情感、行为和价值观四个方面，且它们既相互独立又相互联系。首先死亡教育是一种认知型的教育，因为它提供了与死亡经历有关的事实信息，进而帮助我们了解真相；其次在情感方面，死亡教育主要关于人们对于死亡的感受、情绪和态度；再次在行为层面，旨在探讨人们在特定情境下为什么会有某种行为，这种行为是有益的还是有害的，以及他们究竟该怎么做；最后在价值观层面，死亡教育应该帮助人们识别、表达和确立人们生命中的基本价值观念。③雅博(Yarber)认为应包括：死亡的定义、原因和阶段；社会上死亡的意义；有关死亡的文化观点；有关死亡

---

① [美]查尔斯·科尔，克莱德·内比，多娜·科尔.死亡课——关于死亡、临终与丧亲之痛(第6版)[M].榕励，译.北京：中国人民大学出版社，2014年，第8页。

② Leviton, D. The scope of death education[J]. Death Education, No.1, 1997, p.43.

③ [美]查尔斯·科尔，克莱德·内比，多娜·科尔.死亡课——关于死亡、临终与丧亲之痛(第6版)[M].榕励，译.北京：中国人民大学出版社，2014年，第6页。

的社会资源;生命周期;葬礼仪式和选择;死别、悲痛和丧失;尸体处理的方式;器官捐赠和移植;自杀和自毁行为;对亲人或朋友的吊唁;宗教对死亡的观点;法律和经济对死亡的观点;音乐、文学中所表现的死亡;濒死亲友的需要;死亡的准备;安乐死等。罗斯森(Rosentha)列出的死亡教育内容为:死别与悲痛;死亡的宗教及文化观;对生命周期的看法;死亡的原因;法律问题;经济问题;社会服务机构;历史及人口统计的背景知识;死亡的定义;安乐死;自杀;社会认可的死亡;遗体处理;丧葬及其他习俗;儿童与死亡;生命、死亡及人类的命运;因战争、谋杀、屠杀、恐怖、饥荒而引起的死亡;环境破坏等。①

关于死亡教育课程的内容,阿迪(Eddy),St.皮埃尔(St. Pierre)等学者提出适用于教师的死亡教育专业准备课程内容,依其重要性分为四个部分:最重要主题:了解濒死亲友的需要、了解死亡的意义、死别和哀悼、向儿童解释死亡、为死亡预做准备。次要主题:死亡教育的教法和教材、死亡的定义和原因、死亡的泛文化观点、死亡教育的课程发展、死亡的宗教观、死亡的法律观、安乐死、生命周期、自杀(社会心理学方面)、老化(社会心理学方面)、殡仪馆的角色及功能、老化的过程(生物学方面)、对亲友的安慰方式、自杀(治疗方式)、殡葬费用。如果时间足够,可以将下列的课程纳入:器官捐赠和移植、死亡及濒死的历程、传统丧葬的变迁、追悼仪式、儿童文学中对死亡的描述、火葬、尸体防腐法。较不重要的第四类课程:文学和艺术中的死亡描绘、尸体冷冻处理、嗜尸症、暴力。②根据美国 21 所高校网站公布的死亡教育课程大纲的内容发现,这些课程多设定在心理学、社会学、健康科学、宗教研究、人力服务部门范畴内。最常见的主题依次是医学伦理、丧葬、死亡过程、

---

① 黄天中死亡教育概论II——死亡教育课程设计之研究[M].台北:业强出版社,1992年,第20页。

② Eddy,J.M.,St.Pierre,Alles,W.F.,&Shut,R.Conceptual areas of death education[J].Health Education, No.1, 1980, p.15.

不同文化对死亡的观点、公共事件与死亡、临终、精神议题、丧失与悲伤、死亡与儿童。英国和美国70%的学校课程中，生命终末期照护的主题都包含了：对死亡与濒死的态度；与临终患者及其家属的沟通；哀伤与丧失；临终的心理社会方面；慢性疼痛的镇痛；癌痛的镇痛；预立指示，这也是死亡教育的主题。目前国外死亡教育课程或相关培训采用最为普遍的是终末期护理教育联盟（End-of-Life Nursig Education Consortium，ELNEC）课程，包括9个模块：终末期护理、疼痛管理、症状管理、伦理/法律问题、文化考虑、沟通、悲伤与丧失、终末期质量护理、死亡时刻的准备。[①]

（3）死亡教育实施的研究

死亡课程教育是学校开展死亡教育的最好的、最主要的形式。[②]针对不同层次的教育对象，死亡教育的实施模式大致分为两种：一是认知的/信息的（教导式）（cognitive/informational，didactic）：以文章、资料、书籍或多媒体的形式呈现知识，以主讲人向听众介绍为主；二是个人的/情感的（经验式）（personal/affective，experiential）：以学生为主，用各种经验情绪分享的方式，来探索死亡和濒死的各种情绪和感情。[③]吉普森（Gibson）特别提到实施死亡教育的两种方法：随机教学法和自我教育法。随机教学法主要是要契合时机，在死亡事件发生时抓住教育机遇进行教学；自我教育法主要是布置学习任务，对重要文献资料进行整理和分析而获取相关知识。[④]斯温森（Sevesnon）对死亡教育实施方式进行归纳，他认为配合不同价值取向的选择，死亡教育的实

① Wendy Kopp, Melissa A. Hanson. High-Fidelity and Gaming Simulations Enhance Nursing Education in End-of-Life Care. Clinical Simulation in Nursing, 2012,8(3)：e97-e102.

② Schlairet M C. End-of-life Nursing Care：Statewide Survey of Nurses´ Education Needs and Effects of Education. J PROF NURS,2009,25(3)：170-177.

③ Smith-Stoner M. Using high-fidelity simulation to educate nursing students about end of life care[J].Nursing Education Perspectives, No.2, 2009, p.115.

④ Gibson, A.B., Robert, P. C & Buttery. T. J.,Death Education：A concern for living [J]. ERIC Document Reproduction ,NO. ED, 1982,p.215.

施可以是"知识中心的",即预先准备好各单元内容与课程计划;也可以是"活动中心的",即不预设学习目标和计划,由师生或学生自行选择感兴趣的主题或上课方式,死亡教育教学方法主要有讲授法、阅读指导法、欣赏讨论法、模拟想象法和亲身体验法等。[①]可见,在西方国家死亡教育一般具有两种实施方式:讲解型和实践型。讲解型的实施方式侧重于死亡知识的传递,通过讲授、图文资料和多媒体等手段在学理认知上探讨死亡现象问题,学习死亡知识、唤醒死亡意识、转变死亡态度;实践型的实施方式侧重于活动的参与,在与死亡相关的场所或死亡情境,反思人生意义,寻求生命价值,以期达到对死亡的超克。不少国外文献都认为实施死亡教育应倾向于实践性指导,而不是传统的课堂讲授。学生和致力于死亡教育的研究人员都主张在有指导的情况下多与临终患者接触,这对死亡教育的开展非常重要。[②]

(二)国内研究

1.关于死亡教育起源与发展的研究

与国外死亡教育起源于死亡学研究不同,国内的死亡教育从来就不是独立发展而形成的,受传统文化与社会情境影响,死亡教育从一开始就是依附在生命教育光环之下逐步发展的,与生命教育有着千丝万缕的关系,有研究者(王申,2009)指出,死亡教育就是一种生命教育,是生命教育的一种实践方式,大多数学者(王学风,2001,2003;赵环,2003;曹保印,2004)认为死亡教育是生命教育的组成部分,有研究者(曹坤明,2014)针对目前死亡教育理论与实践研究时明确指出,当前国内生命教育研究轰轰烈烈,死亡教育研

---

① 周士英.美国死亡教育研究综述[J].外国中小学教育,2008年第4期。

② Birkholz, G. ,Clements, P. T. ,Cox, R., & Gaurne, A.,Students′self–indentified learning needs: A case study of Baccalaureate students designing their own death and dying course curriculum[J]. Journal of Nursing Education, No.43, 2004, p.40.

究"基本空白"的现状。①

　　在国内,无论是生命教育还是死亡教育,都要溯源于台湾、香港地区的率先引介,随后其本土化进程非常迅速。在台湾地区,最早开始死亡教育应该是在医学院,医学及护理专业学生经常与尸体解剖,学习人体构造及与其专业相关的实训内容,因此医学院纷纷开设"死亡问题""死亡社会学""死亡心理学"等课程。1973 年谢文斌先生将死亡学大师伊丽莎白·库伯勒·罗斯的第一本著作 *On Death and Dying* 翻译成《论死亡与濒死》并在台湾推介,1975 年《护理》杂志以"濒死患者护理"为主题发表文章,②黄天中博士在 1989 年出版《临终关怀》及死亡教育系列丛书。1992 年台湾成立安宁照顾基金会,1996 年成立佛教莲花临终关怀基金会,1997 年成立中华安宁照顾协会（自 2001 年起更名为"台湾安宁照顾协会"）,大力推广死亡教育、安宁照顾临终关怀与悲伤辅导。1993 年台湾著名旅美学者傅伟勋出版的《生命的尊严与死亡的尊严》一书中提出生与死构成不可分离的一体两面,死亡的尊严与生命的尊严息息相关,应该建立现代生死学来探讨生死的终极意义和人的死亡问题。他认为生死教育应该将死亡学研究的内容包括进去③,死亡学应扩充至生命学,提出"生死学"概念,所以死亡教育在港台地区较为普遍接受的概念又称为生死教育或生命教育。

　　傅伟勋《生命的尊严与死亡的尊严》一书的出版在台湾引起较大反响,直接促成了 1999 年台湾南华大学"生死学研究所"的成立,随后,台北护理学院也成立了"生与死研究中心",其他大学如台湾慈济大学、东海大学、元智大学、辅仁大学等高校也纷纷响应,均开设了相应的生死学、生死教育等

---

　　① 曹坤明.终身教育视域下我国开展死亡教育的必要性和迫切性初探[J].中国成人教育,2014 年第 17 期。

　　② 刘霖,袁长蓉,徐燕.死亡教育与姑息护理[J].解放军护理杂志,2006 第 7 期。

　　③ 傅伟勋.生命的尊严与死亡的尊严[M].北京:北京大学出版社,2006 年,第 15 页。

相关课程,并将其定性为必修课程。①与此同时,台湾教育行政部门于 2000 年设立生命教育推动委员会并将 2001 年定为"生命教育年",公布由台湾各级学校推动实施的"生命教育中程计划",②且自 2000 年起《生命教育课程手册》逐步在高中职至国中阶段实施,《生死教育手册》也于 2000 年 11 月编制完成并在中小学积极推广。在香港特区,20 世纪 80 年代初就开始了善终服务活动,于 1986 年创立了善终服务会并开展死亡教育和哀伤辅导,对现代社会死亡特征、现代社会接纳死亡的观点等死亡问题提出了独到的见解。③早在 1996 年就有高等院校以生命教育的名义推行各种活动,其死亡教育研究主要从宗教维度出发,内容包括死亡伦理、生命教育和社会公民教育等科目,并建立和开办"宗教与死亡""宗教与人生"等公益网站。为减少大学生自杀与暴力行为,香港中文大学宗教系于 1999 年在香港特别行政区"优质教育基金督导委员会"的资助下推行为期两年的"优质生命教育"计划。香港大学行为健康科研活动中心于 2006 年开展"完善生命计划"等大型公益活动,提供死亡教育相关培训,使 7 万余人受益。④目前香港各大学都将死亡或有关生命的议题纳入课程内容,尤其是通识课程之中。⑤相对而言,我国港台地区死亡教育的发展相对迅速,死亡教育的推广和普及十分成功,遍及大中小学和社会学校,针对不同年龄层设有不同内容。

在我国内陆地区,20 世纪 70 年代末陕西省汉中市实施首例安乐死案件,随即引起社会各界广泛讨论。为辨清安乐死这一伦理问题,1987 年 12 月由中国社科院、北京医学哲学研究会、中国自然辩证法研究会在北京联合举

---

① 张慧兰,王丹,罗羽.国内外死亡教育发展的分析与思考[J].护理学报,2015 年第 11 期。

② 郭成,于锡金,郭熹崴.生命教育的理论渊源与发展进程[J].沈阳师范大学学报,2007 年第 3 期。

③ 施永兴,王光荣.缓和医学理论与生命关怀实践[M].上海:上海科学普及出版社,2009 年,第 173 页。

④ 张慧兰,王丹,罗羽.国内外死亡教育发展的分析与思考[J].护理学报,2015 年第 11 期。

⑤ 尧必文,蒋九愚,张有闻.死亡教育探析[J].中国职业技术教育,2010 年第 10 期。

行"安乐死问题讨论会",学界开始关注死亡学研究和死亡教育。1988 年 7 月,中国内地第一次全国性的"安乐死"学术研讨会在上海举行,提出更新死亡观念,直接揭开了死亡教育的序幕,与此同时,临终关怀事业也开始在中国内地发展起来。1988 年天津医学院成立了第一所临终关怀研究中心,出版了第一本专著《临终关怀学——生命临终阶段之管理》,同年 10 月,上海市南汇护理院创建了中国内地第一家临终关怀医院。1991 年武汉大学段德智教授率先开设死亡哲学选修课,首次将这门学科作为课程在高校推广,死亡教育开始见诸实践。南昌大学郑晓江教授 1994 年开设中国死亡智慧选修课,随后又开设生死哲学选修课。程少波(1991)认为死亡教育实施的最佳落脚点应该在家庭。[1] 石守礼(1993)等人指出死亡教育应在全社会进行开展。[2] 杜智殊(1994)等人认为死亡教育应与心理健康教育相结合,应该成为学校健康教育的重要内容。[3]1997 年烟台护士学校陈元伦等编著《人的优逝》,这是医学院校第一本死亡教育教材, 随后医学院校及医学护理专业都纷纷开设"生命伦理学""护理学"等课程,相关死亡教育内容有专章讲授。 2005 年山东大学医学院率先在高等医学院校中尝试开设"死亡文化与生死教育"选修课;2006 年起南方医科大学护理学院开设"人的优逝"选修课;第三军医大学也将死亡教育作为选修课。广州大学胡宜安、华中师范大学杨足仪、北京大学王一方等人在高校相继开设了死亡哲学、死亡探讨类课程。2008 年邹宇华出版《死亡教育》一书并在广州药学院开设死亡教育课程。目前,北京师范大学、哈尔滨医科大学、第二军医大学等越来越多的高校相继开设死亡教育相关课程。尽管如此,我国的死亡教育仍处于理论研究向实际应用转化的探

---

① 程少波.实施"死亡教育"的必要性、年龄阶段和途径[J].教育评论,1991 年第 2 期。
② 石守礼. 试论我国开展死亡教育之必要性[J].中国医学伦理学杂志,1993 年第 4 期。
③ 杜智殊,胡承志,张桂芝.死亡教育是学校健康教育的重要内容[J].中国健康教育,1994 年第 6 期。

索期,缺乏科学规范的课程模式和完整成熟的教育模式。[①]

2.关于死亡教育研究的主要领域

(1)死亡教育目标的研究

对死亡教育进行研究,首先应该清楚死亡教育应该达到哪些目标,对此,国内很多研究者都提出了自己的观点。如石守礼(1993)指出死亡教育应该有三个目标:一是获得有关死亡的科学知识;二是对死亡有正确科学的认识;三是提高人们接受死亡的能力和为临终病人提供帮助的能力。刘桂珍等(1995)认为死亡教育既是推动临终关怀的先决条件,又是确保临终关怀质量的关键。[②]宋晔(2003)指出,在我国开展生死教育的目标主要有:一是帮助学生了解人的生与死以及生命过程;二是降低校园自杀率;三是增强学生的生命力和对生命质量追求的意识。[③]平荣(2005)等人指出死亡教育根本目的是改变我们所处的社会文化与实现人的优死,引导人们改变传统观念中的缺憾构成,使人们对死亡由无知进入有知的境界,为临终病人提供帮助的能力,获得健康的死亡知识。[④]胡宜安(2005)认为生死观教育的目标在于解除死亡的神秘性、赋予生命的神圣性、提供必要的实践指导使学生掌握临终照顾、丧恸恢复等所必需的知识技能,并能以此服务社会和培养学生关心人类命运。[⑤]熊万军(2011)等人认为死亡教育的目标在于让余生过得更为健康、更丰富多彩、更有意义、对他人与社会更有价值,有一个美好幸福的一生,同时也有一个幸福的安乐之死。[⑥]周亚文(2016)认为死亡教育应该引导青少年直面事实,正确认识死亡;开展活动,进行情感疏导;反思生命的价值,建构

---

① 唐鲁.《死亡教育》护士继续教育课程方案的构建与实验研究[D].第二军医大学博士学位论文,2013年。

② 刘桂珍,张亚敏.加强死亡教育,有助于推动临终关怀工作[J].天津护理,1995年第4期。

③ 宋晔.一个亟待关注的课题:生死教育[J].上海教育科研,2003年第2期。

④ 平荣,阿米娜.开展临终关怀与死亡教育的意义[J].齐齐哈尔医学院学报,2005年第12期。

⑤ 胡宜安.论生死观教育的必要性及其途径[J].黑龙江高教研究,2005年第8期。

⑥ 熊万军,苏小霞.死亡教育及其意义[J].现代医药卫生,2011年第18期。

生命的意义。①

（2）死亡教育内容的研究

杜智殊等人（1994）明确指出死亡教育内容包括树立正确的生死观、死亡的定义、各种因素导致轻生现象的预防、不治之症及临危病人的抚慰与教育。②陈雅雪（2006）等人从临终关怀视角来看死亡教育的内容，指出死亡教育至少应包括直面死亡的态度、认识生命的价值与意义、对传统文化资源的整合。③陈伟震（2009）指出死亡观教育应包括死亡的含义与本质；健康死亡与非健康死亡的区别；东西方对死亡的不同态度；通过解释生与死的关系，把健康教育与死亡教育相结合。④周德新（2009）认为死亡教育内容包括死亡基本知识教育、死亡与生命辩证关系教育、死亡心理教育、死亡权利教育。⑤尧必文、蒋九愚（2010）等人认为死亡教育的主要内容应该包括介绍哲学、文学等与死亡相关的文化；认识与死亡密切相关的伦理学问题；认识自杀问题；认识生命与死亡的关系，理解死亡的意义。⑥周国俊（2012）认为死亡教育的内容应包括：死亡基本知识教育、死亡与生命辩证关系、死亡心理认知教育三个方面。⑦王曼（2016）指出死亡教育的内容包括死亡常识教育、死亡权利教育、死亡心理教育、死亡文化教育、死亡应对技巧教育、危机干预性教育、英雄与英雄主义教育和临终关怀。⑧

（3）死亡教育实施的研究

陈君（1999）指出死亡教育实施的立足点应在感性与理性、现实与理论

---

① 周亚文.青少年死亡教育目标研究[J].吉林教育,2016 年第 3 期。
② 杜智殊,胡承志,张桂芝.死亡教育是学校健康教育的重要内容[J].中国健康教育,1994 年第 6 期。
③ 陈雅雪,韩跃红.从临终关怀看死亡教育[J].昆明理工大学学报,2006 年第 4 期。
④ 陈伟震.死亡观教育应成为高校德育的重要内容[J].吉林教育学院学报,2009 年第 9 期。
⑤ 周德新.死亡教育的作用、内容与途径[J].学理论,2009 年第 19 期。
⑥ 尧必文,蒋九愚,张有闻.死亡教育探析[J].中国职业技术教育,2010 年第 10 期。
⑦ 周国俊.浅析新课改背景下的死亡教育[J].现代教育学科·普教研究,2012 年第 1 期。
⑧ 王曼.青少年死亡教育的基本问题研究[J].法制与社会,2016 年第 16 期。

的统一。①宋晔(2003)认为生死教育实施的可能方式与途径有通过课堂讲授、讨论和辩论,使学生了解有关"生"与"死"的知识;通过生命叙事讲述学生自己生命中发生的事;开展丰富多彩的活动,重视学生的主体参与。夏凤鸣(2003)指出实施死亡教育有三种方法与途径:利用教材渗透生命可贵的意识;通过"实践"引导学生正确体认死亡;借助典型案例昭示轻生的愚昧。②胡宜安(2005)认为生死观教育走进课堂需要做到完善课程建设;采取课堂讲授、生命叙事和辩论相结合的方法;充分利用影视文学作品,加深学生生命体验;学校、家庭与社会多方联动。刘香东(2008)为实施生死教育提出四点建议:明确生死教育的目标、适宜性地进行生死教育、发掘生死教育的时机和实施生死教育的方式与准备。③周德新指出(2009)死亡体验教育是最好的教育方法,其目的是要现代人不要逃避死亡,多参与到与死亡有关的各种活动中,正视死亡。夏媛媛(2011)对实施死亡教育提出了三点建议:开设生死教育的课程、生死教育的形式多样化和形成家庭、社会和学校的教育合力。④周国俊(2012)认为死亡教育实施的途径包括死亡课程教育、死亡参观教育、死亡感受教育和死亡心理教育。唐鲁(2013)在其博士论文中指出,死亡机构教育是死亡教育社会化的主要形式,其中机构教育又可分为官方性质的死亡教育组织和非官方性质的死亡教育组织;死亡舆论教育是现代社会死亡教育的主要形式之一。死亡教育要充分利用舆论的力量,借助舆论在社会上广泛宣传死亡教育。⑤许锋华、黄道主(2013)认为死亡教育的实施应立足现实生活世界,旨在他者之中进行自我实现的谋划,倡导在实践中获得

① 陈君.死亡教育的重要性[J].医学与哲学,1999 年第 11 期。
② 夏凤鸣."死亡教育"三题[J].教书育人,2003 年第 1 期。
③ 刘香东.生命教育中的生死教育[J].中国德育,2008 年第 8 期。
④ 夏媛媛.中西方生死教育的发展与区别及原因探讨[J].中国高等医学教育,2011 年第 5 期。
⑤ 唐鲁.《死亡教育》护士继续教育课程方案的构建与实验研究[D].第二军医大学博士学位论文,2013 年。

直觉的体验。①路倩(2015)等人指出死亡教育的实施措施可以从死亡教育的专业化、社会化和实践化三种途径展开。②迟西琴(2016)等人认为实施死亡教育应该树立三个基本原则:一是重心定位于由死观生的认知自觉原则,既对死亡本质展开认识,又由死引生探讨生的价值;二是建立对多元死亡文化观念的尊重原则,既尊重不同的死亡文化,又尊重个人选择自由;三是确立学校教育中死亡认知的基本定位与关注差异原则,既对死亡进行客观解释,又兼顾差异,有层次地展开个别化教学。③王曼(2017)认为推进青少年死亡教育的策略首先应改变传统观念,树立"向死而生"的死亡观;其次教育行政部门自上而下大力推动,加大支持和保障力度;最后要建立学校、家庭、社会"三位一体"的青少年死亡教育体系,包括形成系统化的学校教育、改进家庭教育、社会重视死亡教育的良好氛围。④

3.关于大学生死亡教育及其课程的研究

本书是以课程框架对大学生进行死亡教育研究,并进行死亡教育课程实施,因而很有必要对大学生死亡教育及其课程进行文献梳理,以了解目前大学生死亡教育及其课程的研究现状,为本书工作的开展奠定基础。谢云天、潘东(2007)以对待生死的总态度、对待死的态度、对待生的态度、与死亡有关的特殊问题探讨、对生死教育的需求、课程设置等六个方面为内容,采取自编问卷对大学生生死教育进行研究,发现大学生对生死教育有着较大的需求,在高校开展生死教育既必要也可行。⑤葛晓飞(2007)对国内外高校死亡教育进行了对比分析,并提出了高校实施死亡教育的三条对策:改变大

---

① 许锋华,黄道主.论面向现实生活世界的死亡教育[J].教育研究与实验,2013第2期。

② 路倩,任旷,范红艳,王艳春.死亡教育在我国实施的重要性及措施[J].中国教育技术装备,2015年第24期。

③ 迟西琴,迟品伟.论死亡教育中死亡认知原则导向问题[J].2016年第8期。

④ 王曼.青少年死亡教育的实施瓶颈与推进策略[J].改革与开放,2017年第1期。

⑤ 谢云天,潘东.高校生死教育需求调查研究[J].煤炭高等教育,2007年第2期。

学生传统的思想观念;开设系统的、完整的、独立的死亡教育课程;提升对学生的人文关怀。[①]刘香东(2009)认为大学生生死教育的内容应包括面对死亡的挑战与回应、了解临终者精神状态与关怀、帮助哀恸者心灵重建,并提出大学进行生死教育的三大策略。[②]杨舜尧(2009)等人指出我国大学生死亡教育存在的主要问题,认为开展大学生死亡教育应该倡导向死而生的核心价值理念、开设死亡教育的专业课程、在思想政治和心理健康等学科教育中渗透死亡教育、积极开展各种情感体验活动。[③]郭玉琨(2009)指出高校设置死亡教育课程是个体自身发展的需要、社会发展的需求和科学知识发展的需要,高校设置死亡教育课程应遵循目标具体化、内容多样化和参与对象多元化等原则。[④]刘辉(2010)等人利用对大学生死亡教育效果进行实证分析,认为死亡教育既是教育应有的内容,同时又是通向其终极目标的一个有效途径。[⑤]罗蕊(2010)通过大学生自杀来透视高校死亡教育。[⑥]尧必文(2010)等人对大学生死亡教育进行了实证调查,并对大学生死亡教育进行了深入的教育教学探究。[⑦]刘晨(2011)认为死亡教育是高校生命教育的短板,并指出在高校中开展死亡观教育的实践方法有理论解析法、现实体验法和渗透教育法。[⑧]段美茹(2013)指出高校开展死亡教育的重要意义和三大途径。[⑨]王世嫘(2015)认为死亡教育课程的教学目标体系、教学内容体系、教学方法体系和

---

① 葛晓飞.当代大学生死亡教育的现状及对策研究[J].世界教育信息,2007 年第 4 期。
② 刘香东.大学生生死教育初探[J].扬州大学学报(高教研究版),2009 年第 2 期。
③ 杨舜尧,陈晓斌.由死观生——论大学生的死亡教育[J].湖南第一师范学报,2009 年第 4 期。
④ 郭玉琨.高校死亡教育课程设置的依据和原则探析[J].天中学刊,2009 年第 6 期。
⑤ 刘辉,穆敬雯,关鸿军,谢欣,迟明珠.开展大学生死亡教育的成效分析[J].中国高等医学教育,2010 年第 9 期。
⑥ 罗蕊.从大学生自杀透视高校死亡教育[J].中国校外教育,2010 年第 8 期。
⑦ 尧必文,龚玉秀,张有闻.大学生死亡教育实证调查及对策分析[J].煤炭高等教育,2010 年第 4 期;尧必文,李爱娇,张健康.大学生死亡教育教学探求[J].教育与教学研究,2010 年第 12 期。
⑧ 刘晨.死亡观教育——高校生命教育的"短板"[J].理论观察,2011 年第 6 期。
⑨ 段美茹.高校开展死亡教育的重要意义及其途径[J].齐齐哈尔工程学院学报,2013 年第 4 期。

教学评价体系四个方面是构建大学生死亡教育体系的重要方面。①吴锦涛（2015）等人对大学医学、非医学专业共 280 名大学生进行调查，发现医学生关于死亡的认知反应高于非医学生，且差异有统计学意义，得出大学生对于死亡的认知有待加强，学校需加强死亡教育等结论。②黄丽群（2017）等人对某医学高校 2014 级护理本科 4 个班分别采取教师讲授、影视欣赏、推荐阅读、死亡体验活动 4 种死亡教育方式，并对干预前后学生死亡态度变化进行分析，对死亡教育课程进行整合和再设计，初步形成了"四阶梯"死亡教育的新模式。③席晶晶（2017）分析了医学院校实施死亡教育的现状，并提出医学院校死亡教育实施的三大主要途径。④

此外，有一部分硕士和博士学位论文对死亡教育进行了研究和探讨。广西师范大学卢锦珍（2001）对青少年死亡教育理论依据及其价值进行研究，并提出了青少年死亡教育实施的目的、内容、途径、方法和推进策略等具体构想。河南大学罗蕊（2005）从由"死"观"生"的视角，对死亡教育理念进行了探讨。河南大学丁颖（2006）从向"死"而"生"的视角，对青少年死亡教育进行研究，指出死亡意识教育的价值和功能，分析现实生活中青少年死亡意识缺失的原因，并对死亡意识教育进行了建构。广州大学刘晋玉（2008）探讨马克思主义死亡观的具体内容及意义，并用其来指导当代大学生的死亡教育，并提出可行的具体操作方法。河南大学邓玲（2008）从生命教育视角对高校学生自杀现象进行了研究，分析高校学生自杀原因，并基于生命教育对大学生自杀预防进行了构建。华东师范大学郑世彦（2009）采用实验组、对照组前

① 王世嫘."向死而生"的大学生死亡教育体系的构建——基于大学生死亡教育需求的调查[J].2015 年第 3 期。

② 吴锦涛,张爱超,刘婧楠.大学生死亡认知与死亡教育需求程度调查[J].黑河学刊,2015 年第 6 期。

③ 黄丽群,倪娜,张黎,张恩,马艳艳.医学院校开展死亡教育模式初探[J]护理研究,2017 年第 10 期。

④ 席晶晶.医学院校死亡教育的缺失及对策研究[J].辽宁高职学报,2017 年第 3 期。

测-后测的实验设计,探讨生命教育课程对大学生生命意义感、生死观和死亡态度的影响。厦门大学王申(2009)以问卷的形式对学生进行调查,了解学生对死亡的态度、生命认知状况、生命教育需求情况,并从个人、家庭、学校教育、社会影响、传统文化这五个因素探讨分析造成学生生命观和死亡态度现状的原因。华东师范大学李高峰(2010)以生命与死亡的双重变奏为主线,从理论与实践两个维度展开论证,采用形而上与形而下层面相互参证、相互沟通的方式,以期解决关涉生命与死亡的终极关怀的课题,确立生命的方向与死亡的意义。中南大学邓雪英(2011)通过选取研究对象,采用相关研究工具获得干预前与干预后两组数据,探讨死亡教育课程的实施对大学生生命意义感的影响效果并进行实验研究。西南大学钟义珍(2011)基于弗洛伊德的"死本能"理论对死亡教育进行解读,并指出死亡教育的实施应遵循大爱原则、超越性原则和幸福性原则。第二军医大学唐鲁(2013)通过课程设计模式,理论构建包括课程目标、课程内容、教学方法、反馈/评价策略、师资条件诸要素的《死亡教育》护士继续教育课程框架,在此基础上构建《死亡教育》护士课程方案并通过教育实验加以验证。华北电力大学胡晓静(2016)对我国大学生死亡教育实施策略进行研究,指出死亡教育的实施要以马克思主义死亡哲学为指导,要有明确系统的死亡教育目标,遵循科学的死亡教育原则,并构建可行的死亡教育实施路径。

(三)对已有研究的评价

通过对以上相关文献的梳理可以看出,死亡教育起源于国外,无论死亡教育理论的探讨,还是死亡教育的实践,国外对死亡教育的研究与开展都要领先于国内,尤其是美国,从容谈死亡及其意义是很自然的事。到20世纪90年代,死亡教育课程在美国大、中、小学校就已基本普及落实,并得到社会各界的支持,而我国相关研究却呈现出下面几个方面的特点与不足。

第一,死亡教育和生命教育的概念基本没有区分,甚至有研究者直接将它们等同。死亡教育与生命教育发源的背景不同、针对的问题不同、研究的对象不同、论域的范围不同,虽然两者在内容和目的等方面上有较多交叉与重合,但不能以谈"死"实为论"生",由"死"观"生"等为由,混淆两者具体的所指,模棱两可地使用两个概念,可能是致使死亡教育研究无法深入的重要原因。

第二,死亡教育没有一套属于自己的特有的知识体系,此学科研究领域没有真正独立出来,加上对研究对象并没有清晰而明确地进行厘定,学界也缺少对这一学科领域的反思,致使死亡教育较为随意地归属于其他研究领域,成为其他学科研究领域的走马场。除了主张死亡教育归属于生命教育外,还有如刘桂玲(1995)等人在对临终关怀问题进行研究时指出,加强死亡教育有助于推动临终关怀工作;刘慧(2003)、陈伟震(2009)等人认为死亡教育是道德教育的重要维度;辛辰(2005)认为死亡教育是心理健康教育的可能途径;刘峰(2010)、王丽英(2015)等人认为死亡教育是思想政治教育中的重要课题,应把死亡教育嵌入高校思想政治教育等。

第三,现有文献多侧重于死亡教育的重要性、必要性、内容和目的等方面的理论探讨(谢云天,徐学俊,2007),而死亡教育的具体实施却没有得到推进。除受传统文化、社会环境和民俗习惯影响,实施死亡教育本身具有一定的阻碍和难度外,忽视死亡教育的实践研究和具体实施的推进也不得不说是死亡教育研究的一大缺憾。

第四,从医学、哲学、心理学、死亡学等其他学科视角来研究死亡教育的文献比较多,但从教育学视野对死亡教育进行研究的文献比较少,真正具有教育学思维的死亡教育文献几近空白,这不能不说是教育学研究的一大遗憾。靳凤林(2005)指出在某些死亡教育著作中,作者不是站在教育学视角,采用教育学本身所独有的学科方法来探讨死亡教育的具体方式、方法、规律等问题,而是大量用死亡哲学、死亡文化学的内容来论证死亡教育的必要性等。①

第五,有较多对死亡教育进行实验研究、实证研究的文献(刘辉,2010;尧必文,2010;邓雪英,2011;唐鲁,2013;吴锦涛,2015;王世嫘,2015;黄丽群,2017等),但都以研究者作为工具,对死亡教育进行行动研究的较少。死亡教育的行动研究是以研究者为研究工具,它既是死亡教育的实施者,更是死亡教育实施过程的问题发现者,以实施过程中出现的问题为出发点,探索和研究解决问题的方式,以期获得良好的死亡教育实施效果。

第六,死亡教育课程目标、内容、实施的探讨文献比较多,但多属于一种课程设计和构想,没有真正地付诸实践并对其实施效果进行检验,而自成体系,有系统的死亡教育课程的文献较少,如死亡教育课程内容选择方面,有的选取的课程内容比较随意(郑世彦,2009)、有的直接使用生命与死亡的哲学等内容(关鸿军,2010),或采用某一本学术专著作为课程内容(高钰琳等人,2016)。根据课程理论及其相关原理,可以看出在课程内容的选择上,死亡教育课程对课程目标缺乏深入的分析与思考。

第七,对医学院校、医学护理等专业学生的死亡教育研究文献相对较多,而对非医学院校、非医学专业学生的死亡教育研究文献相对较少,这与医学护理专业学生将要从事的职业有关,死亡教育是他们走向工作岗位的必修课,所不同的是,有些课程是作为选修课设置,有些则是在专业课程里部分章节单独讲授。对于非医学专业学生的死亡教育,应作为一种通识教育和人文教育,旨在促进学生的健康成长,养成乐观和积极向上的人生态度,具有一种悲悯和豁达的人文精神。

第八,社会各界对死亡、死亡教育与临终关怀的关注程度明显增强。近

---

① 靳凤林.死,而后生——死亡现象学视阈中的生存伦理[M].北京:人民出版社,2005年,第17页。

年来，有大量相关文献涌现，引起许多其他学科领域学者的思考与积极关注，如学者田松在《读书》杂志发表的《死亡是一种能力》一文，在微信及网络上转载迅速，影响非常大；在公众号"壹心理"上有一篇《死亡是人类最好的发明》的文章，更加引起了人们对死亡的思考与关注；新闻时事评论员、著名主持人白岩松在参加"追问生命的尊严：医学的使命与关怀"的专题圆桌会上，指出中国人讨论死亡的时候简直就是小学生，因为中国从来没有真正的死亡教育；李开复在罹患淋巴癌与病魔战斗期间，面对死亡对于人生似有所悟，于2015年出版专著《向死而生——我修的死亡学分》。

死亡是人生的必修课，也是每个人一生都要面对的修行，需要有人给予引导和帮助，因而死亡需要教育，我们每个人都需要进行死亡教育，需要打开死亡在认知和心灵上的那扇窗。此外，有许多死亡教育与临终关怀团体组织、协会和研究中心相继出现，如罗点点与陈小鲁共同创立"选择与尊严"网，提倡尊严死，并组织成立生前预嘱推广协会；清华大学雷爱民博士倡议筹建国内首个"华人生死学研究中心"，并于2016年11月12日在清华大学人文学院发起举办"首届中国当代生死学研讨会"，并于2017年12月9日、2018年11月24日分别在广州大学、北京301医院召开第二届、第三届当代生死学研讨会；北京大学首钢医院院长顾晋于2017年3月成立我国第一个三级综合医院的安宁疗护中心，并作为全国人大代表于2019年3月"两会"期间，提出"建议开展全民死亡教育，将癌症早筛和安宁疗护纳入医保"议案；上海焦不急组织创建"学会告别"公众号，探讨如何与临终者告别等话题，教导人们如何学会告别，提高死亡品质和生命质量等。

综上，死亡教育越来越受到社会各界有识之士的关注与推广。但死亡教育作为一门新型的、年轻的、综合的交叉学科，其理论研究与实践探索在我国还有很长一段路要走，具有非常大的发展潜力和提升空间，这从一个侧面说明本书选题具有重要的价值和意义，也为作者坚定地选择从事生死教育研究提供动力来源。本书力争构建一整套生死教育知识体系,以泰勒课程理论与布鲁姆教育目标分类理论基础,对大学生死亡态度,死亡教育需求、目的、内容、途径与方式等方面进行实证调查,基于大学生通识教育理念,研究设计一门大学生生死教育课程。本书希望通过对大学生实施生死教育课程,探索发现大学生生死教育及课程实施过程中存在的问题,提出相关解决的对策建议,以期为提升生死教育实施效果,更好地推广和宣传大学生生死教育奠定基础。

三、研究内容与意义

(一)研究内容

本书以大学生生死教育为研究对象,将研究问题聚焦于大学生生死教育课程的实施,从理论上探讨大学生生死教育相关问题,分析大学生生死教育的内在需求,以泰勒课程理论与布鲁姆教育目标分类为理论基础,探讨大学生生死教育目的、内容、途径、课程实施等内容,辅之以大学生生死教育相关问题的考察与实证调查,根据课程理论对大学生生死教育课程进行开发研究,并对大学生生死教育课程进行实践探索,在行动研究中发现课程实施过程中的问题与困惑,最后指出大学生生死教育实践的对策建议与改进方略。具体来讲,主要包括以下内容:

第一,通过对生死教育研究文献进行分析,明晰研究问题,梳理死亡教育与生死教育的发展与演进脉络,选择泰勒课程理论与布鲁姆教育目标分类理论,形成研究思路,编制大学生生死教育调查问卷,确定大学生死亡态度测试量表,并进行测试,确定问卷信效度,向国内部分高校大学发放调查问卷。

　　第二，对死亡教育、生命教育与生死教育进行概念辨析，探索死亡教育与生死学之间的关联，确定死亡教育的内涵与外延，分析死亡教育的特性、分类、实施原则、研究取向，根据死亡教育的外延，选取马克思辩证唯物主义死亡观、海德格尔"向死而生"实存分析理论、龙树"中观"理论为生死教育实施的理论依据，并说明选择理论依据的原因及理论依据之间的关联。

　　第三，根据泰勒课程理论，从课程的基础学科哲学、心理学和社会学分析生死教育，确定大学生生死教育需求、目的、内容和实施等四大关键问题，在此基础上指出实施大学生生死教育的特点，以区别其他群体的生死教育，更好地对大学生进行生死教育。

　　第四，从内在与外在需求、理论与实际现状来考察大学生死亡教育需求，并从自我意识、行为动机和个体发展三个方面在理论上分析死亡教育的内部需求，对大学生死亡知识需求、死亡教育现状、死亡态度三个方面进行实证调查，以此来确定大学生生死教育需求的外部需求。

　　第五，从死亡态度、死亡焦虑、生命成长和生命质量四个层次在理论上分析生死教育，并对大学生生死教育目的进行实证调查，最终确定大学生生死教育的目的。

　　第六，根据布鲁姆教育目标分类理论，从认知、情感和技能三大领域理论上分析、组织和选择生死教育内容，结合对大学生生死教育内容的实证调查，以组织和选择大学生生死教育内容。

　　第七，从家庭、社会和高校探讨大学生生死教育实施途径，结合大学生生死教育实施途径的实证调查，对大学生生死教育实施途径进行审思，相比较来说，高校是实施大学生生死教育最合适的途径。在此基础上，分析和探讨高校设置大学生生死教育课程的意义，实施大学生生死教育课程的条件，大学生生死教育课程的实施过程和大学生生死教育课程实施的评价。

　　第八，在以上对生死教育课程需求、目的、内容、实施方式和评价探讨的基础上,对我国大学生生死教育实践进行探索,分析生死教育渗透课程、活动课程和学科课程等主要实践形式中存在的问题,设置并实施大学生生死教育学科课程,从课程准备、实施过程和存在问题来分析和评价大学生生死教育实践,并就生死教育实施存在的问题提出生死教育的相关改进方略。

(二)研究意义

1.理论意义

第一,有利于构建生死教育理论,形成完整的现代教育理论体系。教育是直面生命、为了生命的教育,而教育理论是促进生命发展、谋求个人幸福、关于生命的教育理论。现代教育理论重视研究的是有关生命、生存和生活的教育理论,死亡教育理论似乎成为蛮荒之地,遭到摒弃而饱受忽视,遗落在角落里无人问津,一直以来没有引起教育研究者足够的重视,其研究领域几近空白。本书试图构建生死教育理论,以期弥补死亡教育理论研究领域的空白,形成完整的现代教育理论体系。

第二,有利于探索生死教育教学规律,为生死教育实践提供理论指导。死亡教育具有超验性、过程性和负向性等特性,与教育科学体系中其他领域相比,生死教育本身具有其特定的一套教育教学规律。本书在教育学思维视域下试图在理论上探索生死教育目标、内容体系、实施方式和评价等方面内容,并通过生死教育课程的实施,总结一套属于生死教育自身的教育教学规律,为现代社会生死教育的实际开展提供理论指导。

2.实践意义

第一,有利于形成大学生健康的心理特征,促进大学生个体生命持续稳定发展,提升大学生人文精神与超越精神,帮助大学生构建正确的生死观,减少大学生轻生事件的发生,增强大学生幸福感,扩展大学生生命价值。

第二,有利于探寻高校实施生死教育的模式,其实施方式、目标、内容和效果评价等方面都可以为高校实施生死教育时提供一整套可资借鉴的参考典范,也可指导和影响社会、家庭等相关组织机构进行生死教育,从而提升整个社会的死亡质量,使个体获得作为人应有的死亡尊严,提高国民的生活幸福指数。

第三,有利于对个体传递科学、客观、正确的死亡知识,更新死亡观念,消解对死亡的恐惧,改善传统消极的讳死重生、乐生恶死的死亡文化,适应现代社会发展后发生变化的死亡环境和死亡经验模式,形成健康、积极、乐观、向上的社会文化氛围,为构建和谐社会、文明社会、幸福社会奠定基础。

四、研究方法与过程

(一)研究方法

研究方法是科学研究的重要组成部分, 它提供了人们在该学科领域内分析问题的视角、工具和分析框架,同时也是理论研究的逻辑起点。任何学科都有自己的独特研究方法,选择什么样的研究方法与研究对象密切相关。本书以大学生生死教育为研究对象,在研究过程中使用了文献资料法、问卷调查法、访谈调查法和行动研究法等研究方法。

1.文献资料法

应该说任何一项科学研究都离不开对文献的梳理与研究, 因为任何一项研究都必须以前人的研究成果作为基础,只有站在前人的研究基础上,才能取得更有价值的研究成果。本书也不例外, 文献资料法将贯穿本书的始终,成为本书的基础性研究方法。通过学校图书馆,中国期刊网,优秀硕士、博士论文库以及百度等数字资源,收集查阅大量国内外文献资料,概括、梳理与总结死亡教育研究现状,并对其进行分析与评价形成研究思路,以死亡教育课程实施作为本书的主要内容,同时大量阅读死亡教育相关文献材料,探寻死亡教育的理论依据,为本书研究的顺利开展奠定基础。

2.问卷调查法

问卷调查法是以书面提出问题的方式搜集资料的一种研究方法,是本书的重要方法。问卷是本书的主要研究工具,本书采用的问卷有自编问卷,还参考了已经非常成熟国内外通用的死亡态度测量问卷,也有根据研究需要而进行修订的问卷。本书通过问卷调查法来探明大学生死亡教育需求,明确生死教育目标,确定生死教育课程框架,测量大学生死亡态度的变化。可以这样说,问卷调查法在本书的各个部分都有所涉及,所调查的内容与目的不同,在各个部分所起的作用也不同。

3.访谈调查法

访谈调查法可以弥补问卷调查法不能深入就某一问题进行追问的缺点,既可详细了解具体情况,又能提高问卷调查的效度,因此为了全面深入了解调查情况,使用问卷调查法时通常都会辅之以访谈调查法与之以相配合,但是访谈调查法绝对不是一种可有可无的研究方法,它具有独立性和明显的调查优势。本书使用的访谈调查法包括面对面访谈、电话访谈和邮件访谈等多种调查形式,一般都属于结构式访谈。通过面对面访谈大学生、家长和教师等了解生死教育课程目标与死亡教育需求,确定生死教育课程内容与效果;通过电话和邮件访谈死亡教育学科专家、开设生死教育课程的老师对生死教育目标和课程实施等问题的看法,根据研究目的对这些看法和观点进行分析、归纳与总结,在此基础上为本书提供研究框架和研究思路。

4.行动研究法

教育行动研究主要是指行动者为了改进自己的实践,而在自己的行动中展开研究。①严格地说,行动研究法并不是一种独立的研究方法,而是一种教育研究活动,是一种教师与教育管理人员密切结合本职工作综合运用各种有效的研究方法,以直接推动教育工作的改进为目的的教育研究活动。

一个完整的行动研究单元包括计划、实施和反思三个环节:计划环节主要包括明确问题、分析问题和制定计划;实施环节包括行动及对行动的观察;反思环节包括对前面的分析、计划和实施进行必要的调整。调整需要建立在对行动研究评价的基础上,这大致包括以下方面。②

(1)计划

明确问题:大学生生死教育可以通过实施生死教育课程进行,生死教育课程的实施可以转变大学生的死亡态度,对大学生生命成长与发展具有重要作用。

分析问题:生死教育课程作为生死教育的重要载体,是实施生死教育的主要方式,但需要充分考虑死亡或生死教育本身对学生的消极或负面影响,其目标根源应该是从积极心理学和生死教育正能量或正向作用出发,对课程内容、教学方法的选取需谨慎和反复权衡,密切关注并及时处理课程实施过程中存在的问题。

制定计划:在 K 高校开设一门公共选修课,通过对生死教育课程的实施,以生死教育课程实施者为研究工具,生死教育实施者与教育研究者两种角色融于一身,通过问卷、访谈调查法及课程实施者自身发现一系列课程实施过程中的问题。为解决这些问题,提升课程实施效果,推动教育教学工作的改进,课程实施将通过两到三轮的持续改进,以期使生死教育课程成为固定的通识教育选修课程,并不断地完善课程内容、课程教学、课程评价等相关课程实施问题,达到校级精品课程的水平,适时申报省级甚至国家级精品

---

① 刘良华.教育研究方法(第二版)[M].上海:华东师范大学出版社,2016 年,第 70 页。

② 袁振国.教育研究方法[M].北京:高等教育出版社,2006 年,第 216 页。

课程。

（2）实施

行动：对生死教育课程目标进行研究，精心选择和组织课程教学内容、教学方法和评价方式，在 K 高校实施死亡教育课程。由于课程在 K 高校实施，K 高校选修与不选修生死教育课程的学生具有同质性、随机性，因而本书在控制组不进行前测，而只对其进行后测。课程实施可以通过实验组前测与后测的分值比较来分析课程实施的影响，也可以通过同实验组后测与控制组后测的分值比较来分析生死教育课程的影响，从而以此来分析实施过程中出现的问题，为完善下一轮课程实施指明方向。

对行动的观察：在生死教育课程实施过程中，通过对学生的观察及自身对生死教育课程的研究等，发现和总结生死教育实施过程中的问题。

（3）反思

通过第一轮生死教育课程实施，对行动研究的前两个环节进行反思，通过问卷和访谈调查研究生死教育课程的效果、问题和课程需要改进的地方，完善生死教育课程方案、课程内容、实施方法等，为下一轮生死教育课程做好准备。

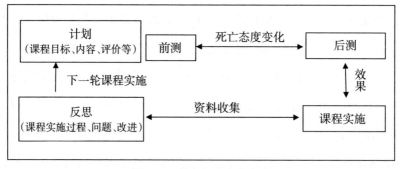

图 0-1 教育行动研究方法

(二)研究过程

第一,确定研究对象,明确研究论域,聚焦研究问题。从现代社会人们死亡经验模式和死亡环境变化的研究背景中, 发现现代人们需要面对诸多死亡问题。由于受中国传统乐生恶死的死亡文化影响,生死教育没有被纳入教育体系导致国民生死教育的缺失。本文明确以生死教育为研究对象,在通识教育视角下对大学生这一特殊群体实施生死教育, 旨在促进大学生生命成长和个体健康发展,聚焦大学生生死教育课程,指出生死教育课程的实施是大学生生死教育的有效途径,以行动研究为主要推进方式,对大学生生死教育课程各要素进行研究。

第二,梳理研究文献,形成研究思路,做好研究前期准备工作。通过查阅和梳理大量生死教育相关研究文献,确定访谈提纲,形成研究思路(见图0-2),根据泰勒课程编制与开发理论,对 46 位大学生、5 位家长、8 位老师和 4位教学管理人员在生死教育课程目标、内容、实施和评价等方面进行访谈,并咨询 8 位生死教育学科专家的相关意见, 以目前学术界广泛接受的 1987年宏恩(Wong)、瑞克(Reker)和杰斯尔(Gesser)所编制和修订的《死亡态度描绘量表》(*Death Attitude Profile*, DAP—R)为学生评价工具,做好研究前期各项准备工作。

第三,生死教育理论探索。根据课程理论,以课程框架为研究框架,从理论上探讨大学生生死教育需求、目的、内容、实施与评价等课程要素。

第四,生死教育实证调查。根据大学生生死教育课程理论要素的相关探讨,编制大学生生死教育调查问卷,对大学生生死教育的需求、目的、内容、实施与评价方式等内容进行实证调查。

第五,确定生死教育课程内容,为实施大学生生死教育课程做好各项准备工作。结合对大学生生死教育需求、目的、内容、实施与评价等方面的理论探讨和实证调查,最终确定大学生生死教育课程的目标(见图 0-3)、内容体系、实施与评价方式等课程要素,向 K 高校申请开设"死亡教育与生命成长"选修课程,遵照学校相关要求,初步拟定此课程总学分为 2 学分、32 课时,共16 次课,为生死教育课程实施做好各项前期准备工作。

第六,对大学生实施生死教育课程。根据课程前期准备,对选修"死亡教育与生命成长"课程的大学生进行死亡态度前测,交代生死教育课程实施相关注意事项,待到课程结束时,对选修课程的学生进行死亡态度后测。

第七,对大学生生死教育课程实施进行评价。通过对大学生死亡态度前测与后测比较,分析生死教育课程实施对大学生死亡态度的影响,要求学生填写课程实施情况调查表(见书后附录),并对大学生进行访谈,且通过参与两轮课程的大学生死亡态度后测,与没有选修此门课程的大学生死亡态度进行比较,总结分析大学生生死教育课程的总体实施效果。

第八,总结生死教育课程实施过程中的问题,提出改进和完善建议,为下一轮生死教育课程实施提供条件。通过学生访谈、课程实施情况表、本人实施生死教育课程时发现和反馈的课程实施存在的问题,对"死亡教育与生命成长"课程实施过程中相关问题进行总结,确定相关课程实施的改进措施,为下一轮课程实施的改进与完善提供条件。经过前后两轮课程实施,对比其实施效果,探讨生死教育教学规律,总结相关经验教训,探索生死教育课程未来发展。

第九,通过探讨我国大学生生死教育实践,分析大学生生死教育渗透课程、活动课程、学科课程实施过程存在的问题,提出大学生生死教育实践的相关对策和改进方略。

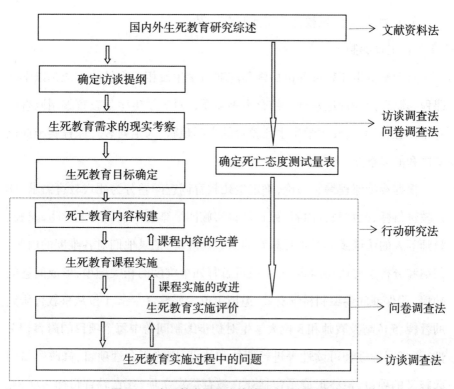

图 0-2　生死教育课程实施的研究过程与思路

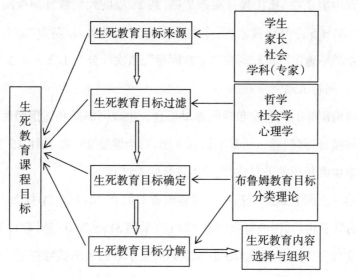

图 0-3　生死教育课程目标确定与生死教育课程内容组织

第十,大学生生死教育的实证调查过程。

(1)工具编制

对大学生生死教育理论探索和前期对学生及相关人员的访谈,以泰勒课程编制理论为理论基础,结合本书需要,对大学生生死教育编制调查问卷,目的是了解高校大学生生死教育的实际现状,为生死教育课程实施提供支撑和前提条件。

根据泰勒课程编制理论,确定生死教育调查问卷分为死亡教育需求、死亡教育目标、死亡教育内容、死亡教育实施四个维度。根据对大学生、家长、教师等人的访谈及其对生死教育的认识与理解,记录他们对各维度的内容,归纳和分析这些访谈内容,分解成可解释四个维度的相关题项,形成问卷的初稿。为保证问卷编制科学有效,邀请1位生死教育专家、1位从事教育研究的教授、5位高校教师和8位大学生对初步编制问卷中每个项目的内容相关性、意义明确性和可读性等进行评估和修订,删除不合理项目,修改容易引起歧义的项目,最终形成了包括死亡教育需求7项、死亡教育目标7项、死亡教育内容7项、死亡教育实施7项,共28项的死亡教育调查问卷。问卷采用 Likert 5 点测评量表,每个题项下有五个选项,分别为"很不同意""不太同意""不确定""比较同意""非常同意",依次计分为1、2、3、4、5分。

(2)问卷试测

将编制好的问卷发布在问卷星平台,生成网络版和微信版两个版本的问卷链接,试测问卷包括基本信息7题,四个维度28题,共计35个题项,发送到学生群和相关平台,对大学生进行问卷试测。

第一次问卷试测:第一次问卷调查时间在2017年11月28日至2018年1月3日进行,回收有效问卷474份,采用 SPSS 20.0 统计软件对28个题项做主成分因子分析,KMO 值为0.955,大于0.8,表明该数据适合做因子分析。根据观察变量对公共因子的解释率,即 Kaiser 准则,即主成分因子分析所提取的公共因子的数量是那些特征根的值大于 1 的因子数量，提取 4 个公共因子。根据三个基本原则对不合适的题目进行删减，即一是删除在 2 个或 2 个以上的公共因子上具有接近因子载荷的题目，即某个题目在 2 个或 2 个以上的因子上的载荷差不多；二是某个公共因子下只有 1 个题目，这样的题目要删除；三是删除公共因子上的最大载荷小于 0.35，共同度小于 0.4 的题目。[①]根据上述准则，死亡教育调查问卷题项减少到 20 项，发现问卷题项过少，且 1 个公共因子缺失，因而重新增加问卷题项。

第二次问卷试测：根据问卷编制相关要求和研究需要，将问卷题项增加到 35 个题项，进行第二次问卷试测，第二次问卷调查时间在 2018 年 3 月 6 日至 2018 年 3 月 26 日进行，回收有效问卷 449 份，采用 SPSS 20.0 统计软件对 28 个题项做主成分因子分析，KMO 值为 0.952，大于 0.8，表明该数据适合做因子分析。根据 Kaiser 准则，提取 7 个公共因子，对不合适的题项进行删减，最终由 35 个题项减少为 31 个题项，7 个公共因子降低为 5 个公共因子，分别为死亡知识需求（4 项）、死亡教育现状（6 项）、死亡教育目的（7 项）、死亡教育内容（6 项）、死亡教育实施（8 项）。

（3）正式调查

通过问卷星平台在网上发布正式调查问卷，对国内高校大学生生死教育进行实证调查，回收有效问卷 4914 份，其样本情况见表 0-1。

---

① 张奇.SPSS for Windows 在心理学与教育学中的应用［M］.北京：北京大学出版社，2015 年，第 301 页。

表 0-1 正式测量样本基本情况一览表

人口统计学变量	类别	人数	百分比
性别	男	1708	34.8
	女	3206	65.2
学校层次	专科	362	7.4
	本科	4552	92.6
所属学科	文科	2664	54.2
	理科	826	16.8
	工科	602	12.3
	其他	822	16.7
专业	医学	424	8.6
	非医学	4490	91.4
年级	大一	1426	29.0
	大二	1566	31.9
	大三	974	19.8
	大四	948	19.3
有无宗教信仰	有	584	11.9
	无	4330	88.1
是否参加过葬礼	是	3936	80.1
	否	978	19.9
有无濒死体验	有	978	19.9
	无	3936	80.1

信度检验:本问卷测量结果采用 5 点计分法,因此可用克伦巴赫内部一致性系数作为信度检验的指标。检验结果如表 0-2。问卷中 5 个子维度的 Cronbach's Alpha 系数在 0.830~0.942 之间, 问卷总的 Cronbach's Alpha 系数为 0.939。一般来说,单个维度的信度系数达到 0.5 以上可以接受,整个量表的信度系数达到 0.7 以上可以接受。因此本问卷具备良好的信度。

表 0-2　大学生死亡教育调查问卷的信度与效度

	死亡知识需求	死亡教育现状	死亡教育目的	死亡教育内容	死亡教育实施	总问卷
项目数 Cronbach	4	6	7	6	8	31
系数	0.830	0.850	0.918	0.942	0.924	0.939

效度检验：对问卷的效度检验主要从内容效度和结构效度两个方面进行。首先,邀请多位大学生与教师针对问卷内容提出相关建议并做出修改;并由 2 位专家对问卷题目进行最终审核,因此问卷内容效度较好。在结构效度方面,由于五个维度之间都较为独立并不属于量表范畴,且经过两次问卷试测和主成分因子分析而最终形成此问卷各个题项,各题项有较高的内部一致性,因而具有较好的结构效度。

（4）调查对象:没有参加"死亡教育与生命成长"课程的国内大学生。

（5）统计分析:样本收集并进行数据有效筛选后,采用 SPSS 20.0 统计软件对数据进行描述性统计,并对人口统计学变量及各维度进行推断统计分析。

第十一,大学生死亡态度的调查过程。

（1）工具选择

国外对死亡态度研究始于 1936 年,经过几十年的研究与发展,无论是死亡态度的概念及其结构, 还是死亡态度的测量及其量表都已经发展得相当成熟(详见第三章第一节内容)。本书选择目前学术界广泛接受采用的死亡态度量表作为大学生死亡态度调查工具,即 1987 年宏恩、瑞克和杰斯尔所编制的《死亡态度描绘量表》包括五个维度的死亡态度修订后的测量量表:趋近接受(10 题)、恐惧死亡(7 题)、死亡逃避(5 题)、逃离接受(5 题)、自然接受(5 题),共 32 题。该表在正式对大学生进行调查前,根据中国人的语言和文化习惯,对相关题项的语义表达、语法和句意做了相应修改和完善,并邀请 2 位老师、3 位大学生对问卷各题项的表述提供相关改进建议, 最终形成大学生死亡态度调查工具。

（2）工具检验

信度检验：《死亡态度描绘量表》（*Death Attitude Profile*，DAP—R）采用 5
点计分法，可用克伦巴赫内部一致性系数作为信度检验的指标。检验结果见
表 0-3，问卷中五个子维度的 Cronbach's Alpha 系数在 0.784~0.896 之间，问
卷总的 Cronbach's Alpha 系数为 0.921。一般来说，单个维度的信度系数达到
0.5 以上可以接受，整个量表的信度系数达到 0.7 以上可以接受。因此本问卷
具备良好的信度。

表 0-3　大学生死亡态度测量问卷信度与效度检验

死亡态度	趋近接受	恐惧死亡	死亡逃避	逃离接受	自然接受	总问卷
项目数 Cronbach	10	7	5	5	5	32
系数	0.896	0.840	0.811	0.882	0.784	0.921

效度检验：采用 SPSS 20.0 统计软件对问卷做主成分因子分析，结果显
示 KMO 值为 0.944，大于 0.8，表明该问卷适合做因子分析，提取 5 个公共因
子，与问卷 5 个死亡态度正好吻合，且此问卷经过很多研究专家测试和修
改，具有良好的效度。

（3）调查对象：没有参加"死亡教育与生命成长"课程的国内大学生。

（4）统计分析：样本收集并进行有效性筛选后，采用 SPSS 20.0 统计软件
对数据进行描述性统计，对死亡态度各维度进行统计方法处理。

五、研究的理论基础

（一）泰勒课程编制与开发理论

泰勒是美国著名的教育学家、课程理论家，被称为"课程评价之父"。泰

勒在 1949 年出版的《课程与教学的基本原理》被公认为是现代课程理论的奠基石。在这本书中,泰勒提出了关于课程编制的四个问题即"泰勒原理":一是学校应该达到哪些教育目标? 二是提供哪些教育经验才能实现这些目标? 三是怎样才能有效地组织这些教育经验? 四是我们怎样才能确定这些目标正在得到实现? 泰勒原理是围绕四个基本问题运作的。施良方先生进一步将课程编制与开发总结和归纳为四个步骤或阶段:①确定目标;②选择经验;③组织经验;④评价结果。其中,确定目标最为关键,因为其他步骤都是围绕目标展开的。①所以泰勒原理又被称为"目标模式"。

　　本书以上述泰勒课程编制与开发理论为理论基础,结合大学生生死教育研究对象,把上述课程编制的四个步骤总结描述为大学生生死教育目标、生死教育内容、生死教育实施、生死教育评价,从理论上探讨和研究这些内容,并辅之以实证调查,以此为基础,进行大学生生死教育课程实践探索。考虑到以测量大学生死亡态度的前后变化和访谈大学生对死亡的理解评价教育效果,故将生死教育评价这部分内容并入生死教育实施。由于开设一门课程,首先需要考虑的是在现代社会生活中是否有开设此门课程的必要,也即是课程需求,因而考察生死教育需求(按照泰勒的意见,可从学生、社会和学科三个方面考察课程需求)就显得十分必要。又由于泰勒原理的关键问题是课程目标的确定,其他三个方面内容都是围绕目标而展开,因而生死教育目标的确定非常重要。关于生死教育目标的确定,泰勒的建议是需要用哲学和心理学对一般性的目标进行筛选,因为死亡是一种社会现象,死亡禁忌与诸多的社会因素有关,所以本书增加了社会学对一般性目标的筛选内容,试图从哲学、心理学和社会学来探讨生死教育相关理论问题。

　　综上所述,以泰勒课程编制与开发为理论基础,根据大学生生死教育研

---

① 　施良方.课程理论——课程的基础、原理与问题[M].北京:教育科学出版社,2000 年,第13页。

究需要,按照一定的逻辑顺序,形成了本书的研究结构与脉络,依次为在哲学、心理学和社会学学科视野下对大学生生死教育进行理论探讨、生死教育需求的考察、生死教育目标的确定、生死教育内容的组织、生死教育实施的途径、生死教育课程的实践探索六部分内容,每一部分都独立成章,这即是本书章节结构脉络。

(二)布鲁姆教育目标分类理论

布鲁姆是美国著名教育心理学家,1956年他在美国芝加哥大学提出教育目标分类法,首创教育目标分类学,对教育理论与实践产生了重要而深远的影响。布鲁姆教育目标分类法是一种教育的分类方法,他把教育目标分为三大领域:认知领域、情感领域和动作技能领域,每一个领域又分为不同的层次和亚类,从而共同构成教育目标体系。

本书以布鲁姆教育目标分类理论为理论基础,一方面,布鲁姆的三大领域,给本书提供了确定大学生生死教育目标,并依据确定的生死教育目标选择和组织生死教育内容,从而确定生死教育目标与生死教育内容的研究框架;另一方面,本书生死教育评价是以死亡态度的变化为评价标准,而死亡态度是个体对死亡现象稳定的具有倾向性的复杂评价系统,具有认知、情感和行为三种成分,可以被间接地测量,且通过对死亡及其相关知识的学习、思考和练习,可以改变个性心理特征。可见,死亡态度系统的三种成分正好与布鲁姆教育目标分类认知、情感和动作技能完全吻合。因此,布鲁姆教育目标分类为本书选择死亡态度作为生死教育评价测量标准提供了理论支撑和观点支持。

第一章　起点与边界：生死教育概念辨析及相关概述

对大学生进行生死教育，首先要清楚什么是生死教育，生死教育与生命教育、死亡教育之间有怎样的区别与联系，生死教育应坚持哪些实施原则、注意哪些重要事项等。可见，核心概念的界定是本书的逻辑起点，在此基础上，界定生死教育的内涵与外延，探讨生死教育的分类及其特性，选择生死教育的理论依据，确定生死教育实施原则与价值取向，为更好地实施大学生生死教育奠定基础。

一、生死教育的概念辨析

（一）死亡教育与生命教育的区分

生与死本是一对矛盾对立统一体，一体两面，密不可分，谈死为了更好地论生，名为论死，实则为生，因而在学界不管是内涵还是外延，死亡教育与生命教育这两个概念存在严重的混淆,并始终相互纠缠在一起。通过文献梳理,多数研究者根本就不对它们进行界定,把它们当作是一个自明性的概念,有研究者甚至对它们不作区分认为死亡教育就是生命教育,而大多数研究者都认为生命教育包括了死亡教育,死亡教育是生命教育的重要组成部分,它只是实施生命教育的一种实践方式,以致有研究者直接指出在中国生命教育开展得轰轰烈烈,而死亡教育却受到忽视显得有些冷冷清清(曹坤明,2014)。本书认为正是由于死亡教育与生命教育概念上的混乱与不严谨的框定,较大程度上影响了死亡教育理论研究与实践的开展,因此厘定死亡教育与生命教育两个概念的内涵就显得尤为重要。

死亡教育与生命教育的概念国内外许多研究者都进行了界定。如布勒斯力(Blensley,1975)认为死亡教育是探讨生死关系的一个教学历程,此历程包括文化、宗教对死亡及濒死的看法与态度,希望借此使学习者更加珍惜生命、欣赏生命,并将这种态度反映在日常行为中。克拉切格(Kurlychek,1977)认为死亡教育是一个促进人们意识到死亡为生命之一部分的历程,它提供架构帮助学生审视与死亡有关的事实,并将它们整合融入自己的生活之中。利温顿(1977)向社会大众传达适当的死亡相关知识,并因此造成人们在态度和行为上有所转变的一种持续的过程。瓦斯(1980)等学者认为死亡教育是以教授死亡这个课题为主的正式教学或团体教学,它包含了教学目标、课程内容、教学方法及教学评价等。除了正式教学外,死亡教育亦可广义地包含非正式的、偶然的、定期或不定期的以及间接与死亡相关的教学。弗路玲(Fluehling,1982)指出死亡教育可以从不同层面如心理学、精神、经济、法律等方面增进人们对死亡的意识,它是预防教学,以减少各式各样因死亡而引起的问题并进一步增进人们对生命的欣赏;吉普森(1982)认为死亡教育是探讨死亡及濒死的相关课题及其与生活之关系的持续不断的过程。赵登蔚(1990)指出死亡教育是指旨在引导人们科学地、艺术地认识死亡、对待死亡,以期利用死亡学知识服务于医疗实践和社会的教育。①周德新、黄向阳(2008)指出死亡教育又称优死教育,是指向社会大众传达适当的死亡相关知识,并因此造成人们在态度和行为上有所转变的一种持续的过程,简单说死亡教育就是在全社会普及死亡知识的过程。葛桥、沈贵鹏(2010)认为所谓的死亡教育就是如何认识和对待死亡所进行的教育,它从心理学、政治学、生命科学、社会学、伦理学、哲学、医学、经济学、护理学和法学等不同学科角度来增进人们对死亡的认识,使人善待和珍爱生命,在面对死亡事件时能寻求良好的社会支持。②尧必文、蒋九愚、张有闻(2010)认为死亡教育就是将与死亡相关的哲学、文学、伦理学等方面知识传授给受教者,引导他们反思自杀、生死关系,死亡意义、安乐死、临终关怀等与死亡密切相关的问题,旨在认识生命的脆弱,从而关爱生命,珍惜生命,感悟生命的价值和意义。许锋华、黄道主(2013)认为死亡教育是在现当代人追问自身的存在意义过程中产生的,目的在于去除现实生活中人们有意无意对死亡的曲解与遮蔽,得到自身存在意义的澄明。

生命教育的概念也是非常庞杂,且见仁见智,但"生命教育"这个概念是在 1968 年由美国学者杰·唐纳·华特士(J. Donald Walters)最早提出的。雷静、谢光勇(2005)根据前人研究,概括出生命教育的内涵有建构生命教育的体系、生命教育的具体内容是一种价值的追求。③冯建军(2006)指出生命教育的内涵主要是教人认识生命、保护生命、珍爱生命、欣赏生命,探索生命的意义,实现生命价值的活动,并指出生命教育具有四种取向:身心健康取向、生死取向、伦理取向和宗教取向。④赵秀云(2007)认为生命教育包括珍视生

---

① 赵登蔚.关于死亡教育[J].医学教育,1990 年第 10 期。

② 葛桥,沈贵鹏.论国内关于死亡教育的问题[J].中小学心理健康教育,2010 年第 3 期。

③ 雷静,谢光勇.近十年来我国生命教育研究综述[J].教育探索,2005 年第 5 期。

④ 冯建军.生命教育的内涵与实施[J].思想理论教育,2006 年第 11 期。

命本体的存在价值、强调对生命神圣性的追求、生命教育应强调对生命家园的建构、生命教育要注重生命审美境界的引导。[1]李高峰(2009)认为当代中国语境下的生命教育概念必须建立在生命教育、死亡教育、生死教育这三个概念融通的基础上,包括"关于生命的教育"(education about life)与"为了生命的教育"(education for life)两个方面。[2]刘慧(2013)认为生命教育是一个多元的集合概念,包括多个维度与层次,但主线明确,即基于生命、围绕生命、为了生命,生命教育是以生命为基点,借助生命资源,唤醒、培养人们的生命意识与生命智慧,引导人们追求生命价值,活出生命意义的活动。[3]微信公众号"生命长宽高"于2017年8月20日登载冯建军《国内"生命教育"理解的三种含义》一文,第一种指微观层面的生命教育,主要针对生命问题的治疗性生命教育;第二种是中观层面的生命教育,主要指向生命整全的发展性生命教育;第三种是宏观层面的生命教育,主要是以生命定位教育,对教育进行生命化解读。

综上所述,虽然死亡教育与生命教育有着重合或交叉相融的内容,但是将两者混为一谈,不做区分,模棱两可地使用是不可取的,也是不严谨的。在本书看来,死亡教育与生命教育至少存在以下几方面不同:①对象不同。生命教育以生命为对象,而死亡教育是以死亡为对象展开的教育活动,对象不同,其内涵必定迥异。②范围不同。教育的对象是人,指向于人的生命,凡是教育皆属于生命教育的范畴,这就是冯建军在广义层面对生命教育进行的界定,即是对教育进行生命化解读,而与其相对的死亡教育其范围则主要集中在死亡的边界,死亡教育并没有超出死亡的疆域。③目的不同。生命教育是以珍惜生命、欣赏生命和感悟生命,追求人生之幸福为目的,而死亡教育

---

① 赵秀云.论生命教育的内涵与途径[J].现代中小学教育,2007年第2期。
② 李高峰.试析当代中国语境下的生命教育[J].教育导刊,2009年第4期。
③ 刘慧.生命教育内涵解析[J].课程·教材·教法,2013年第9期。

是以认识死亡、体验死亡和练习死亡,寻求安身立命之道,以超越死亡、达到生死一如之境界为目的。④出现的时间不同,死亡教育随着20世纪初死亡学研究兴起而出现, 而生命教育由美国学者杰·唐纳·华特士提出并实践,它们出现的原因和要解决的问题都大有不同,至20世纪末期,死亡教育与生命教育才出现合流,甚至混用。可见,死亡教育与生命教育存有较大差别,忽略这些差别既会对死亡教育的理解不断泛化,从而与生命教育的内涵变得含混,又会将生命教育的范围窄化,继而消解与死亡教育的界限。

(二)生死教育是死亡教育的发展

死亡教育起源于美国,但生死教育的提法却是中国台湾学者率先提出,它源于台湾著名旅美学者傅伟勋1993年出版的《死亡的尊严与生命的尊严——从临终精神医学到现代生死学》一书中提出生与死构成不可分离的一体两面,死亡的尊严与生命的尊严息息相关,应该建立现代生死学来探讨生死的终极意义和人的死亡问题, 他认为生死教育应该将死亡学研究的内容包括进去,①死亡学应扩充至生命学,提出建立现代生死学的构想。随着生命教育与死亡教育的实践探索,余德慧的《生死学十四讲》、辜琮瑜的《最后一堂生死课》等著作出版,死亡教育在台湾地区逐渐被生死教育所替代,生死教育目前在中国台湾地区已被普遍接受。在中国大陆,有部分研究者沿袭了这一提法,如刘慧(2003)、孙传宏,杨海燕(2005)、谢云天,潘东(2007)、刘香东(2008)、张鹏(2008)、牛国兴(2011)等人采用的都是"生死教育"这一概念,生死教育的提法受台湾地区的影响较大。研究这些文献发现,其内涵并未与死亡教育严格区分开来, 多数研究者都是在相同的内涵与外延上来使

---

① 傅伟勋.死亡的尊严与生命的尊严[M].台北:正中书局,1993年。

用的。但如果从概念演变和现实发展来说,生死教育明显要晚于死亡教育,生死教育是受现代生死学的勃兴而不断发展起来的。实际上,生死教育是死亡教育的延伸和发展。此外,大陆还有"死亡观教育"或"生死观教育"这一提法,如兰礼吉等人(2000)、宋晔(2003)、胡宜安(2005)、龚正华(2005)、陈伟震(2009)、刘晨(2011)、夏媛媛(2011)、姜淑兰,李卉(2013)等人使用的就是"死亡观教育"或"生死观教育",细读文献,死亡观教育的内容基本上都属于死亡教育的内容,也并未做出单独界定和明确的内涵规定,应该指出的是,不论死亡观教育还是生死观教育都只是死亡教育内容的一部分。

一般来说,一个概念的内涵越丰富,它的外延就越小,反之亦然。生死教育、生命教育、死亡教育和死亡观教育或生死观教育等种种提法,它们的内涵显然是有区别的,而大多数时候研究者可能都是在相同意义或同等外延上来使用它们,所以界定这些概念的内涵与外延是必要的,也是本书必需的。根据上文所述,生死教育就是死亡教育的延伸与发展,因而本书认为死亡教育即是生死教育,生死教育与死亡教育有着相同的内涵与外延,但死亡教育不能与生命教育、生死观教育或死亡观教育相等同。邹宇华(2008)指出生命教育最早就是从死亡教育发展过来的,为避免死亡教育的刺眼,有学者用生命教育代替死亡教育一词。[①]有研究者认为正因为如此,才更应该使用"死亡教育"这一提法,一是因为这两者内涵与外延本身有差别,用"生命教育"代替"死亡教育"必将忽视这种差别;二是因为死亡教育的目的就是希望更多的人通过以思考死亡、探讨死亡的方式来促进人的发展与生命成长,这种回避死亡的态度,认为死亡教育刺眼本身就与死亡教育的目的与内容相悖。

死亡教育即是生死教育,生死教育虽最早起源于台湾地区,但在大陆学

---

① 邹宇华.死亡教育[M].广州:广东人民出版社,2008年,第51页。

术界已基本达成共识,并被多数学者普遍接受。然而本书在不同地方仍采用"死亡教育"这一提法,认为死亡教育能接受,生死教育也一定会被接受。

在界定死亡教育之前,有一个需要搞清楚的问题是,死亡教育与生死学有什么关联? 生死学是一门什么样的学科? 因为这关系到死亡教育的来源、地位及合法性问题,关系到死亡教育发展与实践探索等重要问题,所以有必要来探讨一下死亡教育与生死学的关联问题。

(三)死亡教育与生死学的关联

1.生死学是死亡教育的母体学科

生死学学科的创立者是中国台湾学者傅伟勋。他在 1993 年出版的《死亡的尊严与生命的尊严——从临终精神医学到现代生死学》一书中,首先以现代人的死亡问题为开端,引介美国的死亡学与死亡教育的发展,指出生与死构成不可分离的一体两面之故,孔子"未知生,焉知死"属一偏之见,死亡学也有偏重"死"而忽略"生"的危险,也属一偏之见,进而提出"现代生死学"这一概念。他所建构的现代生死学,是经临终精神医学发展过来,而临终精神医学是死亡学与精神医学的结合, 它所考察的对象是末期患者的正负精神状态,关注的是死亡尊严和生命质量问题。在现代社会背景与环境下,应该以学科整合的视角来考察生死,认为可分为广义生死学与狭义生死学,也即是总体生死学与个体生死学。任教生死学长达 22 年的中国台湾钮则诚教授认为就学科属性来看, 生死学可视为一门立足人文领域的跨领域中游学科,以哲学及部分社会领域基本学为上游,向下游开发出各种实践。但由于其历史不长、范围局部、范式未定,在其发源的华人世界都未被主流学界所认可,更不用提其影响覆盖全球。[①]虽然如此,但进入 21 世纪以来,生命意

---

① 钮则诚.生死学的哲学建构[C].跨学科视野中的生死学暨第二届中国当代生死学研讨会论文集,2017 年。

义、死亡尊严与生命质量等生死问题越来越受到现代社会人们的重视和关注,学术界也积极开展相关探索与研究,并于 2016 年、2017 年、2018 年分别在清华大学、广州大学、北京 301 医院(中国人民解放军总医院)召开第一、第二、第三届华人生死学研讨会,我国越来越多的学者加入生死学学科,从事生死学研究。

死亡教育与生死学到底有什么关联?根据以上可知,死亡教育是随着死亡学产生而产生,死亡学经过近百年发展,由西方死亡学逐步演变为中国本土生死学,死亡教育先与生命教育融合与合流,而后逐渐流变为生死教育,可见先有死亡学,后有死亡教育,也即是死亡教育脱胎于死亡学学科。生死学与死亡教育的关系,就像哲学与各具体科学之间的关系一样,随着知识不断深入发展和社会的进步,从哲学母体学科中不断分化出各个具体学科,生死学学科也不断分化出如死亡教育学、死亡心理学、死亡社会学、死亡文化学、死亡美学等具体的学科,因而说生死学是死亡教育的母体学科。

2.死亡教育是探讨生死知识如何传递的学科

就学科本身属性来说,生死学是以人类的生死为研究对象,试图探讨生死知识,旨在提高生死质量与价值、提升人生境界与品格、增进人类幸福的人文学科。郑州大学张永超认为目前生死学学科对"生死"问题研究呈现出五个维度,分别是以探究"死亡本质""濒死体验"的死亡学、以探究"死亡的终极性、形而上学"的死亡哲学、以探究"医学生物科技引发的生死伦理问题"的生命伦理学、以发掘生死智慧并落实到生命教育的生死观探究、以探究"死亡以及生和爱"的生死学。[①]一个摆在我们面前的问题是,生死学研究所呈现出的五个维度及由此而发展来的生死学知识,如何传递给人们,如何传播给社会及其相关组织机构,这就是死亡教育担负的主要任务。就学科起

---

① 张永超.以"生死问题"的当代面向为视角探究"华人生死学"重建之可能[C].跨学科视野中的生死学暨第二届中国当代生死学研讨会论文集,2017 年。

源来说,先有死亡学后有死亡教育;就学科隶属来说,死亡教育是生死学的下位学科,死亡教育就是探讨生死知识如何更好地传递给受教育者的学科。

(四)生死教育的内涵与外延

1.生死教育的内涵

生死教育的内涵在学界并没有形成共识,各位学者在界定死亡教育时,正如钮则诚先生所言根据研究和写作要求在"各自表述,各取所需"。本书之所以采用死亡教育这一概念,就是考虑到生死教育的目标、内容等方面与生命教育均有差别,比如生死教育的目标就是要直面死亡、体验死亡、练习死亡从而超越死亡,没有必要避讳"死亡"字眼给人以冲击或担心引起消极行为和身体、心理不适等。因此,根据上文论述,本书认为生死教育不同于生命教育,它以生死学学科为依托,是个体通过对死亡知识的学习、体验与思考,探寻人生根本问题,试图唤醒个体死亡意识、转变死亡态度、促进个体生命成长、寻求安身立命之道,实现生命意义和人生价值,以期超越死亡,达到生死一体、两安、三自在的过程。

2.生死教育的外延

(1)生死教育是一种全民教育

死亡是生命的必然,每一个人都不能幸免,这是永恒的人类事实,也是宇宙颠扑不破的自然规律。正因如此,生死教育应该是我们每个人都需要接受的一种全民性的普及教育。首先,虽然人们大都认同上述观点,但并不是每个人对死亡都会有深入思考、对待死亡都会有正确态度,并不是每个人在面对死亡事件都能够妥当处理,并不是每个人在临终或癌症末期都懂得选择;其次,在乐生恶死的文化传统里,在"未知生,焉知死"的圣训里,在避讳谈论死亡的日常生活里,生死教育在我们民族处于一种严重缺失的状态;最后,我们生活经验和思想认识里习得了大量错误的死亡知识和死亡观念,比如死亡是不吉利的、死亡是神秘的、死亡是痛苦的,加之民间鬼神文化影响和西方宗教文化的冲击,更增添了我们对死亡的误解、恐惧与焦虑,以至于像如何面对亲人朋友的死亡,怎样去思考和面对自我之死,我们几乎完全没有做好准备。所以,生死教育应该是而且必然是一种普及到每一个人的全民教育。

(2)生死教育是一种终身教育

终身教育作为一种教育理念,是指人的一生当中在各个阶段所受不同类型教育的总和。不论是死亡意识刚刚升起的婴幼儿,还是心怀死亡恐惧的老年人,更别说对死亡充满困惑的少年、漠视死亡的青年以及逐步遗忘死亡的中年,人生每个阶段都需要接受生死教育。之所以说生死教育是一种终身教育:首先是因为死亡伴随生命的出现而出现,有生命的地方必然会有死亡,死亡意识贯穿于人生的各阶段,不管幼年、少年、青年还是中年及老年,人生的每个年龄阶段对死亡都会有不同的认识和体悟,死亡意识都会有不一样的变化,所以生命的每个阶段都应该接受死亡教育。其次,生命成长是个体一生的事,库布勒·罗斯说死亡是人成长的最后阶段,确实,有多少人在否认死亡、在拒斥死亡的生活里虚度光阴,逐步走向自我异化;又有多少人到临死还不知道活着的意义和生命的价值,这一生究竟是在为谁而活?死亡是生命的最终归宿,而成长就是生命走向死亡这一过程的主要任务,拒绝承认死亡也意味着在拒绝自我成长,死亡是人生的底色,不能够直面死亡的人一定会有意无意忽略自我的成长,所以人到死也还要接受生死教育,因而说生死教育就是一种贯穿生命全过程的终身教育。

(3)生死教育是一种境界教育

在现代社会让人眼花缭乱的教育口号或教育标签里,唯独没有发现关于人生境界的教育,不能不说是一种遗憾。人的生命具有长度、宽度和高度三向度,生命长度就是活着时间的长短或是今天的我与未来的我有什么关系，生命宽度就是所能理解宇宙万物的多少或范畴的大小或是作为渺小个体与这个世界的关系，生命高度就是人所能达到的境界或是人的生命可以在什么样的层次展开。所谓境界教育就是以生命高度为认识对象，旨在提升个人生命品性和精神人格所进行的教育，之所以说死亡教育是一种境界教育，就像美国死亡教育研究专家利温顿(1967,1973)指出的:死亡就像刺激物,可用来提升生命品质①,死亡是一道门槛,如能超越死亡其生命品性必定清洁高雅,精神人格必定非同一般;古往今来那些看破生死的大德圣人,心胸宽广、视野开阔、精神丰满、品德高尚就是明证。死亡里蕴含了生命的全部秘密,但这种秘密又非知识或语言所能通达,需要靠悟性与智慧,正如宋代青原惟信禅师所说:老僧三十年前未参禅时,见山是山,见水是水;及至后来亲见知识,有个入处,见山不是山,见水不是水;而今得个休歇处,见山只是山,见水只是水。凭借知识和语言所能通达的最多也只能到达见山不是山,见水不是水的第二境界,而进入见山只是山,见水只是水之人生境界需要感生悟死,达到生死一体、两相安、三自在的生命高度。冯友兰说人生存在四种境界,自然境界、功利境界、道德境界和天地境界,多数人究其一生也只能在自然境界与功利境界打转,只有那些看破生死,生命和精神层次较高的人才能达到道德境界和天地境界。

(4)生死教育的价值取向

除上面的全民教育、终身教育和境界教育外,通过文献梳理,发现现实社会中的生死教育还存在三种价值取向:一是思想政治教育取向。刘峰(2010)认为生死教育是高校思想政治教育的一项重要课题②,王丽英(2015)也对生死教育嵌入高校思想政治教育进行了理论分析,她指出应该以生死

---

① W.G.Warren.死亡教育与研究——批判的观点[M].林绮云,林慧珍,徐有进,张盈堃,陈芳玲译,洪叶文化事业有限公司,2007年,第211页。

② 刘峰.高校思想政治教育中的一项重要课题:死亡教育[J].长春工业大学学报,2010年第4期。

教育为契机对大学生进行思想政治教育，这是高校思想政治教育教学方式和手段改革的需要，也是当下中国大学生所面临精神困境的需要①。二是心理健康教育取向，辛辰(2005)认为生死教育具有促进人的心理健康和提升人的心理品质的价值，分析了作为心理健康教育途径的可能性与现实性②。三是道德教育取向，刘慧(2003)指出生死教育是学校道德教育的重要维度③，陈伟震(2009)也指出死亡观教育应成为高校德育的重要内容④。

二、生死教育的分类与特性

(一)生死教育的分类

第一，按是否针对职业人员所进行的生死教育来划分，可以分为专业的生死教育和普及的生死教育两类。专业的生死教育主要是针对那些从事与人类死亡有关的职业人员，如医院的医生与护士、殡仪馆工作人员、丧葬人员等其他必须要跟死亡接触的职业岗位，给他们提供职业与工作岗位所必需的心理素质、知识、专业技能和教育培训；普及的生死教育针对的是非职业人员，也即是每一位公民，通过对死亡知识的学习与思考，探究人生的根本问题、促进个体生命成长、寻求安身立命之道、实现生命意义和人生价值，以期超越死亡，达到生死一体、两相安、三自在的教育目标。普及的生死教育就是一般意义上的生死教育，本书所要探讨的生死教育即是指普及意义上的生死教育。

第二，按死亡是否发生来划分，存在即将发生、已经发生和未来发生三

---

① 王丽英.生死教育嵌入高校思想政治教育的理论分析[J].教育教学论坛,2015年第6期。
② 辛辰.论死亡教育的心理健康价值取向[J].医学与哲学,2005年第2期。
③ 刘慧.生死教育:学校生命道德教育中的重要之维[J].教育研究与实验,2003年第2期。
④ 陈伟震.死亡观教育应成为高校德育的重要内容[J].吉林教育学院学报,2009年第9期。

种情况，根据这三种情况，可以将生死教育分为面向临终者的生死教育、面向丧亲者的生死教育和面向正常人的生死教育三类。面向临终者的生死教育是针对不可治愈或治愈无望的癌症患者、余命不多或即将离世等处于生命末期的临终者，通过探究临终心理，帮助临终者减少痛苦，回顾生命历程，反思生命意义与人生价值，以期让临终者减少死亡恐惧，有尊严地安详离世。面向临终者的生死教育的主要任务就是对临终者进行缓和治疗与临终关怀。面向丧亲者的生死教育是指针对有亲朋好友去世的丧亲者，协助他们如何处理丧事、丧礼及丧葬等相关事宜，面对失落和丧亲之痛，帮助他们如何进行精神平复和悲伤辅导，使其从失落的情绪状态中走出来，建立新的社会关系，更好地面对新生活。面向丧亲者的生死教育的主要任务是丧事协助与悲伤辅导。面向正常人的生死教育是针对未来终有一死的每一个体，通过对死亡知识的学习、体验、思考与讨论，探寻人生的根本问题，试图唤醒个体死亡意识、转变死亡态度、促进个体生命成长、寻求安身立命之道，实现生命意义和人生价值，以期超越死亡，达到生死一体、两相安、三自在的目标。面向正常人的生死教育的主要任务是意义建构、生命成长和自我价值实现。

值得一提的是，本书的研究对象是大学生群体，更倾向于是面向正常人的生死教育此种类型，但对于大学生说，他们可能会同时面临死亡即将发生、已经发生和未来发生三种情况，所以本书所要探讨的大学生生死教育不仅包括面对临终者的生死教育，也包括面向丧亲者的生死教育，还包括面向正常人的生死教育，是以上三种教育类型的综合。

第三，按人的年龄阶段来划分，可以分为儿童生死教育、青少年生死教育、中年生死教育、老年生死教育四类。每一类型的生死教育都会有不同的教育内容、教育目标和教育方式，如果要将每一种类型生死教育的主要任务作一区分的话，那么儿童生死教育的主要任务是认识死亡，促进其心理、精神和人格健康发展；青少年生死教育的主要任务是预防自杀和犯罪，珍惜生命,思考死亡价值,探究生命意义,并努力实现自我;对于不惑和知天命的中年,事业逼近巅峰状态,需要面临父母的离世,又有哺养和教育孩子的重担,在追求事业上的更大突破和成就中,在世俗价值中忽视和遗忘死亡,因而中年生死教育主要任务是唤醒死亡意识,确定自我安身立命之道,知孝亲有限、知事业有度、知生命有责;老年生死教育的主要任务是在生命回顾中整合自我,减少死亡恐惧,能够以正确的态度面对生命周期的终止,安详地、有尊严地离开人世。

(二)生死教育的特性

生死教育内涵及其外延决定了需要从教育学视域看待死亡教育问题。教育学视域下的生死教育具有特殊性,这种特殊性源于死亡是一种非经验对象,它可以被看到、听到、感受到,但不能被生者所经验到。生死教育所具有的特殊性会直接影响具体教育教学过程,且关涉生死教育目标及其效果的实现,因而考察生死教育的特殊性就成为实施生死教育和生死教育研究的重要问题。

1. 超验性

经验乃是由人的视觉、触觉、听觉等感官经验所习得,人依赖于经验并在经验中生存、延续和发展,任何教育活动都是一种经验传递和文化传承的社会活动。凡是教育都是指向生活或生命,而对死亡的教育却受到忽略,处于不在场的缺失状态。人可以在现有世界中经验一切对象却唯独不能经验死亡,假如有人说他能经验到死亡,那么他已经不存在于这个世界了,因为当我们经验时,不管怎样都只能经验"活着",当我们"经验"到死亡时,却已经彻底丧失了"能经验"的一切可能性。[①]可见,死亡只能作为一种超验对象

---

① 余平.论海德格尔的死亡本体论及其阐释学意义[J].哲学研究,1995 年第 11 期。

而存在,死亡教育在其本质上具有天然的超验性,死亡教育的超验性是区别于其他教育的根本特征,但这并不意味着死亡教育的不可能性和"经验"死亡或死亡现象的不可用性,而恰恰说明了生死教育的特殊性,需在生死整全结构中理解死亡及生死教育。既要把死亡作为对象去经验,如达摩克利斯之剑悬临于此在,使其时刻在场,又要将死亡看作"经验"不到的超验对象,去除此在被抛入日常世界中的种种遮蔽,显露出最本真、最本己的此在。也即是说生死教育存在着形而上与形而下两个层面,体现了经验性和超验性两个特征,生死教育的经验性是指认识、体悟和练习死亡,使死亡意识在场,转变面对死亡的态度,而生死教育的超验性是指以非经验对象死亡为媒介,试图探讨死亡在现实世界的价值,以其显现个体最本真的此在,体验向死而在、生死一如的生存状态。

2. 过程性

死亡教育的经验性与超验性决定了生死教育过程的特殊性。生死教育过程不同于一般的教育教学过程,独有的超验性特征使生死教育的实施更加复杂,与通常所说的安全教育、环境教育、信仰教育等某某教育虽有共通之处,但其差别远大于相同之处。生死教育主要以死亡及死亡现象相关知识内容的传授为主,还没有形成严密而完整的学科知识体系,因而其教育过程并不像布鲁纳所说的,学习任何学科主要是要使学生掌握这一学科的基本结构,且学科的基本原理都可以用某种形式教给任何年龄的学生。[①]美国精神医学专家库布勒·罗斯在《死亡与临终》中提出面对死亡将至的患者在精神状态上要经历否认与孤独、愤怒、讨价还价、消沉抑郁、接受等五个阶段,得到死亡学研究者、安宁护理人员及精神医学专家的广泛认同。之后中国台湾学者傅伟勋又将最后的死亡接受阶段细分为四种类型,分别为不愿接受

---

① ［美］布鲁纳.教育过程[M].邵瑞珍译,王承绪校,北京:文化教育出版社,1982年,第1页。

地被迫接受、莫名所以无可奈何地被动接受、自然而然平安自在地接受、基于宗教性或高度精神性的正面接受。前两种接受死亡的方式可能是大多数人临终时的表现,正如海德格尔所言,是一种常人的死亡状态,在操劳、忙碌里汲汲求取现世可能事物,遮蔽了本真的向死而在之此在,以致整体生存论筹划的失败。而后两种接受死亡的方式是安身立命和死亡智慧的体现,彰显了死亡的尊严与品质,这同时也是生死教育的终极追求。生死教育作为克服死亡焦虑与恐惧,寻获生命意义与价值,主动练习死亡的过程,因而我们可以根据死亡心理过程来构建生死教育的过程。

以海德格尔死亡现象学为理论基础,根据布鲁纳对教育目标的分类,按照罗斯与傅伟勋的观点,如果把生死教育的目标界定为超越死亡,那么本书认为生死教育包括认识死亡、体验死亡、练习死亡、超越死亡四阶段的过程。生死教育第一个阶段是认识死亡,通过哲学、医学、心理学、伦理学和社会学等不同学科对死亡知识的学习,了解死亡是个体的必然归宿和正常的自然事件,从而在认知与意识上克服个体的死亡焦虑与死亡恐惧,理解死亡焦虑与死亡恐惧只是个体害怕失去现有一切而产生的虚幻感觉;第二个阶段是体验死亡,运用所学到的死亡知识,在日常生活里持续唤醒死亡意识,不断体验死亡,从而反思生命意义,寻求人生价值的实现;第三个阶段是练习死亡,以对死亡之所悟境界去除日常事物对死亡的遮蔽,时刻准备着死亡之将临,将觉知的死亡意识和生命意义切实在现实生活中践行;最后阶段是超越死亡,确立安身立命之道,能够平静、安详地面对和接受死亡,真正做到知行合一与理事通达,这既是尊严死,也是生死教育的最终目标。生死教育过程的前两个阶段是在"理"上认清死亡及其现象,后两个阶段是在"事"上修习对死亡之恐惧与焦虑,实施生死教育先要在"理"上通达与了悟死亡,然后在"事"上持续练习死亡,最后达到理事无碍、理事圆融从而超越死亡的目的,这就是生死教育过程的特殊性,它并非一般的教育教学过程,它要求唤醒死亡意识、转变死亡态度、克服死亡恐惧，最终实现生死教育目标。

3. 负向性

从概念上讲，教育具有正向和负向两种功能，我们一般关注教育正向功能总是多于负向功能，生死教育的特殊性源自由于有了死亡的加入，加之传统死亡文化的熏染，让原本是禁忌的死亡问题，就像打开了潘多拉的盒子，各种负向的、消极的影响难以避免地显露出来。之所以如此，是因为死亡是对生命的否定，它能使个体所拥有的一切变得虚无。当死亡到来时，人的一切名利权情等世间价值随之而逝。个体在了解和学习死亡知识过程中，死亡所带给人的悲哀、伤痛、恐惧与忧愁等对死亡的体验及种种情绪，可能会使人心灰意冷、精神沮丧、状态低沉，对人产生消极的负面影响。因而生死教育除了具有实现生死教育目标的显性的正向作用外，不可避免地还具有隐性的负向作用，也即是生死教育的消极性与否定性。美国是生死教育的发源地，其最早学校开设的自杀预防课程，非但没有改变学生对死亡的态度，反而认为自杀是一种合理解决问题的方式，而且还出现个别案例证明生死教育的效果适得其反。[1]可见，生死教育在教育教学实践过程中要关注和考察它的消极性影响，恰是这种消极性和否定性将生死教育的特殊性显现出来。因此，生死教育要想取得良好效果，就必须要消解死亡给予个体的消极性、否定性的负面影响，探寻产生消极性作用的原因，找到适当方法阻止和避免生死教育消极性的发生。

---

[1]　韩映虹,王银玲.美国儿童死亡教育及其启示[J].内蒙古师范大学学报(教育科学版),2004年第1期。

三、生死教育的理论依据

(一)马克思辩证唯物主义死亡观

辩证唯物主义思想的形成是哲学史上的伟大变革，是马克思在批判地继承了人类文化的优秀成果上创立的，它是由辩证的唯物论和唯物的辩证法、辩证唯物主义认识论三部分组成。马克思辩证唯物主义包含了丰富的死亡哲学理论,这些死亡哲学理论,为生死教育提供了理论依据和认识框架,主要包括以下观点：

1.死亡是一种自然的不可逆转的生命过程

辩证唯物主义认为一切事物是运动发展变化的,死亡是生命的发展,是生命的终结,是一种不可逆转的生命过程,是自然之道。无论是谁,其生命期限总是有限的。个体的寿命具有固定的时间长度,不论个体健康状况好坏,其生命或延长或缩短的时间范围,绝不可能超过或突破自然生命的限度。因而死亡是每个人必须要面对的, 由生到死是任何生命必然遵守的人类社会发展规律。马克思辩证唯物主义死亡哲学始终坚持唯物主义路线,把现实的物质世界作为思考死亡的根本出发点,认为死亡是自然的不可逆转的生命过程,具有自然性、必然性和普遍性。

2.死亡是辩证唯物的必然历史过程

马克思早在《关于伊壁鸠鲁哲学的笔记》中首次提出"辩证法是死"的著名论断。所谓"辩证法是死"指的是死亡、否定、消灭,是事物辩证发展的一个根本环节。死亡与生命是一体两面、不离不弃、辩证统一的,有生必有死,有死必有生,生是偶然,死却必然,生生死死,死死生生构成人类社会发展的过程。人类的延续是在无数生命个体产生与消亡的自然过程中实现发展与进步的，辩证的观点就是要说明人类社会这种永恒流转变化的，马克思辩证唯物主义死亡哲学认为死亡既是辩证的，也是唯物的，是生命发展必然遵守的存亡规律，是社会发展的必然历史过程，并没有长生不老的人，而且人死如灯灭，死亡并不神秘，神秘的死亡现象是由于恐惧的心理和求生的欲望所致。

3.死亡是作用于现实，个体实现自我价值的实践过程

面对死亡这一必然性客观事实，人们往往会产生恐惧、绝望和虚无等各种心理反应，从而心灰意冷、不思进取、得过且过，丧失远大理想与抱负，生活变得非常消极等一系列问题。辩证唯物主义死亡哲学在强调死的必然性的同时，更加强调和重视生命的价值和死亡的意义，认为死亡是作用于社会现实，个体实现自我价值的实践过程。它把生命实践作为实现死亡价值和人生意义的最重要的社会活动方式，把承担社会责任，实现远大理想抱负，实现个体自我价值作为死亡不朽的具体反映。马克思尖锐地批判柏拉图的理念论，认为他"迂腐"地割裂了"感性的东西"和"被思考的东西"，割裂了"存在"与"生成"，并在此基础上提出"死亡是不朽的本源"这一著名论断。正因为生命的短暂与死亡的必然性的逼迫和到来，个体才要勇于实现自我价值，为人类社会发展贡献力量，只有这样，死亡才是生命的不朽，死亡才是不朽的根源。

(二)海德格尔"向死而生"实存分析理论

海德格尔是德国著名的哲学家，20世纪存在主义哲学创始人和主要代表之一。海德格尔的存在主义哲学主要从"存在""此在"和"生存"这些概念入手，建立了别具一格的死亡哲学和实存分析理论，有学者指出海德格尔对死亡的思考可以还原为三个时期：早期深思死亡的重点在于去掉日常态度对死亡的遮蔽；中期重点为去掉形而上学态度对死亡的遮蔽；晚期重点为去

掉人类中心主义态度对死亡的遮蔽。①但无论在哪一个时期,海德格尔都是在追问存在之所以存在的根据,清理存在的地基,将存在的问题直逼为人(此在)的问题,以人(此在)的问题作为其哲学思想体系的基石,逐步发展为对死亡本体论的解释与建构,以此来阐明和显现人之为人的生存意义。海德格尔哲学之所以成为现代哲学一个绕不过去的山峰,就是因为其存在本体论、此在本体论和死亡本体论三者合而为一,共同构建了体系庞大的存在主义哲学。

1.死亡作为一种存在,不是一个事件

海德格尔首先区分了"存在"与"存在者",在他看来正是由于传统形而上学追问的是存在的根据,它一开始就错过了"存在"本身而把"存在者"当作存在,亦即传统形而上学一开始就混淆了存在与存在者。②传统意义上就是把死亡这个存在贬低为存在者,把死亡作为一个对象性事件来理解,海德格尔深知此种对死亡理解之流弊,不断地深入传统日常流俗观念下人们对死亡的遮蔽,竭力批判与揭示把死亡当一个死亡事件或对象性事件的影响与后果。传统对死亡的理解或作为内在事件,如张三得癌症去世了;或作为一种外在事件,如李四在地震中遇难了;或作为某种心理和精神事件,如某人因绝望或恐惧而自杀等,死亡总以某种对象性事件的形式在场,永远被当作一个事件来言谈。从某种意义上来说,这种形式的死亡在场恰恰反映了死亡的不在场,因此死亡的这种"事件性"特征具有自明性、遮蔽性和非属我性,而死亡不可能作为一种对象性的事件被经验,因为人可以在现有世界中经验一切对象却唯独不能经验死亡,假如有人说他能经验到死亡,那么他已

---

① 郭文成,何正球.经验死亡——论海德格尔的死亡现象学思想[J].武汉大学学报,2009 年第6 期。

② 靳凤林.死,而后生——死亡现象学视阈中的生存伦理[M].北京:人民出版社,2005 年,第43 页。

经不存在于这个世界了,因为当我们经验时,不管怎么都只能经验"活着",当我们"经验"到死亡时,却已经彻底丧失了"能经验"的一切可能性。①总之,把死亡当作一个事件,就撇清了自己与死亡的关系,死亡那是别人的事,与我无关,并没有契入死亡的属我性、切己性、此在性和不确定性的确定性。

2.死亡作为人的此在,应向死而在、向死而生

海德格尔批判了传统流俗意义对死亡的非属我性、非切己性和非此在性的理解,但他并没有止步于此,而是在对死亡不断解蔽和清理中逐步建构起此在本体论与死亡本体论,这是海德格尔死亡思想的独到之处。人的生与死不再是相互割裂和绝缘,而是成为不可分割的整体:"此在在根本上就是它的死亡。"②活着的人在确知人总有一死的确定性和何时死亡的不确定性的日常状态中操心,海德格尔指出死作为此在的终结乃是此在最本己的、无所关联的、确知的,而作为其本身则是不确定的、不可逾越的可能性。死,作为此在的终结存在,存在在这一存在者向其终结的存在之中。③因此,死亡本体论的意蕴呼之欲出,生着的人必须先行到死之中去,向死而在、向死而生,这是死亡作为人的此在所必须承担起来,而不是汲汲于作为日常生活状态下的操劳、烦与怕。于是,在死亡本体论意义下此在的生存是向着死逐步迫近的,此在就意味着能在,去存在,意味着一切最本己的可能性,意味着承担人生中的一切,去除和清理外在的一切束缚,勇敢地去如此在一样活出自己,不断呈现和显现此在自身的本真意义。

3.死亡对生存的意义,由死之观照,显生之澄明

海德格尔把死亡对人的此在的迫近毫不留情地揭示出来,使人之生存状态无可避免地向死而在,不得不向死而生,从而构建起具有实存意义的死

① 余平.论海德格尔的死亡本体论及其阐释学意义[J].哲学研究,1995年第11期。
② [德]海德格尔.时间概念史导论[M].欧东明,译.北京:商务印书馆,2009年,第438页。
③ [德]海德格尔.存在与时间(修订译本)[M].陈嘉映,王庆节,合译.北京:生活·读书·新知三联书店,2009年,第297页。

亡本体论哲学体系,其重要意义在于扬弃了死亡的自然性维度,使之升华到了人性的维度,从而使死亡对于人生在世现实的生存意义奔涌而出。①死亡不是与生毫无关联的此在状态,死与生是同时出场的,人一出生就面临着死的可能性、随时性和不确定性,在海德格尔死亡本体论视域下,生存意义成为此在在日常生活层面必须照面的本真性的存在内容,而如何从死亡观照中,显现生的澄明,这就是人作为此在去存在、去生存的根本问题。本真的向死存在意味着此在的一种生存上的可能性。②于是,这种生存上的可能性就从对死的观照里显现出来,此在活着就是追求生的一种可能性,或者说人生活于世,直到生命结束、死亡到来的那一刻,都有一种可能性,这种可能性如影随形,挥之不去。人不能苟活于世,也不能满足于人作为存在者的日常生存,人是向着死迈进的,是在筹划中向死而在的,是在追求一种生的可能性,直到死也是未可定型的,这就是生命意义的一种澄明与显现。

(三)龙树"中观"理论

"中观"理论是由印度著名哲学家、大乘佛教思想集大成者龙树创立,他根据大乘经典《大般若经》中"空"的思想发展演变而著《中观论》,"中观"理论提倡的是一种脱离执着、不偏不倚的理论和观察方法,认为世界上的一切事物以及人们的认识甚至包括佛法在内都是一种相对的、依存的关系(因缘、缘会),一种假借的概念或名相(假名),它们本身没有不变的实体或自性(无自性)。"中观"理论认为只有排除了各种因缘关系,破除了执着名相的边见,才能了解缘起性空学说,认识到事物的相对性和互相依存的关系,了悟到一切事物根本是"空"的、"无自性"的,从而证悟到最高的真理——空或中

---

① 余平.论海德格尔的死亡本体论及其阐释学意义[J].哲学研究,1995 年第 11 期。

② [德]海德格尔.存在与时间(修订译本)[M].陈嘉映,王庆节,合译.北京:生活·读书·新知三联书店,2009 年,第 298 页。

道。龙树的弟子们不断发展"中观"理论,形成了"中观"理论体系,也叫中观派,其主要要义有:

1.不落生死,双遣二边

为破除人们执着空、有的两边,中观派提出了著名的"八不"学说。所谓八不,即不生不灭(从实体方面看)、不常不断(从运动方面看)、不一不异(从空间方面看)、不来不去(从时间方面看)。"中观"理论认为生灭、常断、一异、来去是一切存在的基本范畴,也是人们认识之所以成立的根据。如果否定了这四对范畴,也就否定了主观认识和客观世界,从而就显示了空性真理,它并非否定物质的存在,而只是通过否定的方式,去破除我们的执着,显出缘起的真义。①

2.真空妙有,折衷二谛

"二谛"包括俗谛与真谛,指的是两种真实或实在的道理。俗谛指一般常人所理解的道理,又称世谛或世俗谛;真谛指佛教的真理,觉悟之后所理解的道理,又称胜义谛或第一义谛。真谛是无法用名言概念表达的,由语言、文字等名言概念所获得的认识都属俗谛,但为了使人把握真理,了脱生死,又必须"依俗谛而说真谛",或"为真谛而说俗谛"。以俗谛为阶梯,必须由俗入真,从而证得真谛,因此真俗二谛既是根本对立的,又是统一不离的,所谓"若不依俗谛,不得第一义"说的就是此道理。龙树承认佛陀为了适应我们的需要,分别用世俗谛和胜义谛来说法,但他指出这二谛并不是截然不同的。世俗谛所说的宇宙万有,自性是空的,名为"真空";胜义谛所说的空也不是离开这个世界而存在的,名为"妙有",这便是"不坏诸法而说真际""不动真际而立法"的道理,折衷二谛就是要站在真俗二谛的中道立场,保持胜义谛与世俗谛之间的平衡,既要使胜义谛真正落实于世俗谛层次,又要通过世俗

---

① 中观,百度百科.https://baike.baidu.com/item/%E4%B8%AD%E8%A7%82/1769257.

谛达到胜义谛的境界,秉持中道,契入实相,真空妙有,圆融无碍。

3.了生悟死,实相涅槃

所谓"众因缘生法,我说即是空,亦为是假名,亦是中道义"。就是要不着生死,不落二边,破除执见,亲证空性。从俗谛来说万法是有,有生有死、有真有假、有善有恶、有是有非等;但从真谛来看万法是空,但世俗有即毕竟空,毕竟空存在于世俗有之中。只有既看到假有,又看到性空,有无相即,真俗不二,才是龙树所说的中道。由此所观察到的诸法实相,与涅槃本来不一不异,这也就是"实相涅槃"。既然世间诸法的实相就是性空,世间生死的流传毕竟以空为实相,也就是涅槃的内容。因此世间与出世间就没有什么分别,也不必脱离世间去追求出世间的涅槃,关键在于掌握中道的立场破除各种执着。同时,"中观"理论还进一步认为,作为最高修持境界的涅槃和现实世界在本性上是没有差别的,它们之间所以有差别,主要是由于人们无明的结果,如果消灭了无明,也就生死解脱,达到了涅槃境界。

(四)生死教育理论依据的关联

理论依据太多必然会导致理论庞杂、莫衷一是、缺乏整合,因而有必要对本书所涉及理论依据之间的关联进行相应的解释与说明。生死教育是个体通过对死亡及死亡知识的学习、体验与思考,探寻人生的根本问题,使个体死亡意识保持在场的觉醒状态,从而转变对待死亡的态度,寻求安身立命之道,获得其生存意义和人生价值,以达到超越死亡、生死一如之境界为旨归的教育过程。从对象范围来说,生死教育是一种全民教育;从生命过程和年龄阶段来说,生死教育是一种终身教育;从个体精神和心灵层次来说,生死教育是一种境界教育;从目标和最终追求来说,生死教育是以认识死亡、体验死亡和练习死亡,促进个体生命成长,寻求安身立命之道,达到超越死亡、生死一如之境界为目的的教育过程。

马克思辩证唯物主义死亡哲学、海德格尔"向死而生"实存分析理论、龙树"中观"理论就是针对不同的生死教育属性而选取的理论依据，对本书的相关部分具有重要的支撑作用。具体来说，马克思辩证唯物主义死亡哲学针对的是生死教育是一种全民教育这个论域，以辩证唯物主义死亡哲学为理论基础，要解决的是人们对死亡的神秘化和妖魔化问题，树立对死亡的科学化和合理化的观念，支撑的是以认识死亡为最终目的的课程相关部分；海德格尔"向死而生"实存分析理论针对的是生死教育是一种终身教育这个论域，以"向死而生"实存分析理论为理论依据，要解决的是人们在日常生活中死亡意识的遮蔽问题，确立向死而生、以死为师的生活理念，澄清人作为此在存在于现世的意义和可能性问题，支撑的是以体验死亡和超越死亡为最终目的的课程相关部分；龙树"中观"理论针对的是生死教育是一种境界教育，以"中观"理论为理论依据，要解决的是人们重生讳死、乐生恶死，注重物质生活、人生享乐、名闻利养的一种普遍的心理状态和精神追求，提倡的是一种脱离执着、不偏不倚的理论观察方法和处事方式，追求的是一种双遣两边，不落两端，思入中道，直契空性的精神层次和自在解脱之境界，支撑的是以超越死亡、生死一如为最终目的的课程相关部分。

显然，本书所选取的有关生死教育的理论依据并不是随意的，而是旨在解决生死教育实践过程中不同的问题，针对生死教育的不同属性和生死教育的目标层次，共同支撑起本书的主体部分。各理论依据之间解决的问题不同，其内在关系呈现出步步递进的趋势，相互影响，互相促进，逐步深入生死教育的真谛。

四、生死教育的实施原则与研究取向

（一）生死教育的实施原则

1.正向性原则

由以上可知,生死教育对人具有负向性影响,那么这种负向特性必然要求生死教育实施过程中需坚持正向性原则。所谓生死教育实施正向性原则是指对于死亡及其相关问题,要坚持正面导向,以马丁·赛利格曼积极心理学为理论指导,最大限度地消除死亡对个体的消极和否定的影响,要注意受教育者的消极情绪和不良心理的疏导,积极关注个体身心变化,最大可能地发挥生死教育对个体发展和生命成长的正向功能。

2.建构性原则

生死教育主要涉及认知死亡、体验死亡、练习死亡和超越死亡的阶段过程,而对死亡的认识、体验、练习与超越等任务都离不开个体主观建构,建构主义原则强调学习的主动性和个体对死亡的建构性。生死教育实施的建构性原则不回避受教育者原有对死亡的认知与理解,利用不同教育教学方式,通过对死亡及其相关议题的呈现、讨论、体验与思考,注重在原有知识经验基础上生成对死亡的新意义,从而完成对死亡理解的全新建构。

3.批判性原则

教育是一项与价值高度相关的社会活动,加之人们对死亡的敏感性、忌讳性,如果考虑个人宗教信仰对死亡的影响,这会让原本不被人接受的生死教育更添复杂性,增加生死教育的推广和普及难度,因为生死教育的实施过程中涉及太多价值与权利的问题。比如传授什么样的死亡知识给受教育者是正当的? 那些具有宗教信仰的同学是否有权选择与信仰相符的死亡观念?

如果通过接受生死教育改变了原有死亡认知和死亡态度，这种生死教育是否是合理而正当的？总之，实施生死教育需要慎之又慎，因此也必须坚持批判性原则，所谓批判性原则就是以一种批判反思的视角去看待死亡教育实施过程中的一切，对于生死教育内容、死亡观和死亡焦虑应持一种审慎的态度，其衡量标准在于是否有利于个体的生命成长与进步。

（二）生死教育的研究取向

对于生死教育研究，通过文献回顾，大致存在两种研究取向，一种是实际应用取向，另一种是个体心理取向。然而不管是侧重于实际应用的死亡教育研究，还是注重个体对死亡心理研究取向的生死教育，似乎都有点"不务正业"的嫌疑以及研究取向的偏狭，因为教育活动的最终目标是促进个体生命成长和身心发展，培养社会所需的人才，而生死教育作为教育的一种类型，促进个体生命成长理应成为生死教育重要的研究取向，也即是生命成长研究取向。本书主要坚持生死教育的生命成长研究取向，辅之以实际应用和个体心理研究取向，三种生死教育的研究取向最终的目标只能是一个，那就是促进个体生命成长和身心发展，培养人格健全的人。

1.生命成长研究取向

生死教育研究的生命成长研究取向是指生死教育研究旨趣偏重于通过对生死教育的实施，以达到促进个体生命成长和身心发展的目的。这种研究取向的相关文献数量反而偏少，且目前学界对于促进个体生命成长的生死教育似乎处于一种集体失语的状态，要么是偏向于生死教育的实际应用研究取向，要么偏向于生死教育的个体心理研究取向。为什么会出现这种现象，按理说教育的目的就是要促进个体生命成长，促进其身心全面发展。而生死教育作为教育的一种类型，必然要把生命成长和身心发展作为生死教育及其研究的应有之义，之所以如此，可能有这么些原因：一是只见"死亡"，不见"教育",死亡成分远远大于教育成分,对死亡的偏重与研究反衬出对教育的不重视与失语, 由此生死教育偏重死亡研究及对死亡的了解也是情理之中了;二是并没有把生死教育当作一种普及性的通识教育,通识教育的根本目的就是要促进人格的整全发展和个体生命的健康成长, 如果把生死教育当作是某一领域的专项教育,如环境教育、安全教育等,必然会看不到生死教育作为一般教育的本源性取向,对通识教育向度视而不见,从而造成生死教育对实际应用和个体心理研究的偏重;三是对生死教育内涵、外延与层次的片面理解, 认为实际应用与个体心理研究取向更为重要或只看了实际应用与个体心理研究取向, 没有看到或忽略生死教育生命成长研究取向的整全维度。

2.实际应用研究取向

生死教育研究的实际应用取向是指生死教育研究旨趣偏重于对社会生活过程中与死亡事件及其相关活动和职业的实际应用与指导, 比如对自杀干预、临终关怀、缓和医疗、生前预嘱推广、悲伤辅导技术、丧葬事宜、殡葬管理、祭祀追悼礼仪等内容的研究,此外,还涉及安乐死、死刑废除、堕胎等死亡议题的思考与探讨。从文献计量视角来分析,目前生死教育的实际应用研究取向相关文献数量最多、涉及领域范围最广、研究队伍最为庞大、发展速度也是最快的,这可能与这种应用研究取向有关,在科学技术与经济迅猛发展的当代社会,越来越多的与死亡有关的问题凸显出来,比如缓和治疗和临终关怀,就涉及人的死亡尊严与生命质量等重要问题,这是当今社会所面临的较为严重的问题。

3.个体心理研究取向

生死教育研究的个体心理取向是指生死教育研究旨趣偏重于从心理学视角探究人们面对死亡或濒死时的心理和精神状态, 研究对象包括临终心理及辅导、死亡焦虑、死亡恐惧、死亡态度等方面,试图探讨死亡心理规律,分析人们对死亡的焦虑和恐惧的原因，以期能够消解死亡恐惧，转变死亡态度，使精神得到平复，从而激发出对生命的热爱，对人生意义的求索。目前，这种死亡教育个体心理研究取向对高校医学、护理学专业学生进行研究的较多，这与个体将来要从事与死亡相关的职业密切相关，此外对癌症晚期和生命末期的老年人这类群体的死亡心理研究文献较多，一方面是为了减少死亡恐惧，让他们死得有尊严，优雅离世，另一方面是为了极大地提高生命质量和幸福指数，让生者感到慰藉，做到生死两安。

本章小结

本章对死亡教育概念辨析并对生死教育进行相关概述。

首先，对生死教育与生命教育进行了严格区分，认为死亡教育与生命教育至少存在对象、范围、目的和出现时间等四个方面的不同，随后对死亡教育与生死教育的提法及其演进从源头上进行厘清，指出死亡教育即是生死教育，生死教育是死亡教育的继续发展，只因考虑人们心理上更容易接受，才用生死教育替代死亡教育，本书使用死亡教育提法并与生死教育互用，一是个人偏好，二是基于先难后易理念，不因死亡沉重或太刺眼而刻意回避它，认为死亡教育能接受，生死教育也一定会被接受。生死教育的合法性来源需从学科发展视角来分析，生死教育作为探讨生死学知识如何更好传递的学科，是以其母体学科生死学为依托，从生死学学科逐步分化而来。从内涵上来说，生死教育不同于生命教育，它是以生死学学科为依托，是个体通过对死亡知识的学习、体验与思考，探寻人生根本问题，试图唤醒个体死亡意识、转变死亡态度、促进个体生命成长、寻求安身立命之道，实现生命意义和人生价值，以期超越死亡，达到生死一体、两相安、三自在的过程；从外延上讲，生死教育是每个人都应该接受的一种全民教育，也是从出生落地到临终死亡都需要接受的终身教育，更是一种提升生命层次和精神品格的境界教育。根据此生死教育外延，相对应地选择马克思辩证唯物主义死亡观、海德格尔"向死而生"的实存分析理论、龙树的"中观"理论为实施死亡教育的理论依据。

其次，生死教育按照专业对象来划分，可分为专业的生死教育与普及的生死教育；按死亡是否已经发生来划分，可分为面向临终者的生死教育、面向丧亲者的生死教育和面向正常人的生死教育；按照人的年龄阶段来划分，可分为儿童生死教育、青少年生死教育、中年生死教育、老年生死教育。生死教育具有特殊性，这种特殊性源于死亡是非经验对象，它可以被看到，听到，感受到，但不能被生者所经验到，因而生死教育具有超验性、过程性和负向性的特性，对大学生实施生死教育需要充分考虑生死教育不同类型的特点和生死教育本身所具有的特性。

最后，生死教育因其不同类型具有不同特点和生死教育本身具有的特性，对大学生进行生死教育要坚持正向性原则、建构性原则和批判性原则，从研究取向来讲，具有实际应用、个体心理、生命成长等三种研究取向，对大学生进行生死教育更应侧重在生命成长和意义建构上。

第二章　视域与构架:大学生生死教育的理论探讨

美国学者劳顿（D.Lawton）等人和澳大利亚学者史密斯与洛瓦特(D.L. Smith and T.J.Lovat)明确指出课程的基础包括心理学、社会学和哲学。①本章在哲学、心理学和社会学等学科视域下试图从理论上探讨大学生生死教育,基于课程框架及相关理论,对大学生生死教育四个关键问题,即大学生生死教育需求、目的、内容和实施途径进行厘清,分析大学生生死教育实施的特点,形成统领和涵括大学生生死教育研究的构架。

一、哲学视域下的生死教育

(一)生死教育的本质

"本质"一词是属于哲学范畴的概念,是指某类事物区分于其他事物的

---

① 劳顿等.课程研究的理论与实践[M].张渭城等译,北京:人民教育出版社,1985 年,第5页。

基本特质,本质与现象相对,生死教育不仅仅需要从现象层面来把握,更应该透过生死教育这一存在着的现象看到生死教育的本质。生死教育的本质是什么? 当这样发问时,意味着把生死教育当作一种现象存在来看待,是对生死教育进行哲学思考。生死教育作为教育的一种类型或一个领域,教育的本质决定了生死教育的本质。在我国关于教育本质的讨论始于 20 世纪 70 年代末, 从教育是上层建筑到教育是生产力, 再到由此派生出来的其他属性,最后在"教育是传递社会生活经验并培养人的社会活动"①基本达成共识,但此概述仍较为笼统,可能还是在现象层面对教育做出相应规定,并未深入教育的本质层面。时隔近 40 年,依然有研究者呼吁教育要回到"原点",不断有人对教育本质进行再反思。2018 年 5 月我国著名教育家顾明远教授在《教育研究》发表《再论教育本质和教育价值观》一文,回顾了我国改革开放近 40 年对教育本质和教育价值观的发展演变,最终把教育的本质概括为提高生命的质量和提升生命的价值②,现代社会迅猛发展促使人们对教育本质有了新的认识, 本书认为把教育本质概括为提高生命质量和提升生命价值既符合教育基本理论和教育规律特点,又符合时代发展对教育的要求,因而提高生命质量和提升生命价值应该是生死教育本质的应有之义。

然而生死教育的本质又不仅仅局限于教育的本质即提高生命质量和提升生命价值,因为它必然拥有与教育的本质不同的本质,生死教育的本质在于死亡这一对象的参与, 在探讨生死教育本质的过程中必须紧紧抓住这一特点。生死教育是针对生者而不是死者的教育, 是以死亡为认识和反思对象,是通过死亡这一主题达到教育目的的过程。死亡可以从不同层次和角度进行探讨,因而对生死教育本质也会有不同认识。根据上文所述,生死教育研究存在三种取向,如果从生死教育的实际应用取向来看,生死教育在于培

---

① 顾明远.教育大辞典(上卷)[Z].上海:上海教育出版社,1990 年,第 726 页。

② 顾明远.再论教育本质和教育价值观[J].教育研究,2018 年第 5 期。

养个体处理死亡事件的能力,适应与死亡相关活动或职业的行为;如果从生死教育的个体心理取向来看,生死教育在于探索临终心理,降低死亡焦虑和死亡恐惧,进行悲伤辅导,抚慰丧亲之痛;如果从生死教育的生命成长取向来看,生死教育就是要唤醒个体死亡意识,促进生命成长。可见,如何看待死亡现象,关涉如何理解生死教育的本质,对死亡认识的角度不同,对生死教育本质则会有不同的认识,每一个层次和角度的认识都是对生死教育本质的迫近。但是本质作为事物存在的根据,正如事物不可能存在许多根据一样,生死教育也不会存在那么多层次和多角度的本质,因而生死教育应从以上不同取向中归纳出共同的本质。生死教育的实际应用取向注重个体处理死亡事件能力的培养,个体心理取向注重个体死亡心理和死亡情感的建构与消解,而生命成长取向注重个体生命的持续成长,不管是实际应用取向还是个体心理取向和生命成长取向,都是把死亡当作一种方式、手段和媒介试图达到各自的教育目的,结合上文顾明远先生对教育本质的观点,本书把生死教育的本质概括为通过把死亡作为一种方式、手段和媒介,在认识和探究死亡的过程中寻求人生意义,探索生命价值,从而达到提高生命质量和提升生命价值。

死亡的本质亦会影响生死教育的本质,死亡意味着个体生命的结束,是对现世所有价值的否定,因而可以说死亡的本质就是对现世价值的否定,生死教育即是要认识到死亡的本质,在否定现世价值的死亡本质中窥探生命的意义(肯定),在以死观生的态度中发现生命的价值,寻求安身立命之道。

(二)生死教育中的权利

"权利"一词属于法学概念,一般与义务相对应,是法律赋予人实现其利益的一种力量。对权利的界定大概可从伦理与实证两个角度来看,从伦理的角度看权利更多的是注重伦理因素,如格劳秀斯把权利作为一种道德资格,霍布斯、斯宾诺莎认为权利就是自由,康德与黑格尔也认同此种说法,但他们更偏重于人的意志与精神,尤其要指出的是黑格尔认为意志是权利的实质也是权利的目标;从实证角度来界定权利,一般是把它置于现实利益中去理解,德国法学家耶林认为权利是受到法律保护的利益,不是所有的利益都是权利,只有受到法律承认和保障的利益才是权利,功利主义者认为权利的实质是普遍的功利。归结起来,对于权利的界定主要存在"自由说""意思说""利益说""法律之效力说"四种,但为了全面理解权利概念,最为重要的是把握权利的要素而不是对权利进行定义。权利具有利益、主张、资格、力量、自由五个要素,这五个要素从利益出发,到自由为止,相互补充,自成一体。本书无意对权利作深入探究,根据研究需要我们把权利看作是相关利益驱动下个体根据自我意志在社会关系中应该得到的价值回报。

一般意义上讲,生死教育是一种不平等的社会经验和知识传递活动,从传递方向来看,与其说是知识传递,倒不如说是拥有死亡知识的教育者对受教者的一种知识灌输。这样灌输者与接收者(教育者与受教育者)之间知识传递的社会关系,就必然会涉及权利问题,这种权利问题与生死教育有着非常重要的关联,比如教育者应该教给受教育者什么样的死亡知识,受教育者能否选择符合其信仰文化和主观意志的教育内容? 哪些生死教育内容能更好地普遍促进受教育者身心发展而不涉及更多的? 再比如教育者在生死教育过程受到来自外部环境的干扰致使受教育者利益受损, 父母如果害怕在生死教育中会让孩子受到不良影响,该如何妥当处理? 学校辅导员(班主任)对生死教育态度会直接影响其实施过程和实施效果,辅导员应该充当什么角色,应该如何规避辅导员对学生死亡态度的消极影响? 不同民族具有不同的死亡文化禁忌,教育应该如何对待和讲解这些死亡禁忌等? 教育者通过生死教育改变了受教育者原先对死亡的价值观念,这是否是正当的、合乎道德的或是有利于增进受教育者个人利益的。再者,同伴之间、社会之间的人际互动会改变和影响受教育者的死亡观念，这种人际互动既不能有效保证生死教育实施效果,又将增加生死教育中权利问题的复杂性。因此,在生死教育实施过程中就不得不关注个体权利问题,大概可从教育者、受教育者和涉及生死教育过程中的有关人员,如父母、辅导员(班主任)、同伴及社会其他人员来考察生死教育的权利问题。

从教育者层面来看,教育者有权选择生死教育的内容、方式和手段等,但这是否符合受教育者的文化、习俗和信仰,如果教育内容里具有不同民族所禁忌事项,比如对丧葬习俗的褒贬评判、对死后世界的不同看法和不同的死亡文化等,这是否是侵害了受教育者的权利。换句话说,教育者选择生死教育内容的标准和原则是什么?

从受教育者层面来看,所接受到的生死教育是否是受教育者需要的,是否符合受教育者发展要求,能否帮助受教育者减少死亡恐惧和死亡焦虑,构建正确的死亡观和人生观,促进其生命成长,这关乎生死教育的实施效果及其评价,问题在于不管是实施效果的测量还是对生死教育效果的评价,其过程都极其复杂,但不管如何,哲学视域下的生死教育必须考虑受教者个体生死教育的实际效果和获得。

从生死教育过程中有关人员如父母、辅导员(班主任)、同伴及其他社会人员来看,他们的死亡观念和对死亡的态度,会直接影响生死教育实施的效果甚至形成阻力,在与受教育者的人际互动和交往过程中,这是他们表达死亡观念和死亡态度的一种权利, 在实施生死教育过程中也应把他们作为一种重要影响因素。

(三)生死教育中的价值观

价值是外在事物满足人们需要的属性, 价值观是人们对事物满足需要属性的个体观念和看法。教育价值可以从人的发展和社会需要两个方面进行考察,不同社会、不同群体和每个个体具有不同的教育价值观,生死教育是与价值高度相关的教育活动,生死教育中的价值观念较为复杂,涉及多个层面,需要谨慎全面地进行考察。

1.价值观的前提反思问题

许多教育观念都存在一定的价值倾向,而这些价值倾向的前提来源于哪里,怎样被接受的,基于什么条件和目的获得的,我们缺少较为系统而审慎的反思,在日常生活和行为惯性里逃脱理性的审判。比如父母担心教师谈论死亡对孩子造成消极影响而不愿意让孩子接受生死教育,反思这样一种教育行为,可以追溯到相应价值观的前提。这个价值观的前提可能是"死亡是一件不吉利的事,会对孩子造成巨大冲击影响其身心健康发展",如果再对这个前提进行追问,这个前提是怎么产生的,也即是这个前提的前提是什么?从发展的角度来说,孩子需要健康发展;从死亡角度来说,死亡对健康发展具有消极影响。如果再追问下去,我们会发现这些前提与父母社会生活经验和知识文化背景有关,因为我们的社会就是这样对待死亡的,避讳死亡甚至视死亡为洪水猛兽,只看到死亡的消极否定的影响,没有发现死亡对人的生命成长也有极大的促进作用。再比如当我们说"好死不如赖活"时传达了一种怎样的价值观?这种价值观的前提又是什么?"好死不如赖活"强调活着的价值要比死了的价值重要得多,价值观的前提是活着比死了好得多,即使是好死,也即是说活得再不好、再窝囊、再屈辱甚至再行尸走肉,只要是活着就比死去要强很多,这种价值观能不能教给学生?如果学生接受了这种生死教育观点,会产生什么影响?除了对预防学生寻短见干预自杀外,他还会去努力拼搏,寻求人生意义、活着的自我价值吗?反正凑合着过也是一样,很难说生死教育对学生生命成长和个体发展有较大的促进作用。

2.价值观的整体理解问题

如果片面看待某些有关死亡观点的言辞或某些生死教育内容,很容易形成只见树木不见森林式的对生死教育价值观的狭隘理解,普遍认为儒家不重视死亡就是一个示例,这大概都是因为对孔子"不知生,焉知死"的片面理解所致,一般认为孔子对死亡态度是存而不论与不置可否,对鬼神敬而远之,也不说怪力乱神,所以才会得出儒家缺乏死亡教育思想的观点,但如果系统考察丧祭礼仪、死亡价值观和死亡态度,儒家绝不是不重视死亡,而恰恰是因为看透了死亡,通达了死亡对于生命的价值,把死亡的意义全部寄托在生命意义或伦理生命之上,不能分裂地看待儒家对待生死的价值,而应该统一地、整体地、全面地理解儒家死亡教育思想及内蕴其中的价值观。孔子虽然说过"不知生,焉知死",但同样也具有"死生有命,富贵在天"的死亡观念,身体力行着"朝闻道,夕死可矣",还有着"君子疾没世而名不称焉"的忧愁等;孟子虽然说过"夭寿不贰,修身以俟之,所以立命也",但同样也指出"莫非命也,顺受其正,是故知命者不立乎危墙之下。尽其道而死者,正命也;桎梏死者,非正命也"的立身之道。有学者对孔子、孟子和荀子的丧祭主张进行比较研究,发现儒家对死亡的思考已经很成熟并形成了完整的体系,包括为生民立命和为统治者开太平两大方面,这与今人多认为儒家避讳死亡的情况大相径庭。①因而对于生死教育中所涉及的价值观需要整体而全面的理解,不能将一个死亡观点或死亡观念脱离整个生死教育内容来理解甚至断章取义。

3.价值观的矛盾冲突问题

当生死教育的价值观相互冲突与抵牾时,教师应该如何处理这种价值冲突问题。比如"饿死事小,失节事大"强调的是一种气节和精神,宁愿饿死也愿意做违背伦理道德和社会正义之事,把这种气节和精神看得比生命还重要。"好死不如赖活"强调的是宁愿活得不好,活得无奈,甚至不仅活得没

---

① 何丹.孔孟荀的丧祭思想比较——兼谈儒家死亡教育的启示[J].青海师范大学学报,2018年第1期。

有价值还会祸害社会,与平静祥和的去世,也即是好死,但还是会选择前者
而不是后者,这两种生死教育的价值观是相互冲突的,一种提倡死,一种反
对死,教师应该怎样对学生进行价值观教育,引导他们合理选择? 再比如对
终末期癌症病人进行有创手术,可将生命延长至半年,如果不进行手术,生
命只剩两个月的时光,这时候终末期病人及其家属会如何抉择? 一方面,选
择治疗进行有创手术,需要花费巨额手术医药费,病人要忍受痛苦折磨,但
可以换来半年的生命;另一方面,选择不进行手术,可以与亲人好好享受剩
下两个月的日子,做其想做的,完成病人最后的心愿,然后在家人的陪伴下
安静离世。前者看重的是生命长度,后者看重的是生命质量和死亡尊严,在
这样一种价值观冲突的情境里,生死教育应该怎样指导人们进行选择,确实
是一个非常纠结的问题。实际上这种选择并无完全的对错,每一种价值观都
有其本身的价值,但生死教育也需要坚持其原则,各取所需,需要从不同层
次和视角来考察价值观冲突问题, 也即是应该区分价值观所面临的不同的
情境条件。"好死不如赖活"是在预防人们自暴自弃,放弃自我生命,强调的
是生的价值而反对死亡,"饿死事小,失节事大"则是在面对损害伦理道德、
败坏精神气节与社会正义的情境条件,强调放弃生命、慷慨赴死的价值。总
之,不同层次和视角,应提倡不同的生死教育价值观,但生死教育的最终指
向就是要提高生命质量和提升生命价值, 所以生死教育并不是没有目的的
追求和价值选择,而是一切要以生命质量和生命价值为衡量和选择标准。

4.价值观的发展变化问题

价值观虽有一定的稳定性,但它不会永恒不变,个体对于死亡的价值观
念,会随着年龄、知识、经历和人生境界等方面的改变而发生变化。改变那些
错误的片面的死亡价值观,形成正确的健康的人生观,促进其价值观的发展
变化,这是实施生死教育的应有目的。年龄、生活经历、知识和境界都会影响
死亡价值观的变化,比如经历过濒死体验的人,视野变得开阔,生活态度发

生巨大变化,生活乐观,心态积极,对死亡不再恐惧和害怕,珍惜生命,不会主动结束自己的生命;再比如年轻时风华正茂,血气方刚,知道早晚将死,但不在意死亡,在死亡的漠视里缺乏对死亡的深入思考;步入老年时,身体的衰老和各种慢性疾病的折磨,越来越感觉到死亡的临近,在回顾生命历程中重新反思死亡,对于死亡的看法会有较大变化,但这种变化也是因人而异的,有人不敢面对死亡的现实,有人非常坦然地接受生命周期的停止。根据心理学家埃里克森人格发展八阶段理论,处于成年后期的老年人危机是需要对人生进行整合,这个危机任务如果能够得到解决,就容易形成自我完整性,获得生命意义感,对于死亡就越容易接受,越不容易感到死亡恐惧和焦虑。反之则会形成人生的绝望和毫无意义感,进而难以面对生命的结局,变得非常恐惧死亡。总之,随着年龄的增长,个体对死亡的价值与价值观会经常变化,生死教育应根据相关情况有针对性地进行调整和完善。

(四)海德格尔与萨特生死教育哲学比较

西方哲学史上把死亡当作其主要议题的哲学流派非存在主义哲学莫属,不管是指出"从事哲学即是学习死亡",将体验死亡作为一种"边缘处境"来筹划人生的雅斯贝尔斯,还是认为"真正严肃的哲学问题只有一个,那便是自杀"的加缪,都将死亡看作是其哲学思考的焦点问题。与传统哲学相比,存在主义哲学将人的生死置于生存本体论层面,试图追问"此在"的在世意义,由于其哲学思想的系统与独特性,对生死教育具有非常重要的认识论和方法论意义。作为存在主义哲学主要代表人物的海德格尔与萨特,其生死教育哲学思想具有共通性和相似之处,但在死亡观、人生意义及自由与死亡关系的理解方面有着互相对立甚至难以调和的观点。

1.死亡观

"存在"作为存在主义哲学的基本概念,海德格尔与萨特分别赋予了其不同的名称,海德格尔称之为"此在",萨特称之为"自为",来意指人的具体的和个体的存在,从而衍生出截然不同的死亡观。"此在"是海德格尔专门用来区别现象世界的"存在者","此在"属于本体世界的"存在",是人自己规定自己、自己领悟和显现自己的特殊存在者,此在的最大特性永远都是去存在,只要此在存在,就永远包含一种"尚未",这种尚未悬临于此在,就是此在之不可能的可能性,也即是死亡时刻悬临。对于海德格尔来说,存在先于本质,可能性先于现实性,海德格尔认为死亡是此在最本己的可能性,最本己的可能性就是最无所关联的可能性;死亡也是此在之不可能的可能性,也即是此在需要处于向死而在的生存状态,因为唯有死亡才可以把此在的"此"展开出来,使单个人从芸芸众生中分离出来,从日常共在的沉沦状态中超拔出来。萨特反对海德格尔把死亡生命化的一切企图[①],并针锋相对地指出死亡不是自为存在固有的可能性,而是一个偶然的事实,他指出死亡具有明显的两面性,一方面,我们可以把它看作是对它的紧附着的人类生存过程的一个否定;另一方面,我们又可以"逆向而上",强调它和它完成的人的生存过程和生命系列的"粘连",强调它对人的生存过程和生命系列的决定性意义,强调它本身就属于这一生存过程和生命系列。对死亡的第一种理解强调的是死亡的非人性,是对生命的外在化;而对死亡的第二种理解强调的则是死亡的人化,是对生命的内在化。萨特自己显然是主张第一种反对第二种死亡观的,也即是反对海德格尔所主张和代表的死亡观点。[②]因为他认为海德格尔全部论证的基础性论据,即"死是唯一任何人都不能替我做的事情"是"完完全全毫无根据的",并分别从纯主观性的角度和我的活动功能与效果的角度对如何看待死亡进行论证,指出我们不可能得出死是唯一任何人都不能替我做的事情这样一个结论,因为不仅我的爱的行为别人可以替代,而且我

---

① 段德智.西方死亡哲学[M].北京:北京大学出版社,2006年,第246页。
② 段德智.西方死亡哲学[M].北京:北京大学出版社,2006年,第247页。

的所有别的行为,别人都可以替代,从而我们也不可能得出死是自为存在最本己的、无所关联的可能性。

总之,在萨特看来,死亡根本不属于自为的本体论结构,它只是从外面降到我们身上的、没有任何理由可言的、偶然的、荒谬的事实,因此我们不可能等待它,甚至也不可能对它采取任何态度。①海德格尔与萨特如此迥然不同的死亡观,直接影响了他们对人生意义呈现及自由与死亡关系的不同看法。

2.自由与死亡之间的关系

死亡作为最本己的、无所关联的而又不可避免的可能性,既是确定的又是不确定的,终有一死是确定无疑的,但何时何地死又是不确定的,于是海德格尔全力区分了"日常的向死而在"和"本真的向死而在"两种状态,日常的向死而在是在死亡面前有所掩蔽的闪避,表现于日常生活中死亡在经验上的确定可知性,但暂时尚未,这种日常状态被迫进入"烦忙活动"的紧迫性,松懈开乏味的"无所作为地想死"这种羁绊,死亡被推迟到"今后有一天去",日常的向死而在就是赋予这种不确定性一种生活策略,就是以确定性的方法来闪避这种不确定性,于是,我们被一种确定性的生活策略束缚在、限制在不确定性的死亡上了。本真的向死而在并不是一个经验事实或现实事件,而是此在最本己的可能性,本真的向死而在不能闪避最本己的无所关联的可能性,不能在这一逃遁中遮蔽这种可能性和迁就常人的理解力而歪曲地解释这种可能性。本真的向死而在就是把死亡内蕴在此在终结里面,坚持"先行到死",坚持死亡就是此在的存在方式,也就是说,作为向其死亡的存在者,此在实际上死着,并且只要它没有达到亡故之际就始终死着,②本真的向死而在实质上就是此在把死亡这一最本己的可能性担当起来,而对着

———————

① 段德智.西方死亡哲学[M].北京:北京大学出版社,2006年,第250页。

② 海德格尔.存在与时间[M].陈嘉映,王庆节,译.北京:生活·读书·新知三联书店,1987年,第310页。

自己的死亡凭自己的良心自己选择自己，自己筹划自己，自己把自己的可能性开展出去，而这就是海德格尔所谓的"向死的自由"。①生死教育就是使人们从日常的向死而在转向本真的向死而在，转向此在最本真的最无日常烦忙侵扰和遮蔽的存在。

对于死亡与自由之间的关系，萨特同样观点鲜明地批判海德格尔"向死的自由"，他认为我们的自由原则上是独立于死亡的。在海德格尔看来人的死亡与人的自由是一而二二而一的问题，因为人的自由也就是向死的自由。萨特反对的就是这种向死的自由，他首先指出应该把死和有限性这两个通常被结合在一起的观念从根本上分离开，继而断言，我们的有限性以及自由是独立于死亡，和死亡毫无关系的。这是与前面所述他的死亡观所分不开的，因为死根本不是自为存在的一种可能性，而是一种纯粹外在的偶然事实，有限性作为自由的自为存在的本体论结构，它只在对显示我的存在的自由谋划中并通过这个谋划才存在，也就是说这个有限性不是别的，而只是自由选择。我是自己把自己造成为有限的，而且我在自己造成和揭示自己的有限性时，无论如何也不会碰上我的死亡性，也就是在这里，萨特的死亡哲学给予生死教育极大启示，生死教育就是永远在激发一种可能性和担当性，就是要把死亡当作对我来说不再有可能性了的这种可能性来担当，它就没有切断我，就永远给予我存在的一种可能性，所以死亡永远不可能限制我们的自由，它也永远不可能成为我的自由和谋划的障碍，它只是我们的自由和谋划在别处的一种命运，因此作为我们的自由的那个自由永远是整体的和无限的。总之，萨特认为作为与我们的有限无关的死亡在任何情况下都不可能限制"我的自由"，他极力强调人是绝对自由的，人就是自由，因此我不是为着去死而是自由的，而是一个要死的自由的人。②

---

① 段德智.西方死亡哲学[M].北京:北京大学出版社,2006 年,第 245 页。
② 萨特.存在与虚无[M].陈宣良等,译,北京:生活·读书·新知三联书店,1987 年,第 701 页。

从生死教育比较其观点来说,海德格尔区分日常的向死而在与本真的向死而在,是为了要把死亡作为此在最本己的可能性从那种不确定性中的确定性区分开来,要消解那样的烦与怕,从而真正做到生命向着死亡开显,从这个意义上看才是真正的"向死而生"。

3.死亡与生命意义的呈现

呈现存在的本真意义是海德格尔哲学区别于其他哲学派别的主要特征。实现存在意义的澄明,就是要阐明此在的本真性与整体性,而只有死亡才可以把此在之存在的本真性与整体性从生存论上带到明处,也即是说只有对死亡进行生存论存在论分析,生命(此在)的意义才得以本真呈现。因为只有先到死和本真的向死而在,此在才能够本真地为它自己而存在,存在的意义便不言自明了;同样只有作为此在最本己、最极端的可能性以及作为它的不可能的可能性的死亡,才能够把此在作为整体置于先有之中,也即是说只有本真的向死而在才是此在成为可能的整体存在的唯一形式,此在的展开过程就是向死而在的过程,就是生命(此在)意义澄明的过程。

萨特与海德格尔在死亡观上的对立直接表现在死能否给生命以意义这个问题上。如上所述,海德格尔认为此在的本真性及其展开过程的整体性,就是向死而在,就是生命(此在)意义澄明和呈现的过程,而萨特则认为既然死亡只是一个外在于生命的偶然事实,根本不属于"自为的本体论结构",则它就根本不可能从外面把意义给予自为存在,自在生命。死亡之所以不能在外部赋予生命以意义,首先在于死亡就是对赋予意义者的取消,因为死亡使我们不再是"自为存在",而成了"自在存在",也就是死亡取消了自为存在本身,取消了外部的赋予意义者,因为自为存在是自己赋予意义的;其次死亡之所以不能在外部赋予生命以意义还在于死是人的全部筹划的毁灭和生命意义的取消,因为自为存在总是要求有一种"后来存在",而死亡彻底取走了自为存在的"后来存在",它就从根本上毁灭了人的全部筹划,从而也就彻底取消了生命的全部意义;最后死亡之所以不能在外部赋予生命以意义,还在于它是他人的观点对关于我对我本身所是的观点的胜利,因为死亡总是我的一切可能性的虚无化,不仅摧毁了所有谋划的谋划,而且还摧毁了自己本身的谋划,取消了意义赋予者本身,因而它是他人的观点对关于我对我本身所是的观点的胜利,死亡使自为的存在又重新回归成了自在的存在,于是自为就失去了未来,也没有超越的载体,因而使生命失去了全部的意义。总之,死亡作为我的可能的虚无化,作为我自己本来谋划的摧毁者,非但不能从外面把意义给予生命,反倒是我们全部意义的取消者。①

二、心理学视域下的生死教育

心理学视域下的生死教育是以探究个体死亡心理为主要任务,试图发现死亡心理的某些规律特征,促进个体生命发展,主要包括死亡概念的心理建构、死亡禁忌与心理成长、临终心理与死亡品质、丧恸心理与悲伤辅导四个方面内容。

(一)死亡概念的心理建构

死亡近道,不可亲历,因为亲历者已不能再言说,当死亡出现时,我们就不存在了;我们存在时,死亡就不会出现,但从小到大我们一直以个人方式感知和体验着死亡事件或死亡现象。第一次发现自己养的宠物不能动了,与心爱的宠物分离,心理是怎样一种感受;第一次遭遇亲人的离世,很久都没有见到那熟悉的音容面貌,没有人跟我们说死亡这一件事,更不会有人跟我们探讨死亡这个话题。可是死亡这个词语,意味着什么?蕴含着哪些意义?死

---

① 段德智.西方死亡哲学[M].北京:北京大学出版社,2006年,第253页。

亡概念是怎样被我们建构起来的? 生死教育需要探究死亡概念的心理建构过程,只有清楚我们对死亡概念的心理建构过程,才能更好地实施生死教育。

从婴幼儿到儿童期,经历他者(不管是宠物还是亲人等)的死亡总是比体验到自我的死亡要早,"他死了"或"你死了"的概念比内省的"我将会死"更早发展。[①]按照皮亚杰的认知发展理论,从心理上理解死亡需要到具体运算阶段(7~12 岁),获得了物质守恒概念,思维具有可逆性,才有可能成熟理解死亡就意味着人永久的离世,从他者之死到自我之死,死亡就是这个时候被发现的,而死亡概念却不是在此时开始建构起来的,它与前期成长和生活环境具有重要的关联。根据维果茨基心理发展理论,人所特有被中介的心理机能和特有的心理过程结构不是从内部自发产生的, 它们只能产生于人们的协同活动和人与人的交往之中,最初必须在人的外部活动中形成,随后才可能转移至内部,成为人的内部心理过程的结构。从孩童期到成年期,我们对死亡概念的理解与认识是随着外部社会交往活动及人与人的交往不断地建构起来的, 死亡概念的个人建构取向使个体对死亡的意义与认知迥然不同,同时社会原有的死亡文化在死亡概念的个人建构中发挥着重要作用。

死亡概念的心理建构、死亡文化对个人发展及其死亡概念的影响,是心理学视域下生死教育必须考虑的两大因素, 由此便引申出生死教育实施的效果和限度问题, 生死教育的实施效果与受教育者个体原有死亡概念的心理建构有关, 生死教育的限度问题是死亡文化及外部社会环境会一定程度上阻碍生死教育的实施效果,生死教育必然会存在相应的限度问题,因而生死教育要想获得良好的效果, 就必须考虑死亡文化和外部社会环境对其的阻碍及限度问题。

---

① Robert Kastenbaum. 死亡心理学[M].刘震钟,邓博仁,译.台北:五南图书出版公司,1996 年,第 86 页。

(二)死亡禁忌与心理成长

禁忌作为人类社会发展过程中逐渐形成的文化现象,表明人们对神圣、不洁或危险事物的一种禁止和忌讳的态度。在我们重生恶死的传统死亡文化里,对死亡的恐惧、逃避与厌恶,在社会交往与人际互动中已成为一种心照不宣的行为准则,不管是言谈举止,还是为人处世,人们不敢冒死亡之大禁忌,随意闯入死亡之雷池。若某日疏忽草率,偶有违反某些死亡禁忌,或是尴尬散场,被斥之为无礼;或是事倍功半,落个失败下场。处于这种死亡禁忌的生长环境中,我们不敢讨论死亡,不知死亡是怎么一回事,有时刻意追问此事还会遭到父母的不满和训斥,探究事物好奇心受到压抑,无法得到疏解的同时,不仅会增加人们对死亡的神秘性、阴暗性和消极性,而且更有可能会增加人们对死亡的内心恐惧,造成严重的死亡心理阴影,甚至演变成为某些难以找出其病源的心理疾病。著名存在主义心理学家欧文亚隆在《直视骄阳——征服死亡恐惧》一书中讲述了大量由于死亡心理阴影和死亡恐惧而形成心理疾病的咨询案例。死亡禁忌的存在,会对人的情感与行为产生潜移默化的影响,尤其会影响人的死亡认知。[①]实际上,死亡禁忌以及由此形成的死亡心理在个体生命成长过程中具有重要的影响,只不过这种重要的影响被人们自然地忽视了。

死亡禁忌呼唤生死教育,但生死教育不致力于完全消除人类的死亡禁忌,因为禁忌的存在自有其合理性,完全打破或消除死亡禁忌,既不可能也没有必要。死亡禁忌一定程度上保证了人们的正常生活免受死亡的侵扰和烦恼,但同时也造成了人们对死亡的无知、猜疑、恐惧和走向神秘化与妖魔化,进而扭曲个体死亡心理,影响个体健康发展。生死教育是为应对死亡禁

---

① 迟西琴.论死亡禁忌与死亡教育[J].医学与哲学,2018 年第 1 期。

忌来促进个体健康发展的一种必要手段。生死教育在充分了解人类死亡禁忌的基础上,提供一个认识死亡、思考死亡、探讨死亡的平台,使个体形成科学的、合理的、正确的死亡观,促进个体心理健康成长和生命发展。

(三)临终心理与死亡品质

临终是每个人必经阶段,无论是身患重病的终末期病人,还是身体无恙、正在尽情享受美好生活的健康人群,不管是正常死亡还是非正常死亡,人总有一天会历经临终与濒死的过程。人在濒临死亡的临终阶段,其心理处于一个怎样的状态,是极度恐惧还是坦然面对,是遗憾抱怨还是安详接受等,这关乎临终者的死亡尊严。现代人天天讲求所谓的"生活品质",却常忘记"生活品质"必须包含"死亡(的尊严)品质"在内。或者不如说,"生活品质"与"死亡品质"是一体两面、不可分离的。①死亡品质或死亡尊严的获得必须关注即将离世之人的临终心理,临终心理是指人们面临濒死和死亡时的心理状态,是生死教育内容的重要组成部分。临终心理虽具有较强的个体差异性,但也表现出普遍的共性特征,著名心理分析医师库伯勒·罗斯长期研究病人临死前的状况和心理活动过程,在其著作《论死亡和濒临死亡》中指出人在得知自己即将离世,临终心理普遍表现为否认(拒绝)、愤怒、挣扎(讨价还价)、沮丧、接受等五个心理特征,她的这个观点现在已被广泛接受甚至变成了常识,但也有研究者对此心理过程表示质疑,在此基础上发展和完善了临终心理过程理论。根据罗斯的临终心理理论,从最先的否认死亡到最后的接受死亡,经历了中间的愤怒、讨价还价和沮丧三个阶段,值得指出的是这五个阶段并没有严格的递进关系,有人可能是并列出现,有人可能从否认直接过渡到沮丧,最后再接受死亡,但一般来说,所有人都会经历否认与接受

---

① 傅伟勋.生命的尊严与死亡的尊严——从临终精神医学到现代生死学[M].北京:北京大学出版社,2006 年,第 7 页。

死亡两个阶段。

拒绝面对死亡(否认死亡)与坦然接受死亡两种临终心理状态,对于获得死亡品质与尊严其结果也会截然不同。很难想象一个拒绝面对死亡之人在临终时候的状态,恐惧、无奈、痛苦或是怨恨,这种状态将直接降低临终者最后的生活品质。而坦然接受死亡则会表现出平静、安详、与亲人互诉衷肠,道歉、道谢和道别,完成最后的心愿等,带着满足与欣慰,温暖地离世,获得其应有的死亡尊严。在现实社会中完全坦然接受与完全拒绝面对死亡都在少数,大多数人都处在既不愿面对又不得不接受的纠结状态,这种纠结的临终心理状态即是普通人面对死亡时的常见状态。生死教育不仅要促成人们从拒绝面对死亡到坦然接受死亡的转变,更加致力消解临终之人面对死亡时心理与情感的纠结,提升人们最后生活的品质,获得死亡尊严。

能够在心理上接受死亡的人更容易获得死亡尊严,他们会好好利用临终的时间,与亲人告别,了结和完成自己最后的心愿,安详辞世;而心理上否认死亡不愿直面人生终点的人往往对死亡极度恐惧,会感到孤独和痛苦,直接影响个体的死亡品质和人应有的死亡尊严。生死教育试图从人生意义与生命价值层面来探讨坦然接受与否认死亡的原因,正如生死学探索者陆晓娅所说,没有真正活过的人将会更加恐惧死亡的到来,那些否认死亡不敢直面死亡的人往往是具有较低的生命价值感、意义虚无、还没有活够或活得不够充实的人。而那些努力活出自我价值,有一份属于自己的事业,活得精彩的人一般都比较容易能够接受死亡的到来。生死教育就是要试图促进个体生命意义的建构,激发出个体的生命活力,实现自我价值,从而使其在临终时更容易接受死亡的到来,提升死亡品质和生命质量。

(四)丧恸心理与悲伤辅导

生死教育被视为助人专业的准备,能对濒死者及遗族提供较好的指导与服务,特别是将焦点放在丧恸的现象,丧恸可能是在死亡心理学领域中研究范围最大的,带有"应用"或"处置"治疗导向的研究。[①]丧恸是对失落的内在反应[②],是经历亲友离世(死亡)后的一种残存状态。从小到大,从幼年到老年,每一个人都要经历种种丧恸事件,且在每个时期的丧恸心理都具有不同的特征。儿童的丧恸反应和儿童的死亡概念有关,青少年的丧恸反应与一般成人的反应形态有所不同,老年人的丧恸反应也具有独特性。丧恸往往同时伴随悲伤与哀悼等复杂性情绪,一般来说,悲伤是丧恸心理的典型表现,而哀悼则是疏解悲伤的一种方式,都属于失落的情绪反应。悲伤具有强烈的不确定性,因人而异,却都难逃精神上的焦虑并会催生出自己对死亡的恐惧,这就是存在论或本体论焦虑。正因如此,对治愈悲伤提出建议,抚慰悲伤者,将焦虑或痛苦视为改变的动机或成长的机遇,这是悲伤辅导的任务,更是生死教育促进生命成长的最重要目标。

因此,对于丧恸的处理就需要格外谨慎。有人认为丧恸与悲伤是人之常情,不建议接受治疗,相信随着时间的流逝自然会解决,任何人为干扰都用处不大甚至有害,这种视悲伤为人之天性的观点有一定道理,但也放弃了一次自我改变和生命成长的绝好机会,同时也提示我们,区分一般性悲伤与复杂性悲伤应该是处理丧恸的一个重要问题。一般性悲伤也叫正常性悲伤,包括愧疚、自责、思念、孤离等普通人都会有的正常情感,具有改变和成长的功能,是促进生命成长和人生境界提升的重要契机,而复杂性悲伤也称病态性悲伤,一般出现在悲伤历程失败、没有出现悲伤或过度及扭曲的反应,表现为生理上的不适、心思被死者所占满、感觉到罪恶、失去平日的行为样态,往

---

① W.G.Warren.死亡教育与研究——批判的观点[M].林绮雲,林慧珍,徐有进,张盈堃,陈芳玲译,洪叶文化事业有限公司,2007年,第55页。

② 丧恸作为一种残存的状态,近来也被赋予了一个较为宽广的意义,不仅只是死亡带来的失落,也包括离婚、夫妇间的分离、失去身体的一部分或失去重要的物品之后的一种心理状态。详见Bowlby. Process of mourning[J].International Journal of Psychoanalysis,1961b,(42):317-340.

往会影响个人的正常生活,严重者会出现身体和心智上的疾病,如溃疡性大肠炎、风湿性关节炎、气喘、歇斯底里、强迫症、狂躁症甚至自杀等,复杂性悲伤需要专业人士进行专门治疗。不论是一般性悲伤还是复杂性悲伤,都需要进行必要的悲伤辅导。

悲伤辅导以一定悲伤理论为基础,主要是通过协助生者处理与逝者之间因为失落而引发的各种情绪困扰并完成未竟事务,帮助丧亲者在合理时间内,引发正常的悲伤,并健康地完成悲伤任务,以增进重新开始正常生活的能力、促进生命成长和人生境界的提升。悲伤辅导是生死教育的一项重要内容,悲伤是丧恸的治疗,结局是改变和成长而非治愈[①],悲伤辅导治愈的就是由于失落而难以疏解的情绪,就是要鼓励所有正常该表达而没有被表达的情绪,企图以此为契机,整合过往生活经验,改善和提升自我,促进个人生命成长。

三、社会学视域下的死亡教育

死亡作为一个事件,在任何时候都不仅仅是一个人的事。个人是集体中的个人,集体是社会中的集体,个人死亡直接会对集体(如家庭、家族、工作单位)产生重要作用,也会对社会产生重要影响。因而从社会学视域下考察死亡及生死教育非常有必要。

(一)个体死亡与社会发展及其教育意义

我们习惯于从生物学意义来对死亡及生死教育进行研究,如果把死亡看作一种社会文化现象来考察,那么个体死亡与社会发展有着重要关系。截

---

① W.G.Warren.死亡教育与研究——批判的观点[M].林绮云,林慧珍,徐有进,张盈堃,陈芳玲译,洪叶文化事业有限公司,2007年,第65页。

至目前据说人类社会发展过程中已有 850 亿人经历了死亡,可以这样说,正是他们的死亡贡献创造了当今社会文明。社会是一个有机体,个体的生长与死亡,如同有机体内细胞的新陈代谢,构成社会的自我平衡系统。人的一生中在社会的创造性活动所产生的成果,非但不会随着个体死亡而消失,相反地起着代际更迭,推动社会向更高阶段发展。①人对社会历史发展的危害或阻碍,如袁世凯篡夺革命果实,试图逆历史发展潮流恢复帝制,希特勒反人类反社会的纳粹主义行为等个人行为, 都会随着个体死亡而中断其阻碍社会发展的邪恶力量,逐步恢复社会秩序,重新走向社会历史发展正轨。因此,不论是个体创造性活动所产生的社会成果, 还是个体危害或阻碍社会发展的行为,都会因个体死亡的必然出现而与社会发展产生良性互动,共同推动历史进步与社会发展。

个体死亡与社会发展间的互动具有重要的教育意义, 是实施生死教育的重要基点。因为个体是历史的创造者,是推动社会进步的主要力量,这种力量随着个体死亡而终结,而教育具有促进个体与社会发展的功能,生死教育是从个体死亡与社会发展互动关系出发,指出个体死亡具有的必然性和个体作为社会存在的暂时性、发展性和功能性等特征,提供个体正确看待死亡的视角,试图促进个体发展和生命成长,激发出个体潜能为社会发展与进步做出更大贡献。

(二)生死教育与死亡文化关系及其限度

文化是一个复杂的庞大体系,我们一出生就处在文化系统中,文化形塑着人的发展。文化泛指人类创造的所有物质财富和精神财富的总和,人类创造了文化,并由社会中的人延续和发展着文化。死亡文化是人类文化系统中的组成部分,是指人类在处理死亡事件的活动中所产生的观念、实物、制度

---

① 杨鸿台.死亡社会学[M].上海:上海社会科学院出版社,1997 年,第 8 页。

和行为等方面的总和。由于避讳死亡,谈死色变,死亡文化所具有的教育功能受到忽视,并没有发挥出对于促进人发展的应有的教育价值,生死教育就是在现有死亡文化基础上,分析死亡文化对人的影响,激发死亡文化对个体发展的正向力量,在生死教育与死亡文化互动与交流中,树立科学的死亡观,改善和提升死亡文化,最大限度发挥死亡文化的育人功能。

1.死亡文化的功能与结构

文化具有满足社会需求、形塑个体发展、整合社会的功能,从而实现人类社会的生存与延续。死亡文化既有社会功能又有个体发展功能,只不过个体发展功能普遍受到忽视,没有被充分挖掘出来。丧葬文化作为死亡文化的重要组成部分,继承和沿袭了中国传统社会几千年来的丧葬习俗,具有独特的社会功能。丧葬礼仪、习俗可起到强化血缘宗法关系、稳固中国传统社会结构、承继民族文化传统的整合功能。参加集体性的丧礼活动是一次难得的社交机会,参加葬礼活动,促成参与者之间的情感交流,通过抚慰死者亲属,获得了相互之间更加和睦、紧密的人际关系。同时丧礼与丧葬活动也是协调家族与社区关系的重要机遇,是重新确认和巩固家族人伦关系的重要程序,是强化灌输劝孝行善传统道德教育,是维护血缘宗法制社会结构的有力手段,有助于增强家族的凝聚力和对外抗力,这些都是丧葬文化的重要社会功能。但丧葬文化对个体死亡心理的影响和促进生命成长的个体功能没有受到应有的重视,幼年时期所感受到的所有死亡文化,参加丧礼活动所感知的死亡印象,都会一直对个体心理和生命成长产生重要作用。对死亡的恐惧与焦虑若得不到疏解,会影响个体死亡心理,形成某些心理疾病,甚至造成人格的扭曲和行为的异常等。对死亡的恐惧和生命存在的焦虑将伴随个体一生,由死亡文化所引起的死亡恐惧与存在焦虑是一把双刃剑,既存在如上文所述形成心理疾病,造成人格扭曲等消极的影响,又具有促进个体发展与生命成长,提升生命境界等积极影响,如何避免这些消极影响,转消极影响为积极的促进个体发展的影响,这是生死教育应该发挥的作用与价值。

死亡文化具有一定的内部结构,死亡文化的结构是指死亡文化各个组成部分之间的相互关系及相互关系的模式。死亡文化与死亡教育之间具有冲突、融合、改善和发展的关系,死亡文化作为生死教育的主要内容,实施生死教育必须了解生死教育结构。死亡文化具有显隐结构、层次结构、静动结构等结构。死亡文化的显隐结构包括显性死亡文化与隐性死亡文化,显性死亡文化是指容易观察到的直观形态下的物质特征,如棺材、坟墓、丧葬习俗等,隐性死亡文化是指非直观形态下能解释和指导人们某种行动的观念体系,如死亡观、对他人死亡意义的评价、舍生取义的观念等。死亡文化的层次结构通常由社会整体死亡文化、社会群体死亡文化及社会个体死亡文化构成。死亡文化的静动结构包括静态死亡文化与动态死亡文化,从静态角度来看,死亡文化对外来的信仰、思想及行为模式进行抵触,导致文化抗阻,从而不利于死亡文化的发展;从动态角度来看,死亡文化是一种文化流,具有流动性和变动性特征,会有规律地由文化发达地区流向不发达地区行文化传播,比如节葬观念往往会趋向文明科学生活方式的社会和民族所接受并仿效,①同时死亡文化也会随着社会形态变化而不断演变。死亡文化的静动结构在一定时期和程度上可以理解为某特定社区、群体死亡文化的积极与消极成分的并存,正是因为死亡文化具有流动性,才可以将某地区或某地域的死亡文化的消极影响转化为积极影响,这就体现出生死教育的必要性。

2.现代社会与死亡文化的变迁

随着社会的发展,从传统农业社会进入现代工业社会,社会形态的改变使死亡文化遭遇到巨大挑战,传统死亡文化在现代社会背景下发生巨大变化。具体表现为死亡焦虑与死亡恐惧的加剧、死亡时间的可预期、死亡地点

---

① 杨鸿台.死亡社会学[M].上海:上海社会科学院出版社,1997年,第17页。

的转移、死亡方式的变化、丧葬程序简易化与技术化、丧礼习俗生死安顿意义的消解,等等。

现代社会以技术和效率为主要特征,现代社会的技术建构造成了现代人的死亡焦虑,一方面是越来越感觉到对死亡忌讳的一种社会共识的假象,它已约定俗成、非常严峻,但又不见经传;另一方面是大量充斥的各种幻想与梦想的表现形式。①所谓共识就是现代人基于死亡焦虑的一种集体无意识,现代性正建构并充分展现着这种集体无意识,也是各种幻想与梦想的集中表现,现代社会应用这种策略,企图通过科学与理性来消除死亡产生的焦虑,以达到死亡的目的。吊诡的是,医疗科学技术的迅猛发展,心肺复苏术、心脏起搏器、呼吸机等现代医疗技术与机械装置的应用,虽然能够最大限度延长现代人生命的长度,但并不能消解人们对死亡的恐惧与焦虑,在热烈追求物质与享受美好生活的过程中,反而内在地加剧了人们对死亡的恐惧。

现代社会死亡文化变迁的本质就是现代技术对死亡的建构,现代死亡意味着由操控技术者的内在本质向技术操控对象的内在本质的转换。②现代技术对死亡的建构体现在时间、地点和方式三个方面,由此导致了死亡的时代变迁。

第一,死亡时间的可预期。传统社会中关于死亡时间完全是生命自然流程的内在表现,经常用寿终正寝来描述个体生命周期的结束,人们总是非常自然地对待临终者或亲人的离世,养生送死,既是人之大伦又是自然之道,传统社会这种死亡时间是一个流逝的生死未分的自然的过程概念,死亡时间没有任何本质上的意义,既不可预期,也不必预期。现代社会预期死亡具有了普遍性和技术性特征,所谓预期死亡即是指现代医疗技术的诊断可以

---

① [法]米歇尔·沃维尔.死亡文化史[M].高凌瀚,蔡锦涛译.北京:中国人民大学出版社,2004年,第667页。

② 胡宜安.论现代人的死亡困境与现代性[C].第二届当代生死学研讨会论文集,广州大学,2017年。

确定和控制末期病人或临终患者的生命存活期限。一般来说，它包括技术上已无存活之可能、已进入到不可逆的死亡过程和生命存活时间不多，或靠医疗技术维持生命体征，撤除技术装置患者就随时死亡等条件，疾病或癌症患者到了晚期无法治愈阶段，通过医疗技术即可根据身体主要器官与疾病发展程度推测确切的存活时间，这就意味着死亡的可预期。

第二，死亡地点由传统社会的家庭转移到现代社会的医院。善终是传统社会所谓五福之一，临终的地点都是在家庭，躺在老家的老床上，亲人环伺左右，逐一告别，嘱托后事与未了心愿，在浓厚的亲情中安详离世。传统死亡是生命自然而然的结束，个人之死并非完全的断灭，而成为家庭、家族生命延续的重要环节。现代社会越来越多的人死在医院，家庭被剥夺了临终关怀和丧葬事务中所表现出的应有的重要位置，家庭"被住院医疗制度剥夺了，垂死者的技术管理由医务人员全权负责，家庭管不着，一切都是在亲人缺席的情况下进行的"①。死亡标准也是由心肺死亡发展到脑死亡，它由一系列明确的医疗技术指标来决定，如瞳孔放大、心电图成直线、脉搏消失等，医院成为判定死亡的权威机构，医院中的 ICU、手术台、太平间等成为个体死亡的常规地点，在这样的空间环境里，亲人朋友被强制性的隔离开来，医院成为个体死亡及死亡恐惧的意象象征，个体临终死亡时的温情、嘱托、告别与不舍等安详死亡的环境彻底被医院取代了。

第三，死亡方式由自然死亡发展到技术死亡。传统死亡就是自然死亡，自然死亡也即是正常死亡，就是指个体生命正常的自然衰老，按其正常的速度结束了整个生命周期，终止了其生命，通常我们称之为无疾而终或天年已尽等。在现代社会背景下，医疗科学技术介入死亡的全过程，自然死亡受到技术的宰制，消解了发生自然死亡的社会环境，老年人的无疾而终是不被医

---

①　[法]米歇尔·沃维尔.死亡文化史[M].高凌瀚，蔡锦涛译.北京：中国人民大学出版社，2004年，第665页。

学所承认,技术死亡成为现代人们主要的死亡方式。技术死亡就是指由于医学技术介入人的生命过程,人们被强制性医疗制度所看护,死亡被看作是不正常的,并被视为一种疾病,认为死亡是医学技术干预下无效而导致的死亡方式。在技术死亡视域下死亡不再是生命的自然过程而是技术干预失败的结果,医疗技术对抗着死亡,死亡意味着医学的失败、医生的无能和技术的落后等,这在医学鉴定书上常常写着医治无效而死亡等字样就是明证。现代社会自然死亡早已从人们的死亡观念中清除出去,衰老在现代社会医疗体制下也是由某种疾病所致,自然衰老而寿终之人也不会被认为是自然死亡。

此外,由于现代技术的影响和社会背景的变化,传统丧葬活动和丧礼文化不可避免地受到侵蚀,丧葬礼俗由于受现代社会追求高效率而不断得到简化和形式转化,不管是城市还是乡村,丧葬礼仪都表现出传统形式与现代形式并存的多样化特征,在丧葬仪式中也出现了一系列的变异,如专业哭丧队的出现以及在殡葬期间大摆戏台,大吃大喝,大办丧事,攀比之风屡见不鲜等。商业化娱乐化的殡葬活动导致当事人和参与者都感受不到一点点哀伤之情,感受不到一点点祭神如神在的神圣感和庄严感,①以致让原本在传统丧葬礼俗中具有促使人珍惜和敬畏生命、引领人正确面对死亡、劝慰人节哀顺变、教导人善尽孝道等生死关怀与道德教化功能得到消解与转化。从全村人的共同关注与参与的"村头事"到城市里追求高效率,要求尸体尽快处理如同流水席一样程序刻板的殡仪馆,丧葬活动与传统礼俗的安顿生死的意义遭到了巨大挑战。台湾著名生死学学者尉迟淦考察了传统礼俗和丧葬文化所具有的安顿生死的效用与遭遇的当代挑战,分析了社会背景变迁、科学否认死后生命、性别价值不再父系和个人主义盛行对丧葬礼俗的影响,认为殡葬文化与传统礼俗具有继续存在的当代价值,其对于孝道传家具有超

---

① 马九福.丧葬仪式的变化及哀伤[C].第二届当代生死学研讨会论文集,广州大学,2017年。

越传统农业社会及时代限制的教育价值，但这样个人安顿生死的价值需进行相应时代的调整，而不能只是表面的改变。①这就是现代社会所引起的死亡文化的变迁，死亡文化要适应当代社会发展，需要做出相应的调整和改变，所以需要充分发挥生死教育调整、改善和提升死亡文化的最大价值。

3.生死教育与死亡文化关系及其限度

死亡文化制约着生死教育，生死教育在相应社会形态和文化环境中开展，以一定的死亡文化为基础，因而生死教育具有一定的限度；生死教育又塑造着死亡文化，生死教育是具有相应价值导向的，会改善和提升死亡文化，因而死亡文化是不断发展变化的。社会形态变化导致死亡文化的变迁背景下，生死教育与死亡文化的关系至少应该表现在两个方面：一是生死教育在现代社会死亡文化变迁下应该将死亡文化导向何方，这里面涉及两个问题，一个是死亡文化本身的变迁，另一个是由于生死教育的作用及其介入引导死亡文化的变迁；二是应在死亡文化中选择哪些内容进行生死教育，一部分不符合社会发展的丧葬习俗及观念的死亡文化可能隐退或消失。生死教育与死亡文化关系的两个方面，都涉及生死教育的限度及死亡文化的提升与改善问题。

首先，死亡作为人类社会几千年以来的一种文化禁忌，应自有其合理性，生死教育企图改变这样一种死亡禁忌，使人们愿意谈论与思考死亡，试图达到生死教育促进个体发展和生命成长的目标，在小范围内会具有一定的效果，但如果要推广至更大范围乃至整个社会，影响和改变整个死亡文化，则需要更多人认识到生死教育的重要性，投入生死教育过程中来，这说明死亡作为一种文化禁忌所给予生死教育的一种内在限度。

其次，人类文化具有稳定性和封闭性等特征，死亡文化在社会发展过程

---

① 尉迟淦.传统礼俗的生死安顿与当代挑战[C].第二届当代生死学研讨会论文集,广州大学,2017年。

中所表现出来的稳定性、封闭性和传承性,必然会成为生死教育实施的一种阻力,这种阻力的存在,使得生死教育对提升和改善现有死亡文化的效用具有一定的限度,这即是死亡文化对生死教育实施效果的限度。

最后,在一定死亡文化背景下实施生死教育,其本身具有外在限度,生死教育属于教育活动的一种类型,它不能取代其他教育活动类型,生死教育不是万能的,需要全面理解生死教育概念及其内涵,它只是通过死亡这一重要主题来帮助人们更加全面了解生命、生存和生活,达到完整觉解人生,促进个体发展与生命成长的目标。

(三)宗教死亡意识形态与生死教育

1.宗教死亡意识形态的两个问题

生死教育不能回避宗教,几乎所有的宗教都把人的死亡作为其理论体系的最重要问题来探讨,将死亡看作是生命的一种过渡,通过允诺死后世界的存在给人们带来永生的渴望。一方面宗教与死亡有着非常紧密的关系,马林诺夫斯基称死亡是宗教信仰的泉源,费尔巴哈也指出若世上没有死亡这一回事,那也就没有宗教。可以这样说,宗教是人类社会及历史发展到一定阶段的产物,其根源正是在于人的必死性,对死亡的思考及永生的追求直接催生出宗教信仰需求,人们迫切需要在精神层面找到应对死亡和追求永生的可能途径,宗教信仰就成了这种对峙和超越死亡,达到永生的精神寄托。另一方面,宗教作为一种死亡意识形态,生死教育在宗教持续发展壮大与传教布道过程中发挥了重要作用,也具有重要位置,这其中包含两个层面问题,一是宗教内部的生死教育问题,也即是某一种宗教所秉持的死亡意识形态以何种方式、怎样传达至宗教信仰者(此部分内容属于宗教教义传播,不在本书所探讨范围内),二是宗教外部如何进行生死教育的问题,非宗教信众如何去看待宗教所宣扬死亡意识形态及价值观,对于宗教所宣扬的死亡意识形态及其价值观，我们应该持怎样的态度和观点，这实际上是生死教育一直关注和持续思考的问题，即是世俗意义上死亡意识形态探讨与反思的问题。

2.生死教育与宗教死亡意识形态的关系

任何宗教都是对死亡观念、死亡态度与行为及死后世界等死亡意识形态方面全面、系统的回答。凡信教者，必然信受某一种宗教的死亡意识形态。比如基督徒认为行善者死后灵魂可以升入天堂，将与上帝同在，获得永恒幸福；佛教信众则认为因为无明妄想致使生死轮转，要解脱生死轮回之苦，就必须证入涅槃境界，达到不生不死的状态；伊斯兰教认为死亡是有期限的，真主不允许，没有人能死，如果服从真主安拉的教训死后得回报，如果反抗真主安拉的教训死后得惩罚；道教则讲求"无死"，通过对身体的长期修炼，服食丹药，辅之以各种养生之道，可以达到炼形登仙，长生不死的目的。在中国，人们普遍缺乏宗教信仰是不争的事实，对于多数非宗教信众来说，应该如何对待这些死亡观点以及相应的宗教死亡意识形态，是一味地拒斥还是不屑地嘲讽，是有选择地借鉴还是无条件地相信？这些问题在我们学校教育中并没有被充分重视，或是贬低当作迷信，或是表面上进行肤浅的批判与略带轻视的质疑，实际上宗教死亡意识形态却深深浸入现实生活之中，这大概是教育系统中死亡长期不被认真思考、宗教死亡意识形态没有得到正视，缺失生死教育所导致的。

世俗意义上的生死教育应该如何对待宗教死亡意识形态，在进行生死教育时对不同宗教所持的死亡意识形态应该持有怎样的态度？首先，应保持开放的心态，不排斥和轻视任何宗教，尽可能充分而全面了解不同宗教的死亡意识形态，对其主张的关于死亡的观点持谨慎态度；其次，应根据自己的生活经历，结合对死亡现象的体验，不轻信盲从任何宗教的死亡观念体系，对死亡有着持续的思考与自身体悟；最后，通过对不同宗教死亡观念的思考和长期对死亡的思考体悟,可坚持或修正原先所持的死亡观点,亦可选择自己相信的或与自己观点相近的死亡观念体系,选择的标准在于是否有利于自己成长和生命持续发展。生死教育应客观而平等地看待各种宗教所持的死亡意识形态,不干涉、贬低、褒扬任何宗教的死亡观念体系,客观真实地呈现各宗教的死亡观点和对待死亡的态度,其目的只有一个,就是要促进个体对死亡的思考和生命成长,以死观生,向死而生,提升生命价值和人生境界,达到生死一体、两相安、三自在的生命状态。

(四)死亡相关议题反思及其教育意义

1.死亡权利的相关议题

死亡权利伴随安乐死及其立法问题在我国一度成为社会各界讨论的热点问题。人一旦出生,便拥有了生命,毫无疑问,与人具有生存权一样,在逻辑上,人也应当拥有死亡权。对于安乐死及其立法问题,真正的问题可能不在于人是否有选择死亡的权利,而在于这种选择能否得到亲朋好友与社会各界的理解、支持和帮助。安乐死立法涉及法学、医学、伦理学和社会学等多学科问题,实施安乐死又关乎社会关系中的多方利益,实际操作过程总是会碰上诸多复杂的难题。比如主动的、自愿的、积极的安乐死就是自杀,安乐死合法化便意味着自杀在社会上得到承认,而这又会导致更多复杂问题的出现。安乐死与自杀、死刑、堕胎一样在现实社会中都特别复杂,安乐死与自杀是主动的自己结束自己生命的事件,死刑和堕胎是被动的被外界剥夺生命存在的结果,死刑是否要废除和堕胎是否合法一样都涉及生命权利和法伦理等问题,它们都关涉死亡权利、生命权利等方面的问题,如个体生命的长短由谁来决定?人既然具有死亡权利为什么自己的死亡做不了主?什么是生命、生命具有怎样的特征?外界是否有权剥夺生命的存在?等等。

面对诸如安乐死、自杀、死刑、堕胎等有关生命权利与死亡权利方面的复杂问题，生死教育不提供所谓普遍的具有共识性的观点，从来不宣称掌握了真理，企图教给人们关于生死的标准答案，而是立足权利视角，探究生命与死亡的意义，启发学生对生命的思考，反思上述问题在真实社会情境中的复杂性与价值冲突，扩展思考视野，提升思维品质，建构起关于生死稳定的合理的死亡观念体系，提高处理上述相关社会复杂问题的应对和选择能力。

2.死亡尊严的相关议题

生命与死亡的尊严与价值构成了人的尊严与价值，它们是一体两面，不可分开来探讨。现代人重视生命的尊严与价值往往忽视死亡的尊严，医疗技术的飞速发展加速了死亡方式的变迁，死亡方式的变迁使死亡尊严与价值逐渐成为现代社会的重要问题。尊严死就是医疗技术介入生命周期而发生死亡方式变迁的应对选择，是现代社会人们获得死亡尊严所提倡的价值理念。现代社会尊严的概念十分复杂，什么是尊严死，每个人对于临终与死亡尊严理解都不一样。我国尊严死倡导者罗点点指出，对于自己的临终，到底什么是尊严？没有任何人能够替代别人说出这件事情。如果你正确地表达了，如果你被你的朋友、你的亲人、你的医生理解了，他们帮助你实现了你所表达的愿望，这就叫作尊严。我国已经进入老龄化社会，身体的衰老以及慢性疾病的增多，如何提高生命质量，实现尊严死亡是摆在现代人面前的现实问题。为此，临终关怀、缓和医疗、安宁照护、生前预嘱等一系列措施和方式相继被提出和推行，目的就是为了实现死亡的尊严和价值，回归到传统社会所追求的五福之一即善终，旨在提升个体生命整体质量。此外，那些生前或临终表示希望将自己有用器官移植给他人或进行遗体捐赠的人，是否有损于其生命尊严，还是真正发挥了其生命与死亡的价值？如何看待临终之人器官移植和遗体捐赠等方面都是生死教育的重要内容。

无论是临终关怀与缓和医疗，还是安宁照护与生前预嘱，都是为了减少身体的疼痛，降低对死亡的恐惧，提高生命的质量，实现有尊严、安详而平静的离世,做到生死两相安。生死教育并不是单纯的说教,教导临终之人应该怎样选择,而是将一种理念传递给受教育者,那就是人应该获得应有的死亡尊严与价值。生死教育注重全面介绍尊严死理念及其价值的产生与发展,实现尊严死及其价值的当代实践,包括针对不同层次与对象的临终关怀、缓和医疗、安宁疗护、善终服务、生前预嘱等方式。生死教育试图让受教育者了解实现尊严死亡的方式与途径,深入思考各方式之现状与困境,建构起稳定合理的生死价值观念,促进个体生命成长,在遭遇相似情境时能从容应对,懂得选择,为自己与亲人的尊严死奠定基础。

3.死亡的社会管理及其相关议题

个体的死亡是生理学意义上身体机能的衰败与损坏,既是一种生物学现象,也是一种社会现象。从社会层面来说,个体死亡对社会发展会产生重要影响,社会经济、政治发展水平也会对个体死亡产生重要影响,因而必然存在处理个体死亡如丧、殡、葬、祭等一系列社会活动的管理问题。死亡管理问题与国家安全、社会稳定、文化发展、人民教化等诸多方面都有重要关联,比如自然灾难、重大突发事故、暴力动乱及恐怖袭击事件、传染性疾病及瘟疫、战争等导致的集体死亡及死亡人数攀升,将危害国家安全与社会持续稳定发展。人口死亡率作为一种社会现象,每一年社会人口死亡率包括总死亡率、各年龄段死亡率、婴幼儿死亡率和标准化死亡率等可以反映出一定社会条件下政治经济的发展水平,并分析社会经济条件、医疗卫生条件等社会人口平均寿命的影响。丧事奢办风俗的摒弃与批判、厚养薄葬孝亲的推行与实践、丧葬礼仪的继承与改善、文明祭祀与扫墓的提倡等涉及现代社会方面的殡葬改革,慎终追远的死亡文化传承与现代化改造。现代社会激进的殡葬改革事件,如 2012 年 7 月河南周口平坟事件[1],2018 年 4 月江西上饶"抢棺砸

---

[1] 河南周口平坟调查:挖掘机开进村 教师不带头就停课,http://news.ifeng.com/mainland/detail_2012_11/05/18826657_0.shtml[EB/OL].2012-11-05.

棺"事件①,均造成对社会的不良影响,引起社会各界关注。

　　这些都是对人类死亡现象、死亡事件、死亡文化等有关社会层面的重要议题,虽是死亡事件及其相关活动,但如果上升到社会学层面,这些议题如集体死亡事件、死亡率、丧葬习俗与殡葬改革等都属于死亡管理方面的内容,对社会稳定与持续发展有着非常重要意义。

　　对人类死亡事件及其产生的相关死亡活动的管理是生死教育的重要内容。生死教育通过对个人死亡、死亡人口、死亡率、殡葬改革与丧祭活动等涉及死亡管理重要议题及相关内容的介绍, 促进受教育者深入思考死亡的社会意义,懂得个人死亡并不仅仅是个人的私事。从小处说,一个人的离世对一个家庭的冲击是巨大的, 据说家庭成员的不幸身亡至少会让 8 人沉浸在丧亲悲恸难以自拔, 而这 8 人的悲伤情绪和丧亲之痛至少会波及 10 个亲友,个人死亡对亲朋好友的这种影响与冲击是内在的、不断波动的;从大处说,无论是个体死亡还是集体死亡都会对社会与国家的正常生产、生活秩序等产生重要影响,这种影响是潜在的、累积的。因此,生死教育就是要使受教育者明白,死亡并不是一个人的事,它牵动着家庭、社会以及整个国家的利害福祉。很多有轻生想法,放弃生命甚至走向自杀的人往往都忽视或没有意识到,自己的死亡将对小到家庭亲友,大到国家社会产生的重要影响。古人说"生死事大",不仅指出生与死是一个人生命中最重要的大事,而且更重要的是个人生死同样是家庭、社会和国家的重要大事,会对家庭、社会与国家产生重要影响,比如丧、祭、殡、葬等处理个人死亡的相关活动,它承载了几千年以来人们对死亡的理解和对传统死亡文化的继承, 虽是个体事件却关乎整个国家社会的稳定发展, 所以殡葬改革与丧祭活动等有关对死亡管理

---

　　① 光明网,人民网批江西抢棺材事件:手段之蛮横、行政之粗糙、治理之无方暴露无遗,https://mp.weixin.qq.com/s?__biz =MzU4MTI4MDgwMA% 3D% 3D&idx =1&mid =2247485735&sn =c37763a-eff3f783e72ee9341be1cbcd6[EB/OL].2018-07-31.

问题的做法一定不能太激进,脱离现有民情、社情的殡葬改革注定要失败。生死教育对于促进现代社会殡葬改革,改变传统落后死亡观念与封建迷信思想,发展与完善符合现代社会发展的丧、殡、葬、祭等现代死亡文化,提升人们的幸福生活质量具有重要意义。

四、大学生生死教育的关键问题

大学生身体与心理正处于上升、发展、成熟与定型阶段。在血气方刚,精力充沛,敢打敢拼的年纪,一般很少有人会思考自己或他人的死亡,因为死亡似乎离自己太遥远,在生活的惯性里摒除着死亡对自己的侵扰。少数大学生经历同学或朋友不幸离世,心理上无法承受,情感上亦受到巨大冲击;或遭遇亲人去世,不能从丧亲之痛的阴影中走出来,对死亡充满焦虑甚至恐惧等。死亡事件的真实发生逼迫大学生反思过去与未来的生活,只不过此时死亡事件已经对自己造成了重要影响。生死教育不仅针对上述遭遇相关死亡事件的大学生,帮助其处理死亡带来的消极影响,从丧恸与悲伤的心理阴影中走出,整合力量,焕发活力,重新生活,更重要的是针对那些并没有遭遇此类死亡事件,正积极探索人生的大学生。他们或是对人生心灰意冷,内心迷茫的大学生;或是具有如北京大学徐凯文老师所说的新时代大学生的“空心病”,找不到生活的意义,对什么都无所谓的大学生;或是遭遇重大挫折,具有心理疾病,正想放弃生命企图自杀的大学生等。大学生生死教育,在其本质意义上,属于高等学校的一门通识教育课程。在高校中没有一门课程是专为死亡而开设的,因为每个人都有走到生命尽头的那一天,死亡对于每个人都是不可避免的结局,但是生命的过程与意义是各不相同,千差万别。生死教育把死亡当作一种思考人生、省察自我的手段,通过死亡给予大学生一种心理与情感上的外力刺激,将时间拉伸到生命的终点,让个体存在的有限性真切显现出来,迫使他们反省生命的意义与死亡的价值,试图从个体存在的有限性中构建活着的意义,寻求生命的价值。

对大学生进行生死教育,除了坚持上文所述正能量与正向性原则外,还应以积极心理学为指导思想,名为谈死实为论生,应尽量避免死亡对大学生造成的消极影响,坚持用积极心理学去指导生死教育课程的实施。但是在对大学生进行生死教育之前,根据课程理论,有几个关键问题需得到澄清与考察,如大学生是否具有生死教育需求? 大学生生死教育的目的是什么? 应该选择哪些内容对大学生进行生死教育? 可通过哪些途径和方式对大学生进行生死教育? 等等,这些都是课程领域的基本问题,是高校开设一门通识教育类课程所必须考察和思考的。

(一)生死教育需求的考察问题

无论是成"人"还是成"材",不管是在现代社会还是古代社会,要成为社会中有用的人就必须接受教育,毫无疑问,现代社会背景下的人具有强烈而旺盛的教育需求,因为不接受教育就难以成"人"和成"材",不接受教育几乎很难在现代社会中生存。然而有教育需求不一定有生死教育需求,生死教育需求作为教育需求的一个方面,要获得它的合法地位,论证对大学生实施生死教育的重要性与必要性,就必须对其进行考察。

大学生是否具有生死教育需求,可以从两个方面来考察,即大学生生死教育的内在需求与外在需求。大学生生死教育的内在需求即对个体实施生死教育的必要性,也就是对大学生进行生死教育有何必要? 首先,从小学到大学,从基础教育到高等教育,死亡近乎处于一种空白的状态,比如刘胡兰"生的伟大,死的光荣"、为国捐躯的董存瑞、黄继光等、罗盛教"舍己救人"、不幸牺牲的赖宁救火小英雄等,大学生知道他们的英雄事迹,可是他们未必知道死亡意味着什么,死亡给予生命的意义是什么,死亡对于他们是否具有价值,对于促进他们生命成长和个体发展有何作用。实际上,当代大学生并没有严肃地对待仅有一次的生命,认真地思考过生命最终的结局——死亡问题,生死教育的缺失对于大学生的生命成长与持续发展不能不算是一种遗憾。其次,在乐生恶死,重生讳死的死亡文化中生存与成长,大学生从小到大习得了大量错误的死亡知识,这些死亡知识在他们身上根深蒂固,无形而潜在地影响着他们的思想与行为,不愿意谈论死亡,认为死亡不吉利,不愿意思考死亡,因为死亡离他们太遥远,这种对待死亡的态度在技术死亡成为主流死亡方式的现代社会,在封建迷信与鬼神文化的浸染下,在信息网络时代新闻媒体对死亡及死亡事件的报道下,加之大学生个体对死亡及死亡事件独特体验或某些特殊的经历,更加使得大学生对死亡的神秘感无限扩大,同时也增加了大学生对死亡的焦虑与恐惧,这种对死亡的神秘、焦虑甚至恐惧感对大学生精神、学习与生活具有消极影响,久而久之,造成心理阴影甚至某种心理疾病,最终影响到大学生的身心健康发展,因而转变大学生的死亡态度,减少大学生的死亡焦虑与恐惧呼唤着生死教育的实施与到来。最后,当代大学生家庭生活条件较好,多数都是独生子女,是家里的宝,生活较为安逸,心理承受能力和抗压能力较差。

据北京大学徐凯文老师调查,刚入校大学新生有 30.4% 的学生厌恶学习或者认为学习没有意义,有 40.4% 的学生认为人生没有意义,他认为当代大学生患上了"空心病"——他们不知道为什么活下去,活着的价值和意义是什么。缺乏存在感和自我价值感,不知道为什么要活着是当代大学生生活状态的重要特征。当代大学生普遍的生活状态呼唤着生死教育的到来,因为大学生生死教育就是试图改善这种缺乏存在感与自我价值感的生活状态,以死亡作为一种刺激物,使大学生意识到生命的有限性,从而有意识地寻求活着的意义和存在的价值。

生死教育外在需求即对大学生进行生死教育的重要性,也即是对大学生实施生死教育的重要性体现在哪里? 首先, 大学生自杀人数每年有增无减,生死教育并不宣称能有效减少大学生自杀现象的发生,但它通过探讨死亡意义与死亡价值,来深入而透彻地思考死亡,以死观生,向死而生,试图寻求活着的意义,激发个体活力和生命潜能,这对于预防大学生自杀具有重要意义。其次,老龄化、少子化社会的到来以及慢性病的增多,大学生必然要遭遇亲朋好友的离世,应如何应对和处理诸如此类死亡事件,如何思考和面对他者的死亡, 如何获得死亡的智慧, 这些都是大学生将来必然要面对的事情。生死教育的重要性就体现在使大学生有能力处理和面对类似死亡事件,能够进行悲伤辅导,懂得安慰亲人,懂得选择,懂得放手,获得死亡尊严。最后, 每个人都要面临生命周期的结束,然而我们很少有人会宣称为死亡做好了充分准备,大学生虽然处于生命的上升时期,必然有一天也要面临自己的死亡。如何对待自己的死亡,应该拥有怎样正确合理的死亡态度,如何消解自己对死亡的恐惧为死亡的到来做好准备。因为明天和意外不知道哪个会先来,对死亡有过充分而深入的思考,做好生命终结的心理准备,留出充足时间与亲友告别,能够为坦然面对死亡、安详离世提供条件,从而提升生命质量,这可能是当代社会生活的人们的一个普遍追求。

(二)生死教育目的的审思问题

生死教育要达到哪些目的? 应该达到哪些目的? 这是大学生生死教育必须思考的重要问题。如果目的不明确,实施生死教育便没有方向,实施过程就会举步维艰、矛盾重重,甚至事倍功半。生死教育目的既可指导大学生生死教育的开展,又可以为生死教育实施效果的评价提供标准,同时,明确生死教育目的有助于为大学生生死教育提供方向。大学生生死教育目的具有不同的层次与类型,从层次来说,可以分浅层与深层意义的目标,生死教育的浅层次目的是传授死亡知识,改变大学生死亡态度,减少死亡恐惧等;深层次目的是把死亡教育当作一种通识教育，在跨学科视角下探讨死亡相关问题如自杀、死刑、堕胎、器官捐赠、濒死体验、死亡价值等,培养学生具有高尚道德、批判思维能力、语言表达能力、公共意识及处理公共事务的能力,确保大学生身心健康和健全人格的养成,促进个体发展和生命成长。从类型上说,大学生生死教育目的可以分为个体目的与社会目的,生死教育的个体目的就是要以死观生、向死而生,寻求安身立命之道,建构生命意义,激发个人潜能,提高生命境界,使其活得精彩、充实,死得有尊严、有质量。生死教育的社会目的即为社会文化发展服务,来更好地维护社会秩序,生死教育的实施可以减少或预防大学生自杀及死亡事件等社会恶性事故的出现，改变人们的死亡观念和死亡态度,改善传统社会死亡文化,使丧、殡、葬、祭等处理个体死亡相关活动及其改革适应现代社会发展和人们的生活需要，为提高人们的生命质量和幸福指数而提供保障。

此外,从生死教育目标来看,可以把大学生生死教育分为总体目标和具体目标,所谓大学生生死教育的总体目标即是要超越死亡,达到生死一体、两相安、三自在的人生目的,所谓生死教育的具体目标就是要达到超越死亡的总体目标,应该分解成哪些阶段目标,超越死亡的具体过程是怎样的。具体目标是总体目标的分解,总体目标是具体目标的逐步推进,总之,生死教育的具体目标皆是为了实现生死教育的总体目标服务。

(三)生死教育内容的组织问题

从生死教育课程来说，这必然会涉及如何组织大学生生死教育课程内容的问题。大学生生死教育的目的决定了生死教育内容的选择。生死教育目的具有不同的层次与类型，因而可以根据生死教育目的的层次与类型去选择教育内容。目前,多数生死教育课程在内容选择上具有随意性,一般采用主题或死亡相关议题的方式来组织课程内容，比如国内生死教育课程影响较大的北京师范大学陆晓娅开设的"影像中的生死学"课程,通过选择电影中不同的生死学主题,来组织相关的生死教育内容。山东大学王云岭开设的"生死教育与死亡文化"课程虽体系较为完备,内容充实,但整个课程的章节是根据课程需要而选择不同议题进行讲述,其内容组织具有随意性、缺乏一定的针对性和原则性。大学生生死教育应该如何组织和选择教育内容,本书认为应该以教育目的为依据。有什么样的教育目的, 便有什么样的教育内容。不管是大学生生死教育浅层次与深层次的目标,还是生死教育的个体目标与社会目标都与死亡态度有着重要关系。要想达到不同层次与类型的生死教育目的,必须先要转变对待死亡的态度,转变死亡态度是生死教育的前提目标,而达到各种层次与类型的目标是生死教育的具体目标。

死亡态度是指个体对死亡现象稳定的具有倾向性的复杂评价系统,具有认知、情感和行为三种成分,可以被间接的测量,且通过对死亡及其相关知识的学习、思考和锻炼可以改变个体的个性心理特征。根据死亡态度概念结构中认知、情感和行为三种成分,结合布鲁姆教育目标分类理论,本书认为大学生生死教育具有认识死亡、体验死亡、练习死亡三个目标层次,这三个目标层次既与转变死亡态度的前提目标相呼应, 又是实现上文不同层次与类型的具体目标和超越死亡总体目标的基础。大学生生死教育的认识死亡、体验死亡、练习死亡三个目标层次为实现超越死亡的总体目标提供了条件,也即是实现生死教育总体目标需要历经认知死亡、体验死亡和练习死亡等阶段过程。为改变生死教育课程内容的随意性、缺乏针对性,构建科学、合理、系统的课程内容体系,对大学生生死教育内容进行组织和选择,本书认为可依据认识死亡、体验死亡、练习死亡、超越死亡等阶段目标,构建一整套大学生生死教育课程目标–内容体系。

（四）生死教育实施的途径问题

考察大学生生死教育需求、审思生死教育目的、组织和选择生死教育内容，最终是要实施大学生生死教育，这就涉及生死教育途径及怎样实施的问题。实施大学生生死教育有哪些途径？依据实施教育的机构来对教育进行分类，可以分为家庭教育、学校教育与社会教育，因而实施大学生生死教育可以说具有三种途径。但社会教育本身是一个缺乏所指、内涵较为模糊的概念，它有广义与狭义之分，家庭当属社会生活中的一部分，从广义来说，家庭教育本就属于社会教育的范畴，郑金州根据社会中实施教育的机构重新又对社会教育进行分类和细化，他认为教育的形态与途径可分为学校教育、家庭教育、职业组织教育、文化组织教育、社区教育五类，其中，学校教育属于正规教育，其他四类属于非正规教育。①所谓职业组织教育是指在各种各样的职业部门所接受到的职业、技能及相关教育培训，因为大学生还未走向社会工作岗位，这样的教育几乎很难接受到，所以职业组织教育显然不是大学生实施生死教育的途径。文化组织教育主要是由文化机构，如公共图书馆、展览馆、青少年宫等来承担，文化机构能否承担相关生死教育职能这取决于文化机构对生死教育及其重要性的认识程度，文化组织虽可以通过相关展示、展览、讲解等方式对相关生死教育专项内容进行宣传和培训，文化组织教育是进行大学生生死教育的一种途径。社区教育是由社区机构特别是领导机构承担，主要是为维护社区公共安全、普及宣传相关专项知识、服务社会生活和提高生活质量而进行的，社区教育是社区机构的主要工作职能。

大学生多处于社区当中，不管是在所就读学校还是家庭所在地，总是生活在社区中，社区教育也可以承担部分生死教育专项内容的宣传、讲解和培

---

① 郑金洲.教育通论[M].上海：华东师范大学出版社，2011年，第22页。

训,与文化组织教育一样,可以作为实施大学生生死教育的一种途径,但这同样取决于社区机构对生死教育的认识和理解程度。家庭教育由家庭中的父母及长辈来承担,家庭教育可以对大学生进行一定的生死教育,但由于传统乐生讳死、避谈死亡的死亡文化的影响,生死教育在家庭中基本处于一个缺失的状态。

学校教育、家庭教育、文化组织教育、社区教育都是实施大学生生死教育的途径,但只有学校教育是实施大学生生死教育的最主要、最适切的途径,其他三种生死教育途径都具有较难克服的缺陷和弊端,呈现出一些共性特征。首先,不管是家庭教育,还是文化组织教育与社区教育都不是正规教育,虽然有相应的教育组织机构作为教育场所,但其教育内容、教育方式等都缺乏制度保障,不是制度化的教育途径,仍然属于非正规教育层面下的广义教育范畴。其次,虽然家庭教育的对象针对的是正在上大学的子女,但文化组织教育与社区教育其教育对象均不是大学生,而是全体社区民众和参加文化机构的公众,尽管这些人中也包括了大学生,这也说明文化组织教育与社区教育对大学生进行生死教育,其教育对象缺乏针对性。再次,三种教育途径都缺乏专门教师和专业的教育者,对大学生实施生死教育,家庭教育、文化组织教育和社区教育三种途径所达到的目的各自不同,大学生生死教育的目的性不强。最后,对大学生实施生死教育的三种教育途径,其教育内容基本上都是片段式、情境式或是专题式,生死教育内容缺乏系统性和规范性。由上分析可知,本书认为学校教育是实施对大学生生死教育最主要、最适切的途径,学校教育是一种制度化的正规教育,是实施大学生生死教育的最好途径,而生死教育课程是实施大学生生死教育的载体,生死教育内容主要反映在大学生生死教育课程中,所以说在高校设置生死教育课程是大学生生死教育的最好方式,本书的思路和概念框架主要依据是大学生生死教育课程。

五、大学生生死教育实施的特点

不同年龄阶段的生死教育具有不同特点。本书在第一章生死教育概念辨析及其相关概述中，将生死教育按人的年龄阶段来划分为儿童生死教育、青少年生死教育、中年生死教育、老年生死教育四类，显然，大学生生死教育属于青少年生死教育，为探寻实施大学生生死教育的特点，从教育需求、教育目标、教育内容、教育方式四个方面与儿童生死教育、中年生死教育、老年生死教育进行比较，试图在理论上分析大学生生死教育实施的特点。

(一)生死教育需求更具有现实针对性和紧迫性

与儿童生死教育相比，大学生生死教育更具有现实针对性和紧迫性。

按照1991年全国人大审议通过的《儿童权利公约》，儿童一般是指18岁以下的任何人，儿童时期是指一个人从出生(新生儿)到成熟(青年初期)，是一个人心理产生和缓慢形成的阶段。这个阶段的儿童具有属于儿童本身的特点，对世间万物都充满好奇与疑问，一连串的是什么和一连串的为什么，在某个时候总会如喷涌的泉水一般往上冒，而死亡是绕不过的难以回避的主题。有一天，如果他们养的宠物死了或突遭亲人亡故，他们好奇、悲伤的心理状态，因死亡而产生恐惧等负面且复杂的情绪，很少人会关注他们这种心理状态和复杂情绪时的失望，以及平静时突然的发问，如人死后会到哪里去？什么是死亡？死亡很痛吗？等等，如果此时儿童没有得到大人的正确引导、解答与安抚，往往会使儿童产生错误或片面的死亡认知，影响其对待死亡的态度和心理健康发展。

对儿童实行有准备的适合的生死教育，一方面要对儿童对死亡的好奇或询问,给予认真的关注和回答,坚持正面的引导和回应,而不是搪塞或避讳如将死亡神秘化;另一方面,要对儿童进行适合的生死教育,通常是以故事的形式,在故事中融入适合的死亡知识,使其形成正确的死亡观念。从教育目标上看,对儿童进行生死教育应该达到形成正确的死亡认知,满足儿童对于死亡的好奇心,正确回答和指导儿童对于死亡的发问,促进儿童心理健康发展,最终要使儿童珍爱生命、珍视生命;台湾著名生死教育专家张淑美指出,在处理儿童对死亡的疑问或协助其面对死亡时应注意以下五个问题,第一,勿说死者只是睡着了;第二,勿说死者并没有真正死了;第三,勿说死者是去旅行了;第四,勿说死者是被上帝带走了;第五,勿以"上天堂"或"下地狱"来比喻死亡。此外,有学者认为协助儿童面对死亡要遵循七项原则:一是坦诚地表现出自己的悲伤,也允许儿童自然地表达出他们的情绪与想法;二是平静而坦诚地告诉儿童真相,鼓励他们说出自己的感受和想法;三是诚实以对,不要以欺骗或神话来安慰儿童;四是让儿童一起参与对过世亲人的哀悼或追思,使他们从中学习到真爱,使他们感受到温暖和勇气;五是鼓励儿童和别人讨论内心深处的感受;六是尊重儿童的人格,接纳他们的怀疑与质问;七是注意儿童的个体差异。①

可见,儿童生死教育基本上是契机式、解答式和关心抚慰式的,儿童自己没有对死亡发问或提出相关死亡问题,或没有遭遇亲人离世和宠物死了,教育者或父母一般不会主动去谈论死亡。而对大学生进行生死教育,针对的就是本书在绪论第一部分"研究问题的提出"中的大学生活迷茫和精神空虚、生存意义与价值缺失、漠视生命与自杀杀人现象、生死教育严重缺乏等问题,从这个意义上说,对大学生进行生死教育更具有现实针对性与紧迫性。

---

① 韩映红.直面人生的最后一刻——儿童死亡教育研究[M].天津:天津教育出版社,2011年,第31页。

(二)生死教育目标更强调个体生命意义的建构

与中年生死教育相比,大学生生死教育目标更强调个体生命意义的建构。

在教育分类中,可以看到幼儿教育、儿童教育、青少年教育、老年教育等概念与语词,唯独没有中年教育,更没有中年生死教育,难道说中年人不再需要进行教育? 从这个意义上说,本书使用中年生死教育的提法需要冒较大风险。然而本书认为虽然人的中年在工作、事业和学习等都基本上接近巅峰,许多重要的成就与贡献都是在中年阶段做出的,但仍需对中年人给予更多的关心与关注,也需要对中年人进行教育,尤其是生死教育。

中年阶段是矛盾的综合体,更是一种自我考验,既处于工作、事业和学习等方面的巅峰状态,又忽然觉得自己即将到达路的顶点,开始走下坡路,逐渐感到自我的有限性,经常受到所谓"中年危机"的困扰;中年阶段也是责任与重担的综合体,一方面要照顾和孝养父母,或将面临父母的过世,另一方面要关心和抚养儿女成人,是家里的顶梁柱。既要关心家庭,让家人过上更好的生活,又要平衡工作、事业和个人追求。如此,中年阶段既是矛盾、危机、责任、重担的综合体,更是转机、生命成长、内在自我探索的开始。中年死亡教育使中年人在思考死亡与现实困境中寻求一个超拔点,在中年危机中通过自我审视与探索发现和创造新的生命,促进个体生命成长。孔子说四十不惑,五十知天命,说的是人的每个阶段都有其对应的人生任务和生命目标。中年死亡教育目标是帮助中年人更好面对和处理中年危机,在死亡不断迫近中,在事业、家庭和工作的权衡中,在自我探索和创造中,实现人生任务,促进生命成长,提升生命境界。而大学生正处人生观、价值观和世界观形塑阶段,他们的未来发展具有较大不确定性,对人生道路与方向如何选择大多缺少规划,有较强的随意性,大学生生死教育的目标是使大学生在人生观、价值观和世界观形塑阶段,通过对死亡及其相关议题的思考和探讨,构建个体生命意义,寻求安身立命之道,规划和指引未来发展,促进自我价值的实现。所以相比中年生死教育在面临中年危机和各种矛盾的综合体时,强调促进中年生命的成长和提升生命的境界,大学生生死教育目标则更强调个体生命意义的建构,寻找大学生本人赖以生存的安身立命之道。

(三)生死教育内容更全面系统,且层次性突出

与老年生死教育相比,生死教育内容更具全面系统性,且层次性较为突出。

随着社会发展和人们生活水平的提高,一般把 65 岁及以上的人称为老年人。老年阶段是人生的最后一个阶段,在这个阶段,退休在家的老年人,少了工作的烦扰,多了感叹时间的飞逝、身体衰退的警觉和对人生往事的回忆,处于这个阶段的大部分老年人都经历了亲人、朋友及老父母亲、配偶、兄弟姐妹甚至是成年子女的离世,这些亲朋好友的死亡,都不同程度地影响着老人生理、心理和社会的健康状况。亲友死亡的苦痛使得老人们抑郁,若悲痛和哀伤相继而来,无法适度地排解悲伤又没有充分的资源或支持系统,老年人则容易变得孤立、自我,[1]以及随之而来的是对死亡的恐惧、内心的绝望与人生的无奈等。从生死教育内容来说,老年生死教育内容主要包括改变老年人对待死亡的态度,使他们能够正视死亡,降低死亡恐惧与死亡焦虑,改善他们当前的生活状态(包括抽出更多时间陪伴老人,尽量与老年人生活在一起,听他们讲述和回顾那些人生往事,让他们能感受到爱与温暖,使老年人感觉到自我的价值,甚至人生圆满之情感体验等)。老年生死教育最终的目的是正视死亡,降低死亡恐惧,让老年人拥有一个幸福的老年生活,提升生命质量,让老年人生命最后的时光温馨、温暖和温情,走得安详且有尊严。

---

① 林绮云等著.实用生死学(第三版)[M].台北:华格纳企业有限公司,2014 年,第 15 页。

可见,老年生死教育的目标与内容基本上具有同一性,且比较明确和集中,而大学生这一特殊群体,思维活跃,情感丰富,求知欲强,精力充沛,喜欢探索未知的事物,未来还有很长的路要去探索。因而大学生生死教育不仅要强调死亡知识的学习,还要对死亡及其相关问题进行深入思考与探究;既要建构生命意义,寻求安身立命之道,又要了解死亡价值和死亡尊严的意义,提升生命质量,为未来的幸福生活提供条件。相比老年生死教育,大学生生死教育在教育内容上更加全面、系统,且不同的生死教育目标层次具有不同的生死教育内容,生死教育内容的层次性较为突出。

(四)生死教育方式更多样化,以混合式教学为主

与儿童生死教育、中年生死教育、老年生死教育相比,大学生生死教育更多样化,且一般以混合式教学方式为主。

对儿童进行生死教育的教育方式可以通过绘本、动画片、卡通和儿童文学作品,让孩子在绘本故事中了解死亡,使对死亡的恐惧心理及个人情绪在其中得到宣泄。如果是帮儿童处理和应对亲人死亡,还可以通过让孩子进行自主绘画、自主作文等方式来表达对宠物或已故亲人的思念或情感,对儿童面对死亡有积极的作用和帮助。中年生死教育的教育方式可以通过寻找典范和榜样,向成功处理中年危机,应对死亡恐惧与死亡焦虑,权衡并妥当处理家庭、事业和工作等之间冲突的中年人学习,因为中年时期的死亡态度是直接受到他们在社会上与家庭中参与的功能与角色所影响。①此外,中年生死教育还可以通过分享的方式,让具有不同人生经历和生命境界的中年人进行交流,使他们感悟生命、珍惜生命。老年生死教育的教育方式可以通过生命回顾,让他们能够在晚年回顾自己生命中的往事,获得心灵美好慰藉。

---

① 林绮云等著.实用生死学(第三版)[M].台北:华格纳企业有限公司,2014年,第25页。

以宣传和介绍的方式,向老年人讲解生前预嘱、尊严死和生命质量等相关内容和案例,使他们能够知道在医疗技术高度干预和介入生命的状况下,生命质量和尊严死亡对于生命终点的重要性,让他们能够有尊严地离去。

大学生生死教育的教育与教学方式则具有多样化特点,上述儿童生死教育、中年生死教育和老年生死教育所采用的教育方式基本上都适用于大学生生死教育,大学生生死教育很少单纯采用一种方式进行教育教学,一般情况下,都是根据不同的目标层次及课程内容来选择不同的教育方式,特别是当前互联网+时代下的生死教育,可以运用现代信息技术采用线上与线下等各种教学方式,或通过网络信息交流平台和自媒体平台就死亡相关议题进行持续深入探讨,一般是以混合式教学模式为主,所以说大学生生死教育方式的选择具有多样性,且一般采用多种教育教学方式,以混合式课程教学为主。

本章小结

本章基于泰勒课程理论,从哲学、心理学和社会学等课程基础在理论上探讨生死教育,分析大学生生死教育关键问题,并相应指出大学生生死教育实施的特点。

首先,哲学视域下生死教育本质是通过把死亡作为一种方式、手段和媒介,在认识和探究死亡过程寻求人生意义,探索生命价值,从而提高生命质量和提升生命价值。对大学生进行生死教育,应关注死亡知识背后的生死教育价值观,并对其提前反思,需对死亡价值观整体性理解。海德格尔与萨特的生死教育哲学在死亡观、自由与死亡之间的关系、死亡与生命意义的呈现等具有截然相反的观点。

其次,死亡概念的心理建构、死亡文化对个人发展及其对死亡概念形成的影响是心理学视域下生死教育必须考虑的因素，由此引生出生死教育实施效果限度问题，生死教育是促进个体健康发展而应对死亡禁忌的一种必要手段，以便形成科学的正确的死亡观。临终心理会直接影响个体死亡品质，能够在心理上接受死亡的人更容易获得死亡尊严，与亲人告别，了结和完成自己最后的心愿，安详辞世；悲伤辅导是生死教育的重要内容，悲伤是丧恸的治疗，结局是改变和成长而非治愈。

再次，社会学视域下的个体死亡与社会发展具有重要的教育意义。死亡作为一种文化禁忌给予生死教育的一种内在限度，死亡文化具有稳定性、封闭性和传承性也会成为生死教育实施的阻力，使得生死教育对提升和改善死亡文化具有一定限度。生死教育对宗教死亡意识形态应保持开放心态，不排斥和轻视任何宗教，充分而全面了解不同宗教的死亡意识形态。对涉及死亡权利如安乐死、自杀、死刑、堕胎等议题，对涉及死亡尊严如临终关怀、缓和医疗、安宁照护、生前预嘱等议题，对死亡社会管理如丧、殡、葬、祭礼等进行讨论，发挥大学生生死教育的作用。

最后，以积极心理学为指导思想，避免死亡对大学生造成的消极影响。大学生生死教育具有内在与外在需求，生死教育目的应从不同层次与类型、总体目标与具体目标来审思，生死教育内容应从认知死亡、体验死亡、练习死亡和超越死亡等组织，生死教育实施应选择大学生最适合的正规教育途径，高校开设生死教育课程是大学生生死教育的最好形式。与儿童、中年、老年生死教育相比较，大学生生死教育需求更具有现实针对性和紧迫性、生死教育目的更强调个体生命意义的建构、生死教育内容更全面系统，且层次性突出，生死教育方式更多样化，且以混合式教学为主。

第三章 拒斥与接纳：大学生生死教育需求的考察

生死教育需求是课程设置首要考察的影响因素，如果没有教育需求，设置课程就没必要了。对大学生进行生死教育既有必要性又有重要性，这在很多生死教育研究文献中都有详细的论证，如谢云天(2007)，葛桥(2010)，尧必文，蒋九愚，张有闻(2010)等。生死教育需求作为实施大学生生死教育的关键问题，不仅具有内在需求还具有外在需求，内在需求表现为个体不自觉地本然地拒斥和否认死亡，外在需求表现为个体拥有错误的扭曲的死亡知识和死亡态度，普遍需要接纳死亡与接受生死教育。本章在理论上从自我意识、行为动机与个体发展等不同层面探讨大学生生死教育的内在需求；实践上从死亡知识需求、死亡教育现状与死亡态度等对大学生生死教育的外在需求进行实证调查。

一、自我意识与生死教育需求

(一)本能与自因

1.人的本能——生死本能的内在互动

本能是事物存在的基本方式,是本身固有的能力,是人无意识的不易察觉的反应。著名心理学家西格蒙德·弗洛伊德将人的本能分为生命本能与死亡本能两大类,其中生命本能包括性本能和个体生存本能,是指维持人类繁衍与发展的本能。生命本能似乎比较容易体认,最让人难以理解的是死亡本能。弗洛伊德认为每个人身上都存在一种摧毁秩序、趋向毁灭、攻击驱力和侵犯的本能,这种本能是冲着我们自己本身而生发的,试图使个人走向死亡这种状态,因为只有在死亡那里,才能获得真正的平静,完全地解除紧张和挣扎,回归那种近似于黑暗、温暖而平静的母亲子宫,这就是弗洛伊德所说的死亡本能,即是那种渴望从有机物状态回到无机状态,促使生命返回非生命状态的力量。死亡是生命的终结,只有在死亡的状态下才是生命最稳定的状态,也只有在此时,生命不再为满足身心欲望而奋斗,不再有焦虑和抑郁,不再有对死亡的恐惧,所以弗洛伊德指出死亡是生命的目的及无生命物先于生命的存在。①

生命本能与死亡本能之间存在持续的内在互动,其力量大小决定了是由生本能,抑或是死本能发挥个人在生存与发展过程中的主导作用。对普通的健康人来说,生命本能总是处于主导地位,追逐快乐、享受生活、寻求意义、维持个人生存与发展是生命本能的基本任务,只有死亡本能被生命本能

---

① [美]乔希·科恩.死亡是生命的目的——弗洛伊德[M].唐健,译,中信出版集团,2016年,第146页。

压制,个人才能维持正常的生活秩序。而对于那些具有各种身心疾病、人格扭曲、神经症患者,或者拥有某些特殊人格特征和相关生活怪癖的人,往往是死亡本能的力量胜过生命本能,死亡本能处于支配地位发挥着主导作用,生存与发展秩序遭到侵蚀而形成的各种人格和心理问题。患有心理疾病或人格障碍的人多是由于死亡本能与生命本能及其力量失调,死亡本能从被压制到逐步释放,生命本能无力与死亡本能相抗衡,生命本能遭到重创,个人行为、生活与个体发展受到重要影响,这也能很好地理解弗洛伊德为什么要将人类的所有行为都视为由性本能所驱使,因为性本能象征着个人活力与生命力量,是生命本能的核心部分,是生命本能发挥其主导作用的体现。人要维持生存、保证个体持续地健康发展,生命本能必须压制死亡本能,这就为泛性论的提出提供了条件。泛性论对于解释人的行为有一定的洞见性和合理性,但也使弗洛伊德陷入了理论难以自洽的泥潭,因而受到外界普遍质疑和批判。泛性论将性本能的作用无限扩大,而忽略了个体生存本能和死本能对人的行为及其发展产生的影响,弗洛伊德没有处理好生命本能与死亡本能之间的关系,逃不出生命本能的边界,在性本能的桎梏下,没有挖掘出死亡本能对人的行为与发展的重要影响。

生命本能与死亡本能之间的协调、互动及其内在冲突,关涉着个人能否健康、和谐、稳定和持续发展。生命本能与死亡本能其力量并不会处于平衡状态,而是在永远地做着拉锯运动,大概存在正常、冲突、适度三种状态:第一,正常情况下,生命本能的力量大于死亡本能,在生命本能主导作用下,死亡本能被压制,只有如此,个体生活及其发展才可保持健康发展;第二,死亡本能的力量大于生命本能,在死亡本能主导作用下,生命本能被宰制,生命本能与死亡本能处于冲突、矛盾和失调状态下,个体处于亚健康或患有心理、精神及人格障碍等疾病,个人生活与发展遭受重要影响,冲突的结果是导致自杀现象的出现;第三,死亡本能的力量既不会太大,也不会太小,而是居于中道,但不是均衡状态,即是生命本能与死亡本能力量的适度,也是生命与死亡本能之间的最佳状态,因为死亡本能力量太大会造成与生命本能的冲突与失调,从而影响个体生活秩序与发展潜力,死亡本能力量太小会影响生命本能作用的发挥,往往又会使人们过度注重生活享乐、得过且过、不思进取、不知死亡将至,最终一事无成、虚度生命。

现代教育过于注重激发人的生命本能,除了使个人适应现代社会具有较强生存能力外,还培养人们赢得财富获得挣钱的能力,而由生命的有限性引起的生命意义问题却没有受到应有重视,人的死亡及死亡本能在教育过程中则普遍地受到忽视。死亡本能与生命本能两种力量的失调令许多问题不断暴露出来,如大学生普遍感受到生活意义的缺失、没有存在感、大学生自杀事件频发等,从理论上看,这就凸显出大学生生死教育巨大的内在需求。大学生生死教育就是要促使失调的生命本能与死亡本能趋向调和,处于最佳的互动状态,以死亡本能为驱力试图激发生命的最大活力,以死观生、向死而生,在有限的生命里,建构人生意义,活得精彩,活出自我。

2.自因企划——欲望与恐惧的结合体

生命本能与死亡本能内在互动的重要载体是人的身体,而身体是个体发展早期阶段最早关注的对象,因为身体的存在,我们才与这个世界有了关联,身体与世界本是统一的,因人的意识的出现,人与世界开始分裂,人性也就此分裂,由此而导致人与社会、个体与群体、人与他、人与己、意识与无意识、意识与身体等一系列的继发分裂。[1]无论是生命本能还是死亡本能,都是为了供养身体、满足身体的欲望。[2]人的死亡即是指身体的死亡,身体死亡意

---

① [美]厄内斯特·贝克尔.死亡否认[M].林和生,译.北京:人民出版社,2015年,译者导言,第3页。

② 生命本能就是为了身体的欲望而存在,死亡本能也是为了满足身体的摧毁秩序、趋向毁灭、攻击驱力,走向安静的欲望。

味着生命本能的失败，意味着停止和中断身体与这个世界的关联，死亡恐惧随之无限扩张与蔓延开来，身体作为无意识的对象，不断地投射于万物生灵，准备诱发各种死亡的幻象。在弗洛伊德精神分析理论里，死亡作为一种最无法理解的欲望对象，可能在于身体作为一种无意识对象，使死亡恐惧的弥散性与投射性遮蔽在人性的最深处。

个体终其一生都在为供养身体竭尽全力，身体是无意识的对象，更是作为人永远的意识对象。一方面人的意识设想着身体的存在，为实现身体各种欲望进行谋划，另一方面，身体死亡及对身体死亡的恐惧投射到人性深处，不断弥散至万物生灵，这种死亡恐惧是无意识的，具有投射性和扩散性特征。身体意味着欲望，恐惧来源于身体死亡，欲望与恐惧的结合体就是自因①，自因是万物存在的原因，自因展开了个体的生活世界，自因也昭示着无意识之罪。人们通过欲望来掩饰无意识的弥散性的死亡恐惧，对身体死亡的恐惧是根源性的，而对身体欲望的满足是表象层面的，身体欲望是死亡恐惧的反向作用，表象层面的欲望不断地掩饰和包装根源性的死亡恐惧，这种掩饰与包装的力量即是自因的力量。谋划着身体的存在，文饰着死亡恐惧这就是自因企划②，自因企划是无意识的，它揭示了儿童早期关注身体、出现自恋现象的深层根源，同时，自因企划蕴藏着人性中最深层的根本矛盾，对人的行为与精神状态具有最深层的解释力度，这对于关注个体发展和生命成长的生死教育具有非常大的促进作用。

---

① 自因一词源自斯宾诺莎的《伦理学》一书，书中开篇就对自因做出解释：自因它的本质即包含存在，或者它的本性只能设想为存在着。斯宾诺莎所谓的自因可理解为自存在、自运动、自启示、自演绎、自表述、自规定、自定义、自义等。

② 根据弗洛伊德理论，自因企划就是俄狄浦斯企划（俄狄浦斯情结），俄狄浦斯企划是矛盾冲突的产物，试图借自恋膨胀来克服该冲突。俄狄浦斯情结的本质是企划，试图成为上帝的企划，用斯宾诺莎的话说，就是自因，它清晰地揭示了幼儿期自恋，它被逃避死亡的努力所扭曲……

(二)死亡意识与自我意识

1.死亡意识的两种来源

身体是婴幼儿的第一关注对象,身体饥饿或不舒服,婴幼儿会用哭闹来提醒母亲以满足其需求,身体出现的问题会引发深深的死亡恐惧,保障身体存续是生命本能,反抗和拒斥死亡是个体生存的基本策略。可是婴幼儿及儿童是什么时候发现死亡的,什么时候意识到人的必死性的,即死亡意识的产生来源问题。根据皮亚杰儿童认知发展四阶段理论,从泛灵论到万物守恒,从感知运动阶段到前运算阶段再到具体运算阶段,儿童只有到具体运算阶段,发现万物守恒定律后,才能完全理解死亡。实际上在前运算阶段,儿童具有自我中心主义的知觉特征时,便隐约感觉死亡的存在和对死亡的恐惧,此时死亡意识逐渐出现并清晰起来。

儿童死亡意识的发展是从身体开始的,维持身体存续属于生命的本能,是儿童的一种本能意识,由此可知儿童是先有了本能意识再逐步拥有死亡意识。死亡意识是由身体生发,由自我去体认和强化,它是一种内时间意识,随着时间流逝和生活铺展而不断被自我确证。总的来说,死亡意识具有内在与外在两种来源,内在来源主要在身体,身体、身体需求及维持身体存在的本能会产生对死亡的恐惧,这必须由身体去体认,死亡意识便由此产生;外在来源主要在自我及自我经验,在人类认识和个体认识的发生史上,都有惊心动魄的一刻,那就是死亡的发现。对文明社会的个人来说,通常是某个亲人的突然亡故使我们获得了最初的死亡经验[1],自我在时间流里去接受、积累和记忆这种死亡经验,死亡意识即是这样不断被确证。

---

① 孙利天.死亡意识[M].长春:吉林教育出版社,2001 年,第 1 页。

2.自我意识是无上馈赠

一般情况下,死亡意识越强烈,自我意识愈显突出和明显,所不同的是,在自我意识的抑制和压迫下,死亡意识通过凝缩、转移、投射、无意识等生命机制隐藏和遮蔽起来,自我意识到达不了死亡所居处的那个深谙之地,死亡意识却不断地宰制、影响、左右着自我意识。自我意识包含了死亡意识,自我意识要为死亡意识负责,死亡意识作用于自我意识,同时也受制于自我意识。死亡意识与自我意识不是先后关系,也不是伴生关系,死亡意识本身就体现为一种自我意识,或者说自我意识本身就表现为一种死亡意识,它们是同一的,是矛盾综合体。人在什么时候发现死亡而产生死亡意识,自我意识便在什么时候开始生发而确认。

著名的存在主义心理治疗专家亚隆先生指出自我意识是无上的馈赠,如生命一般宝贵,正是它使我们成为独一无二的人类,但是随之而来的代价便是死亡之痛。我们的存在永远笼罩着挥之不去的阴影——生命必将生长、成熟并最终走向凋谢、死亡。①自我意识因何成了无上的馈赠? 一方面,只有人会意识到自我的存在,植物与动物没有自我只有本能,因了自我意识的存在,人才成为万物之灵,才具有了改造世界、探索世界的能力,植物与动物只能顺应环境,顺从其本能之反应,所以说自我意识是无上的馈赠;另一方面,自我意识催生了死亡之痛及人类对死亡的恐惧,正如此,否认和对抗死亡才变成了人类持续生存与发展的不竭动力,超越死亡才成为人类行为孜孜不倦的努力。

---

① ［美］Irvin D. Yalom.直视骄阳——征服死亡恐惧[M].张亚,译.北京:中国轻工业出版社,2016年,第2页。

(三)死亡意识的抑制与唤醒

1.死亡意识的抑制

死亡意识会让人们产生一种潜在恐惧,人们为了控制和管理这种恐惧,会不自觉地对死亡意识及其产生的恐惧进行有意抑制,由此形成两大类的死亡意识的抑制策略,即有意抑制与无意抑制策略,也叫近端防御与远端防御机制。最明显的近端防御机制是我们知道我们总有一天会死去,但至少明确的是肯定不会是现在,死亡的未来性与不确定性冲淡减少了我们对死亡的警觉和恐惧,我们无须害怕,死亡还没有来临,依然可以安心而快乐地生活。此外,我们可以谈论着他人之死亡,却不能感受死亡对我们的威胁,也没有强烈的死亡恐惧感。死亡是他人的死亡,与我们无关,至少我们现在还活着。如果把此类抑制策略称之为有意地、清醒地、理性地抑制死亡意识及死亡恐惧的话,那么通过把自己看作为持续不断的人类历史文化的重要贡献者、投身文化事业、支持魅力超群的领袖、相信上帝的存在、增加对与我们信仰不同的人的厌恶等,这些都是无意识地、潜在地对死亡意识与死亡恐惧的抑制,是人们行为的一种无意识的努力。不管是有意抑制还是无意抑制策略,都是人类对抗死亡、超越死亡的体现。

2.死亡意识的唤醒

死亡意识的抑制对于人类生存、生活是必须的,正如亚隆在著作《直视骄阳——征服死亡恐惧》扉页上所说的,你不可以直视骄阳,你也不可直视死亡。人们要进行正常的生活,就必须对死亡意识与死亡恐惧进行有意抑制。如果一个人在日常生活、工作和学习过程中,能时刻感受到死亡的威胁与恐惧,这是不敢想象的。有意抑制也就是上文所述的近端防御,其主要作用是帮助你把死亡的想法从意识中排除出去,近端防御有助于维持人们的身体健康。①问题的关键在于近端防御机制让我们免于受到死亡意识与死亡恐惧的侵扰，然而持续处于近端防御机制作用下也使我们把现有的生活看成是理所当然的生活。安于享乐，得过且过，有意抑制死亡意识与死亡恐惧的机制使我们的生活变得麻木,个体发展与生命成长动力缺失,失去本真的生命意义。这也说明有意抑制死亡意识与死亡恐惧的机制作用既不能过度也不能缺乏,而应该保持适度。一方面,要维持正常生活必须发挥有意抑制死亡意识及恐惧的作用,另一方面,要从这种近端防御机制中走出来,不过于受制于这种机制,以死观生,向死而生,葆有生命成长和个体发展的不竭动力,这就要求抑制与反抑制之间具有一定的张力。

在海德格尔看来,死亡是一种人类对时间有限性的认识,正是带着对自身时间有限的畏惧感,人类才可能成为本真的自己。在死亡意识与死亡恐惧的有意抑制下,我们不是做本真的自己,也不是本真的生命,而是扭曲和异化了的自我与生命。要想保持本真的生命与自我,就必须在抑制与反抑制死亡意识与死亡恐惧之间保持一定张力,既不被死亡意识与死亡恐惧所侵扰,失去本真的自我,又能葆有生命活力,促进个体发展和生命成长,实现生命意义与自我价值。根据近端防御理论,结合现代人们追求享乐与个性解放的现实,现代社会人们大多处于过度抑制死亡意识状态,竭力抹除死亡对生活的影响,注重享乐,得过且过,致使生活空虚与意义缺失。生死教育就是要在死亡意识的抑制与唤醒之间保持一定张力,寻求生命意义,活出自我价值,促进个体发展,这也一定程度上在理论层面说明了生死教育的内在需求,也是生死教育发挥其作用的空间所在。生死教育试图将过度抑制的死亡意识与死亡恐惧重新唤醒,以死观生,向死而生,寻求生命意义,促进个体持续发展和生命成长,实现人生价值。

---

① [美]谢尔登·所罗门,杰夫·格林伯格,汤姆·匹茨辛斯基.怕死——人类行为的驱动力[M].陈芳芳,译.北京:机械工业出版社,2016年,第167页。

二、行为动机与生死教育需求

(一)自尊与优越感是人类的两个基本行为倾向

美国著名文化人类学家欧内斯特·贝克尔一生都在试图弄清和思考一个自古就困扰着大家的问题——是什么让人们有如此的行为?在他的著作《死亡否认》中,贝克尔指出人类的行为很大程度上都来自一种无意识的努力,这种无意识的努力就是拒绝和超越死亡。我们构建性格和文化,只是为了遮掩我们意识到内心无助时的崩溃和对于必然到来的死亡的恐惧。人类的本性具有被驱性,在弗洛伊德看来,这种被驱性来源于"力比多"即性驱力,将性冲动与性欲望泛化,致使人类的各种行为都具有了性意味和性冲动色彩,这是精神分析理论的基本主张之一。而在欧内斯特·贝克尔、谢尔登·所罗门、曼弗雷德·凯茨·弗里斯等人看来,对死亡的恐惧是引发人类行为的主要驱动力。死亡作为人类内心最深的恐惧,对抗与减少死亡恐惧在根源上支配和左右着人类的行为。谢尔登·所罗门、杰夫·格林伯格、汤姆·匹茨辛斯基等三位作者,结合贝克尔《死亡否认》的观点,通过大量实验和社会调查,他们指出人类行为的根本动机源于两个基本行为倾向,其一,我们会被迫保护自尊;其二,我们强烈需要维护相对于其他群体的优越性。[①]这两种行为倾向, 指明了应对死亡恐惧的基本原则。不论是自尊的保护还是优越感的获得,都是为个体提供存在意义,降低死亡恐惧的主要策略,也是理解人的行为动力的两个基本概念。

---

① [美]谢尔登·所罗门,杰夫·格林伯格,汤姆·匹茨辛斯基.怕死——人类行为的驱动力[M].陈芳芳,译.北京:机械工业出版社,2016 年,序言,第 2 页。

(二)拒斥和否认死亡是个体行为的内在驱力

自尊与优越感的理解必须借助一个概念，那就是英雄主义。英雄主义在内表现为一种观念，在外体现的是一种行为。所谓英雄主义是指人们所具有的不甘落后，不愿平庸无闻地生活和工作，希望对全世界做出瞩目贡献的一种精神风貌和意志品质。研究几乎涉及一切领域的威廉·詹姆斯在 20 世纪初就指出：人类寻求个体存在的共同本能，始终把这个世界从根本上看作是英雄主义的舞台。英雄主义观念早已为人熟知，它是一种生死攸关的真理。罗曼·罗兰说世界上只有一种真正的英雄主义，就是认清了生活的真相后还依然热爱它。生活的真相是什么？是通过努力拼搏所拥有的一切，终将随着个体死亡而走向虚无。知道我们所追求的是一种虚幻的对象之后，却依然还要努力奋斗，活出自我，这就是罗曼·罗兰所说的真正的英雄主义。但在弗洛伊德看来，若要深入英雄主义冲动的根源，就必须透彻理解"自恋"。弗洛姆认为弗洛伊德伟大而不朽之处就在于他提出"自恋"这个概念。弗洛伊德发现我们每个人身上都会重现那喀索斯[①]的悲剧，我们沉迷自身，无可救药。从根本上说人类只关心自己。人类身上的这种自恋，与自尊不可分离，与人们的自我价值感相关联。人最需要的就是这种，与自恋一体两面的自尊中获得的安全感。人并非盲目乱动的无为的有机体，个体一出生就被社会文化和符号体系所包围，人的自我价值感的获得是由这些社会文化、符号、抽象观念等不朽体系所构成。对人来说，有机体的冲动，掠食与扩张的快感，可以在符号王国里得到无止境的滋养，最后在不朽观念中得到满足。[②]这种由自恋、自尊而收获的自我价值感与安全感，就是英雄主义行为。这种英雄主义行为在

---

① 那喀索斯(Narcissus)源自希腊神话，具有水仙花、自恋者的意思。美少年那喀索斯在水中看到了自己的倒影，便爱上了自己，每天茶饭不思，憔悴而死，最后变成了一朵花，后人称之为水仙花。那喀索斯情结即是自恋情结。

② [美]厄内斯特·贝克尔.死亡否认[M].林和生，译.北京：人民出版社，2015 年，导言，第 3 页。

儿童身上表现得最为明显。

如果细心观察，我们会发现儿童绝不会掩饰自己的需要与渴望，当他们了解到人类遵守和维护的社会文化及其价值取向时，他们会竭力地拥护和自觉地朝着这些文化价值而努力。比如，当他们模糊地知道什么是"顶呱呱""棒极了""真漂亮""很帅气"和竖起大拇指等意义时，他们会努力地表现出与这些意义相符合的行为和举动，当大人们表达相反意义时，他们会愤怒、生气、感到羞愧甚至哭闹。两个或多个儿童在一起，更能突出地反映出英雄主义行为及其观念，他们之间的这种竞争会更加明显，对于人类社会文化及价值体系，他们争先恐后，渴望出类拔萃，渴望唯我独尊，渴望成为人类社会发展的佼佼者。

我们身处其中的这个社会本身，就是一个规范化的英雄主义体系。人们之所以献身诸般社会活动，最终不过出于一己的英雄主义冲动，儿童争先恐后，目的是占有所谓人类的"普遍意义"。人这种受造，身上结合着天然的自恋与基本的自尊需要，其基本取向就是要努力成为英雄，这种取向是进化的结果，深植于人类机体的构造之中，儿童较为直接地表达并体现了这种取向，而成人亦是如此，只不过没有如此直接和明显，较为隐秘地潜藏于行为的背后。

英雄主义是人类生活的核心问题，其深入人性的程度，超过任何其他事物。这可以在根植于有机体的自恋本性，奠基于儿童赖以生存的自尊需要和孜孜以求的个体优越感中窥见英雄主义的奥秘，这些都是个体行为的深层次原因，其内在的最高目的就是拒斥和否认死亡。因为死亡恐惧是人类活动的主要动力，它决定着人类活动的基本取向，以这样或那样的无意识手段，人类竭力否认死亡之宿命，试图以此逃避死亡之宿命。①实际上，拒斥与否认

---

① [美]厄内斯特·贝克尔.死亡否认[M].林和生，译.北京：人民出版社，2015年，作者序，第1页。

死亡是人类最常见的行为模式,而且这种行为模式会伴随人的一生。所幸的是,抑制、压抑以及其他麻醉意识的举动,有助于缓解我们对死亡的忧虑,并能有效发挥功能。①所以说拒斥和否认死亡是个体行为的内在驱力,为了应对和消解与生俱来的死亡恐惧与死亡焦虑,人们在人类文化英雄主义体系中努力地寻求自尊和优越感,这是个体行为的出发点和最终追求。

(三)超越死亡是人类存在与持续发展的深层根源

卡尔·荣格说心理学意义上死亡和出生同等重要,逃避死亡是不健康、不正常的行为,会让余生失去目的。如果说拒斥、逃避和否认死亡是个体行为的内在驱力,是英雄主义文化体系寻求自尊与优越感的胜利,是现实生活中一种内隐的潜在的不易察觉的行为观念,那么超越死亡则是为了实现英雄主义,寻求自尊与优越感的自觉的主动的有意识的外显方式,是人类存在与持续发展的根源。实际上,人们超越死亡的行为,在其现实性上,与拒斥、逃避和否认死亡的行为具有相同本质。

1.拒斥、否认死亡与超越死亡具有同质性

人类之所以要拒斥、逃避和否认死亡是为了避免直视死亡,缓解死亡恐惧与焦虑,获得自尊和个人优越感,更好地在社会上生存下去。超越死亡与拒斥、逃避和否认死亡在目的、行为及其动力等方面具有同质性,都是为了维系人类社会发展和更好地生存,在社会文化价值体系下寻求自尊和优越感的英雄主义行为,揭示着人类行为的深层动力所在,都是人们应对死亡恐惧的方式。所不同的是对待死亡的态度,大概具有三个方面的不同。首先,超越死亡是个体意识到生命的局限性和死亡对生命的影响后而激发的一种积极的主动的行为,而拒斥与否认死亡是个体一种无意识的消极的逃避的被

---

① [荷]曼弗雷德·凯茨·德·弗里斯.性、金钱、幸福与死亡[M].丁丹,译.北京:东方出版社,2016年,第190页。

动的行为。其次,相比较而言,超越死亡的实现过程需要深入思考死亡及学习死亡知识,它是实现生命意义的外在表现,而拒斥与否认死亡不寻求了解死亡本身,为保证生命的持续运转而产生的一种内在的无意识的反应。最后,从时间关系上讲,拒斥与否认死亡是个体最初来到和持续生存在这个世界的基本策略,超越死亡是企图对抗人类死亡必然命运的一种方式,拒斥与否认死亡是超越死亡的必经阶段,因为个体先生存下来,再来谈对死亡和生命的超越,超越死亡是个体从被动反应到主动行为的实现人生意义和自我价值的过程。

2.超越死亡如何落地——寻求不朽体系

超越死亡是人类生存与发展的深层根源,一个问题是超越死亡是如何促进和保障人类的生存与发展,那就是寻求不朽体系。什么是不朽体系? 不朽体系就是人类社会得到普遍认可的文化价值体系,人们自觉地维护和践行着此套文化价值体系。寻求不朽体系就是在践行英雄主义观念及其行为,不朽体系与英雄主义行为相辅相成。人们通过寻求不朽体系,践行英雄主义观念来拒斥和否认死亡的,更是通过其达到超越死亡目的的。如果把拒斥与否认死亡作为寻求不朽体系,践行英雄主义的自发方式,那么超越死亡则是寻求不朽体系,践行英雄主义的持续过程。超越死亡是一个生命实现的过程,一个从被动反应到主动作为、从寻求意义到实现意义的活出自我、充实生命的过程。它通过在不朽体系中寻求人生意义,找到能够让个体安身立命,足够为之奋斗终生的生活目标,在这个过程中实现自我价值,在人生意义中超越死亡。

超越死亡如何落地其实也即是生死教育如何落地的问题,生死教育就是要促使个体在人类不朽体系中找到自己的位置,寻求适合自己并为之拼搏一生的生命意义和人生目标。那么不朽体系包括哪些内容? 荷兰著名心理学家、管理学家曼弗雷德·凯茨·德·弗里斯在《性、金钱、幸福与死亡》一书中指出，人因宗教而不朽、因生殖而不朽、因工作而不朽和因自然而不朽等四个方面。①实际上，人类的不朽体系远不止这四个方面，比如《左传》中云：太上有立德，其次有立功，其次有立言，虽久不废，此之谓不朽；我国古代儒家张横渠有著名四句：为天地立心，为生民立命，为往圣继绝学，为万世开太平。如果说这些对于普罗大众略显遥不可及的话，那么生死教育实际上更关注和引导普通人如何进入、投身人类不朽体系，如何构建人生意义，实现自我价值这一终极目标。比如守墓人终其一身，坚守岗位，兢兢业业，正是因为守墓人构建了守墓对他的意义，守墓人借着守墓这一行为赢得人们尊重，实现守墓人和守墓的双重价值，这种精神和行为都因为陵园守护者这一角色而进入不朽，此处的不朽更多是指一种坚持与坚守的精神。此外，还有因平凡而不朽、因德性而不朽、因伟大而不朽、因正义而不朽、因功绩而不朽等不同的人类不朽体系，实际上，人类的不朽体系就是指一整套人类赖以生存的文化价值、思想观念和符号象征体系。

三、个体发展与生死教育需求

（一）自尊是个体发展的坚实基础

自尊也称为自尊心或自尊感，是指维护自己人格尊严，获得自我价值感，不受别人侮辱与歧视的心理状态，也是个人基于自我评价产生和形成的一种自重、自爱、自我尊重，并要求受到他人、集体和社会尊重的情感体验，受社会比较、他人评价以及自己做事成败的自我肯定的影响。人具有自尊需要，因为追求自尊与个体优越感是人类行为的两个基本倾向，获得自尊具有

---

① ［荷］曼弗雷德·凯茨·德·弗里斯.性、金钱、幸福与死亡［M］.丁丹，译.北京：东方出版社，2016年，第205页。

潜在的行为动力,是人类拒绝和否认死亡、减少死亡恐惧的动力根源,是个体发展的坚实基础,也是保证人类持续生存与发展的条件。

自尊过强会导致虚荣心,自尊过弱会产生自卑心,不管是虚荣心还是自卑心都可能导致心理疾病和人格障碍,心理疾病与人格障碍又会影响个体健康发展。

美国机能主义心理学先驱 W.詹姆斯在《心理学原理》中指出自尊取决于成功,也取决于获得的成功对个体的意义,增大成功和减小抱负都可以获得高的自尊。成功或许有许多制约因素,不是很容易就做到的,但我们可以降低对工作和生活的期望值,如果这样,一个小的成功就可能使我们欣喜不已。因而詹姆斯把自尊定义为成功加抱负,所谓成功即是有力地维护和践行了人类文化价值体系,英雄主义行为的胜利,所谓抱负即是维护和践行英雄主义观念的决心程度、目标大小及为信念付出的努力,成功与抱负是获得自尊的来源,影响自尊感的强弱。自尊有许多来源,除了上述成功与抱负外,还有社会对个体的尊重程度、羞耻心、同伴关系、父母教养方式及其身份地位、社会比较等。以社会比较为例,自尊感源于社会比较,一个很典型例子是大多数刚入学的大学新生普遍都有受挫和自我价值感降低的心理体验:在高中时他们每个人都是很聪明的,可是上了大学后他们却发现,自己原来并不是那么出类拔萃,只不过是平常人而已。如果没有处理好这种大学生入学适应期间个人自尊感受挫和价值感降低的问题,极有可能会导致大学生人格障碍,影响大学生学习和心理健康发展。

每个人都希望自己变得重要,变得有价值,这是自尊需要的内在要求,个体的发展是以自尊为基点向外展开的,自尊在个体与他人的交互作用中得到体现。一个没有自尊的人,会失去作为人的尊严,很难让别人尊重,也不懂得尊重别人。不懂得与他人合作,不能很好地与他人进行社会交往,看不到与他人交互作用的意义,而自尊感太强或太弱容易使个体发展走上歧途,盲目自负和极度自卑都是不能在与他人交往中正确认识和评价自我，久而久之必将造成心理和精神疾病。如果把个体与他人的交互作用归属于社会性发展，那么正确认识自我，形成健全人格则属于个性化发展。个体发展包括社会性发展与个体性发展，社会性发展受阻会直接影响到个体个性化发展，个性化发展会制约社会性发展，自尊是联结社会性发展和个性化发展的桥梁。自尊寻求安全感，背后隐藏着个体发展奥秘，根据精神分析理论，自尊抵抗着死亡，个体在死亡阴影下不断消解着死亡恐惧与焦虑的影响。

综上所述，不管是成功还是渴求出类拔萃，都是英雄主义观念在人类文化价值体系下的践行，是寻求自尊与个人优越感的体现，是克服死亡恐惧的动力来源。生死教育把自尊与优越感作为考察个体发展独特视角，认为获得自尊是个体行为的基本出发点，以此作为个体发展的基础，试图揭示自尊形成机理及其深层根源，探讨由于自尊过度或缺乏导致个体发展受阻等问题，从死亡视角来分析罹患心理疾病和具有人格障碍特征的学生隐藏在背后的原因，了解死亡意识对个体行为的影响，寻求生活意义和生命的价值，以期促进个体社会性和个体化健康发展。

(二)意义意志是个体发展的动力

缺乏自尊或过度自尊的人难以处理自我与社会外界之间的关系，使得自尊无力联结社会性发展与个性化发展，造成社会性发展与个性化发展相互制约和掣肘。一方面，自尊需要适度，不能太强也不能太弱，太强太弱都容易造成社会性发展与个体性发展间相互障碍，最终影响个体身心健康发展；另一方面，自尊之所以是个体发展的基础，是通过英雄主义观念及行为彰显其存在意义，促使个体为之奋斗。个体为意义奋斗的过程即为个体发展的过程，自尊提供意义的建构，而意义支撑着自尊的获得。

意义感可以驱除无用感和孤独感，意义感的获得意味着自尊感的升起，创造意义意味着创造希望。人作为类存在是一种追寻意义的存在,意义意味着希望,生活在希望中,于是个体便拥有了发展动力。有什么样的意义便具备什么样的希望,希望因而指明了个体发展的方向。如果我们能够找到为之而活的东西,找到生命的终极意义,那么再大的苦难也是可以忍受的。苦难的忍受本身就具有意义,如不断推巨石上山的西西弗斯,盗火种被罚的普罗米修斯等,虽然身体承受巨大苦难,但是精神与心灵得到丰盈和充实发展,个体发展包括身心的发展,意义的发现与创造提供了身心发展的空间和条件。

如何创造或发现意义能够促进个体身心发展,应对死亡、痛苦和罪疚等人类艰难处境,奥地利著名心理学家维克多·弗兰克尔的意义治疗理论具有重要借鉴价值。意志自由、意义意志和生命意义三个基本假设作为维克多·弗兰克尔意义治疗学最根本的理论基石,为个体创造、发现、构建意义的心理过程提供了理论指导。意志自由、意义意志和生命意义三位一体,对于构建和确定个体意义缺一不可。意志自由是人性最宝贵的东西,弗兰克尔用"博比"事例表明即使面对人类对之近乎无能为力的灾难,人运用意志自由,也能够战胜外界加在人身上的限制达成自己的理想。意志自由是意义意志的心理学前提,没有意义自由,人就不可能对生活进行态度上的选择,而只能被动地受本能需要的支配;而意义意志则是生命意义的动力,人对生命意义的追求就是在意义意志这种生命意义的动力基础上实现的;人既具有意志自由又具有意义意志,人就是在运用意志自由和意义意志去追寻的过程中,生命意义也就得到了体现和充实。①根据弗兰克尔的意义治疗理论,生命意义的发现可以通过三个主要途径,即是通过追求三种不同种类的价值:创造的价值、体验的价值和态度的价值,其中态度的价值又可细分为对痛苦、

———————————

① [奥]维克多·弗兰克尔.追求意义的意志[M].司群英,郭本禹,译.北京:中国人民大学出版社,2015 年,第 29 页。

罪疚和死亡的三种有意义的态度。这些都是我们发现生命意义的重要途径。

与弗洛伊德追求快乐的快乐意志、阿德勒追求优越感的权力意志不同,弗兰克尔把意义意志界定为人发现并实现意义和目的的基本努力,他认为人总是急切寻求意义,总是着手进行他对意义的寻求,意义意志被看作是人的首要关注,是生命意义的原始促动力,也是个体发展的动力。在弗兰克尔看来,如果人缺少意义的意志,不理解他存在的意义,就会产生意义意志挫败或者是他说的存在挫败和存在空虚等。存在空虚与存在挫败是一个不断增加、日益蔓延的现象,那些意义意志受挫的人持续地忍受着生活的无聊感、内心空虚、找不到人生的希望,直接会对个体身心发展产生消极影响,出现身体疾病、人格障碍和心理疾病等不同问题。值得说明的是,人在任何时候都具有意志自由,在任何艰难的处境和生存环境下,人都有选择的可能和生存下去的希望。之所以说意义意志是个体发展的动力,因为人是追寻意义的存在,个体只有感觉到存在的意义才有勇气生活下去,个体会寻求活着的意义,从而给个体发展提供原始动力。

创造和发现意义有许多种途径,但意义的敞现只有放在生命与死亡两端才能开显出来。死亡作为一种生命的边缘处境,是创造、发现、敞现个体意义的最好方式,死亡加速了个体寻求意义的进度,寻求和构建意义的过程就是生死教育通过探讨和思考死亡相关问题开展的过程。死亡是个体存在的消亡,生死教育是一种自我反思教育,它把意义看作是支撑人们生活下去的主要影响因素,是促进个体发展的动力,失去意义便失去了继续生存下去的勇气,就意味着失去生命,因而意义是个体发展的动力。

(三)生命境界是个体发展的追求

自尊寻求意义,意义提供个体生存与发展的动力,意义可以支撑着人们有勇气活下去,但意义不能确定人生的目标,比如吃饭有意义,吃饭是为了活着,但活着并不是为了吃饭,吃饭并不是人生目标。意义只给予一个发展和努力的方向,而个体人生目标需要在有意义的事情中确定和建构起来。

人生是生命与生活的统一体,生命是人生的存在方面,指生命体的存活过程;生活是人生的感受方面,是人们当下此在的活动与感觉。①人的生活需要以生命为基础,没有生命哪里会有生活;人的生命是通过生活来显现,没有生活怎能谈得上生命。生活与生命密不可分,互为表里,但偏重于任何一方都会造成不同的问题。已故生死哲学专家郑晓江先生认为生命与生活的紧张便造成人们内与外的脱节、知与行的背离、灵与肉的混乱。他认为要从此视角去看中国传统人生哲学,从而去察觉和体会现代社会各种令人深省的问题,要使人们从日常生活的感性享乐中跃升出来,专注于道德生命的修养,并径由君子而贤者而圣人。②现代人们追求幸福的生活,普遍将人生目标定位于生活层次,满足于当下的活动与感觉,此在的身体欲望与享乐,作为中国传统文化之内核的生命哲学,对于人生的觉解和生命层次的追求却遭到了自觉的忽视。所谓人生的觉解与生命层次的追求即是指人的生命境界的跃升,从生活层次到生命层次是个体发展的最终追求,人是在何种生命层次上生活,这是生命境界的问题。

我国著名哲学家冯友兰先生有人生四境界说,即自然境界、功利境界、道德境界和天地境界,如果从生活与生命层次来说,自然境界与功利境界属于生活层次,道德境界介于生命与生活层次之间,天地境界则属于生命层次。现代社会人们出现的各种问题皆是生活与生命两个层次的欲望与目标相互纠缠与阻碍,不能融合与贯通所致,生命境界虽是个体发展的最终追求,但是生命境界的跃升不能离开现实生活而实现,生命境界的跃升是基于现实生活的,现实生活又不能仅停滞于此层次,必须以生命境界的跃升为追

---

① 郑晓江.中国生死智慧[M].南昌:江西人民出版社,2013年,自序,第3页。
② 郑晓江.中国生死智慧[M].南昌:江西人民出版社,2013年,自序,第5页。

求。佛家讲担水挑柴,无非妙道,行坐住卧,皆成佛道。此时生活的层次即是生命的境界,生命境界最终由平凡的生活来体现,这是修行的功力,也是生活与生命相互融合与贯通的典范。

如何看待和思考死亡,会直接影响到个人的生活态度和生命境界。一个看破生死的人,他的生命境界会得到提升。经常会遇到经历重大灾难事故,生命悬于一线具有死亡经历的人,他们对生活的态度前后会发生根本转变,他们的人生境界已由生活转入生命层次了,从而变得乐观爽朗、包容豁达、生活阳光、生命充实。个体生命境界也是可以通过学习、思考和修行不断提升的,宋代青原惟信禅师有个著名公案:老僧三十年前未参禅时,见山是山,见水是水;及至后来亲见知识,有个入处,见山不是山,见水不是水;而今得个休歇处,依前见山只是山,见水只是水。这就是个体通过个人学习和修行努力不断跃升生命境界的案例。

生命境界在现代教育体系始终处于缺失地位,我们表达教育目标惯用的说法是德智体美劳全面发展的社会主义建设者和接班人。以效率理性、科技理性为核心的现代社会与生命境界似乎显得格格不入,在现代社会背景下的现代教育助长了这种风气,也几乎摒弃了个体生命境界的追求,生命境界这个词只有在传统文化体系中才具有重要地位。本书将境界分为认知境界、道德境界和生命境界三种类型,值得指出的是认知、道德与生命并不是递进的,但认知境界、道德境界与生命境界它们之间确实是相互影响的。从终生发展来说,个体最终追求应该是走向生命境界,走向对生命的觉知,而不是仅停留于对世界万物的认知境界,局限生活享受层面。陆晓娅在北京师范大学开设的"影像中的生死课"就把死亡教育看作是把自身生命放到更长更宽更深的背景中去思考,其中更深的背景即是指个体生命可以在何种层次上展开,这就是生命境界的跃升问题。生死教育通过对死亡的思考,展现生命的短暂,让局限于生活层次的个体跃升到生命层次,提升个人生命境界,实现个人充分发展。

四、大学生生死教育需求的实证调查

大学生生死教育需求包括大学生生死教育现状、大学生死亡知识需求、大学生死亡态度等方面,对以上各部分进行实证调查,从外在和实际现状来探究大学生生死教育需求。

(一)大学生生死教育现状的调查结果与分析

1.大学生生死教育现状的描述性统计

表 3-1　我自认为对生死教育很了解(N=4914)

生死教育现状	选项	频数(F)	百分比(P)	均值(M)	标准差(ST)
我自认为对生死教育很了解	很不同意	1282	26.1	2.29	1.039
	不太同意	1612	32.8		
	不确定	1480	30.1		
	比较同意	380	7.7		
	非常同意	160	3.3		
	总计	4914	100.0		

由表 3-1 可知,"我自认为对生死教育很了解"题项,有 58.9% 的学生选择不同意,另有 30.1% 的学生选择不确定,这说明大部分学生不太了解生死教育,很有必要对大学生介绍什么是生死教育。

表 3-2　我所在学校对生死教育进行了大力的宣传(N=4914)

生死教育现状	选项	频数(F)	百分比(P)	均值(M)	标准差(ST)
我所在学校对生死教育进行了大力的宣传	很不同意	1430	36.1	2.13	1.080
	不太同意	1522	28.3		

生死教育现状	选项	频数 (F)	百分比 (P)	均值 (M)	标准差 (ST)
	不确定	1274	25.4		
	比较同意	520	7.0		
	非常同意	168	3.2		
	总计	4914	100.0		

由表 3-2 可知,"我所在学校对生死教育进行了大力的宣传"题项,有 64.4%的学生选择了不同意,而仅有 10.2%的学生选择同意,这说明生死教育并没有受到学校应有的重视。

表 3-3　我所在学校具有较好的生死教育条件和环境(N=4914)

生死教育现状	选项	频数 (F)	百分比 (P)	均值 (M)	标准差 (ST)
我所在学校具有较好的生死教育条件和环境	很不同意	1670	34.0	2.21	1.109
	不太同意	1308	26.6		
	不确定	1336	27.2		
	比较同意	430	8.8		
	非常同意	170	3.5		
	总计	4914	100.0		

由表 3-3 可知,"我所在学校具有较好的生死教育条件和环境"题项,有 60.6%学生选择不同意,仅有 12.3%的同学选择同意,这说明学校需要创设一些生死教育实施的条件,营造实施生死教育的良好氛围,为生死教育实施提供保障。

表 3-4　我所在学校开设的生死教育课程较多(N=4914)

生死教育现状	选项	频数 (F)	百分比 (P)	均值 (M)	标准差 (ST)
我所在学校开设的生死教育课程较多	很不同意	2032	41.4	1.99	1.028
	不太同意	1362	27.7		
	不确定	1156	23.5		

生死教育现状	选项	频数 (F)	百分比 (P)	均值 (M)	标准差 (ST)
	比较同意	254	5.2		
	非常同意	110	2.2		
	总计	4914	100.0		

由表 3-4 可知,"我所在学校开设的生死教育课程较多"题项,有 69.1%
的学生选择不同意,仅 7.4%的学生选择同意,这说明开设生死教育课程的学
校非常少,大多数学校并没有生死教育课程。

表 3-5　大学生生死教育受到了高度的重视(N=4914)

生死教育现状	选项	频数 (F)	百分比 (P)	均值 (M)	标准差 (ST)
大学生生死教育受到了高度的重视	很不同意	1306	26.6	2.48	1.190
	不太同意	1204	24.5		
	不确定	1430	29.1		
	比较同意	680	13.8		
	非常同意	294	6.0		
	总计	4914	100.0		

由表 3-5 可知,"大学生生死教育受到了高度的重视"题项,有 51.1%的
学生选择了不同意,仅有 6%的学生选择非常同意,这说明大学生生死教育
受到了学校的严重忽视,学校并不清楚生死教育对大学生的重要性。

表 3-6　我觉得没有必要对大学生进行专门的生死教育(N=4914)

生死教育现状	选项	频数 (F)	百分比 (P)	均值 (M)	标准差 (ST)
我觉得没有必要对大学生进行专门的生死教育	很不同意	2246	45.7	2.08	1.210
	不太同意	952	19.4		
	不确定	1086	22.1		
	比较同意	356	7.2		
	非常同意	274	5.6		
	总计	4914	100.0		

由表 3-6 可知,"我觉得没有必要对大学生进行专门的生死教育"题项,有 65.1%的学生选择不同意,仅有 5.6%的学生选择非常同意,这说明绝大多数大学生都意识到对大学生进行专门的生死教育非常有必要。

2.不同变量下大学生生死教育现状的差异分析

(1)性别变量对生死教育现状进行推断统计,即男女两组数据对生死教育现状做独立样本 T 检验,结果显示,男生与女生对生死教育现状存在显著差异($t=13.227$,$df=3071.399$,$P<0.01$),即女生对生死教育现状维度反映出的生死教育需求要高于男生。

(2)学校层次变量对生死教育现状进行推断统计,即专科与本科学校两组数据对生死教育现状做独立样本 T 检验,结果显示,专科与本科高校大学生对生死教育现状没有显著差异($t=-1.267$,$df=432.813$,$P>0.05$),即专科与本科高校大学生在生死教育现状维度具有相同的生死教育需求。

(3)专业变量对生死教育现状进行推断统计,即医学与非医学专业的大学生对生死教育现状做独立样本 T 检验,结果显示,医学与非医学专业的大学生对生死教育现状存在显著差异($t=9.183$,$df=520.356$,$P<0.01$),即非医学专业大学生对生死教育现状反映出的生死教育需求高于医学专业大学生。

(4)是否具有宗教信仰对生死教育现状进行推断统计,即是否信教的大学生对生死教育现状做独立样本 T 检验,结果显示,信教与不信教的大学生对生死教育现状存在显著差异($t=2.808$,$df=4912$,$P<0.05$),即不信教的大学生比信教的大学生在生死教育现状维度上具有更高的生死教育需求。

(5)是否参加过葬礼对生死教育现状进行推断统计,即参加与没有参加过葬礼的大学生对生死教育现状做独立样本 T 检验,结果显示,参加与没有参加过葬礼的大学生对生死教育现状不存在显著差异($t=-0.346$,$df=4912$,$P>0.05$),即没有参加过葬礼与参加过葬礼的大学生对生死教育现状维度反映出相同的生死教育需求。

（6）有无濒死体验对生死教育现状进行推断统计，即是否有濒死体验的大学生对生死教育现状做独立样本T检验，结果显示，有濒死体验与没有濒死体验的大学生对生死教育现状存在显著差异（t=3.766，df=4912，P<0.05），即没有濒死体验的大学生比有濒死体验的大学生对生死教育现状维度反映出更高的生死教育需求。

（7）所属学科变量对生死教育现状进行推断统计，即学科对生死教育现状做单因素方差分析，结果表明，文科、理科、工科、其他学科之间对于生死教育现状存在显著差异（F=35.225，P<0.01），事后分析的多重比较（LSD）结果显示：文科与理科的大学生对生死教育现状存在显著差异，P<0.01，且文科高于理科；文科与工科的大学生对生死教育现状存在显著差异，P<0.01，且文科高于工科；文科与其他学科的大学生对生死教育现状存在显著差异，P<0.01，且文科高于其他学科；理科与其他学科的大学生生死教育现状存在显著差异，P<0.05，且理科高于其他学科。

（8）年级变量对生死教育现状进行推断统计，即年级对生死教育现状做单因素方差分析，结果表明，大一、大二、大三、大四的大学生对于生死教育现状存在显著差异（F=100.899，P<0.01），事后分析的多重比较（LSD）结果显示：大一与大二的大学生对生死教育现状存在显著差异，P<0.05，且大一高于大二；大一与大三的大学生对生死教育现状存在显著差异，P<0.01，且大三高于大一；大一与大四的大学生对生死教育现状存在显著差异，P<0.01，且大四高于大一；大二与大三的大学生对生死教育现状存在显著差异，P<0.01，且大三高于大二；大二与大四的大学生对生死教育现状存在显著差异，P<0.01，且大四高于大二；大三与大四的大学生对生死教育现状存在显著差异，P<0.01，且大四高于大三，也即是大四学生对生死教育现状所表现出来的生死教育需求最高，而大二学生对生死教育现状所表现出来的生死教育需求最低。

综上所述，性别、专业、年级、所属学科、是否具有宗教信仰、有无濒死体验等变量对大学生对生死教育现状维度所表现出的生死教育需求具有差异，而学校层次、是否参加过葬礼对生死教育现状所表现出的生死教育需求不具有差异。

（二）大学生死亡知识需求的调查结果与分析

1.大学生死亡知识需求的描述性统计

表3-7 我对死亡与濒死状况比较了解（N=4914）

死亡知识需求	选项	频数（F）	百分比（P）	均值（M）	标准差（ST）
我对死亡与濒死状况比较了解	很不同意	696	14.2	2.76	1.039
	不太同意	1060	21.6		
	不确定	2144	43.6		
	比较同意	768	15.6		
	非常同意	246	5.0		
	总计	4914	100.0		

由表3-7可知，"我对死亡与濒死状况比较了解"题项，有35.8%的学生选择了不同意，还有43.6%的学生选择不确定，且均值小于3，说明大部分学生对于死亡与濒死并不怎么了解，在传统死亡文化浸染下，对死亡及其印象掺杂了许多不确定、神秘和不置可否要素在其中。

表3-8 我掌握了大量关于死亡的知识（N=4914）

死亡知识需求	选项	频数（F）	百分比（P）	均值（M）	标准差（ST）
我掌握了大量关于死亡的知识	很不同意	934	19.0	2.47	1.025
	不太同意	1614	32.8		
	不确定	1688	34.4		
	比较同意	500	10.2		
	非常同意	178	3.6		
	总计	4914	100.0		

由表 3-8 可知,"我掌握了大量关于死亡的知识"题项,有 41.8% 的学生选择不同意,34.4% 选择不确定,仅有 13.8% 的大学生选择同意,说明大部分学生掌握的死亡知识较少,有较强的学习和掌握死亡知识的需求。

表 3-9　我获得死亡知识的途径很多(N=4914)

死亡知识需求	选项	频数（F）	百分比（P）	均值（M）	标准差（ST）
我获得死亡知识的途径很多	很不同意	842	17.1	2.72	1.158
	不太同意	1336	27.2		
	不确定	1426	29.0		
	比较同意	988	20.1		
	非常同意	322	6.6		
	总计	4914	100.0		

由表 3-9 可知,"我获得死亡知识的途径很多"题项,有 44.3% 的学生选择不同意,29% 的学生选择不确定,26.7% 的学生选择同意,表明多数学生获得死亡知识的途径较少,还有一些学生对于获得死亡知识的途径并不确定。

表 3-10　我从学校课程中学到了大量的死亡知识(N=4914)

死亡知识需求	选项	频数（F）	百分比（P）	均值（M）	标准差（ST）
我从学校课程中学到了大量的死亡知识	很不同意	1430	29.1	2.28	1.096
	不太同意	1522	31.0		
	不确定	1274	25.9		
	比较同意	520	10.6		
	非常同意	168	3.4		
	总计	4914	100.0		

由表 3-10 可知,"我从学校课程中学到了大量的死亡知识"题项,有 60.1% 学生选择不同意,仅有 14% 的学生选择同意,且均值为 2.28,这表明超过一半的大学生并没有在学校课程中学习到死亡知识,也说明需要在学校课程中融入相关死亡知识,或可直接开设生死教育课程。

2.不同变量下大学生死亡知识需求的差异分析

(1)性别变量对死亡知识需求进行推断统计,即男女两组数据对死亡知识需求做独立样本 T 检验,结果显示,男生与女生对死亡知识需求之间存在显著差异(t=7.701,df=3209.180,P<0.05),即女生的死亡知识需求要高于男生。

(2)学校层次变量对死亡知识需求进行推断统计,即专科与本科学校两组数据对死亡知识需求做独立样本 T 检验,结果显示,专科与本科高校大学生对死亡知识需求不存在显著差异(t=-1.049,df=4912,P>0.05),即专科与本科高校大学生具有相同的死亡知识需求。

(3)专业变量对死亡知识需求进行推断统计,即医学与非医学专业的大学生对死亡知识需求做独立样本 T 检验,结果显示,医学与非医学专业的大学生对死亡知识需求存在显著差异(t=10.597,df=4912,P<0.05),即非医学专业大学生的死亡知识需求高于医学专业大学生。

(4)是否具有宗教信仰对死亡知识需求进行推断统计,即是否信教的大学生对死亡知识需求做独立样本 T 检验,结果显示,信教与不信教的大学生对死亡知识需求不存在显著差异(t=-1.049,df=4912,P>0.05),即信教与不信教的大学生具有相同的死亡知识需求。

(5)是否参加过葬礼对死亡知识需求进行推断统计,即参加与没有参加过葬礼的大学生对死亡知识需求做独立样本 T 检验,结果显示,参加与没有参加过葬礼的大学生对死亡知识需求存在显著差异（t=4.112,df=4912,P<0.05），即没有参加过葬礼的大学生比参加过葬礼的大学生有更高的死亡知识需求。

(6)有无濒死体验对死亡知识需求进行推断统计,即是否有濒死体验的大学生对死亡知识需求做独立样本 T 检验,结果显示,有濒死体验与没有濒死体验的大学生对死亡知识需求存在显著差异（t=10.538,df=1522.499,P<

0.05），即没有濒死体验的大学生比有濒死体验的大学生具有更高的死亡知识需求。

（7）所属学科变量对死亡知识需求进行推断统计，即学科对死亡知识需求做单因素方差分析，结果表明，文科、理科、工科、其他学科之间对于死亡知识需求存在显著差异（F=11.385，P<0.01），事后分析的多重比较（LSD）结果显示：文科与理科的大学生对死亡知识需求存在显著差异，P<0.01，且文科高于理科；文科与工科的大学生对死亡知识需求存在显著差异，P<0.05，且文科高于工科；文科与其他学科的大学生对死亡知识需求存在显著差异，P<0.01，且文科高于其他学科。

（8）年级变量对死亡知识需求进行推断统计，即年级对死亡知识需求做单因素方差分析，结果表明，大一、大二、大三、大四的大学生对于死亡知识需求存在显著差异（F=42.435，P<0.01），事后分析的多重比较（LSD）结果显示：大一与大二的大学生对死亡知识需求存在显著差异，P<0.01，且大一高于大二；大一与大三的大学生对死亡知识需求存在显著差异，P<0.01，且大三高于大一；大一与大四的大学生对死亡知识需求存在显著差异，P<0.01，且大四高于大一；大二与大三的大学生对死亡知识需求存在显著差异，P<0.01，且大三高于大二；大二与大四的大学生对死亡知识需求存在显著差异，P<0.01，且大四高于大二。

综上所述，大学生对于死亡知识需求的影响因素包括性别、专业、年级、所属学科、是否参加过葬礼、是否有濒死经历，而学校层次、宗教信仰对大学生死亡知识需求并不产生影响。

（三）大学生死亡态度的调查结果与分析

表 3-11　大学生死亡态度的描述性统计

构成维度	均值（M）	标准差（ST）	总得分
趋近接受	25.1764	8.58993	55942
恐惧死亡	20.5212	6.02197	45598
死亡逃避	14.6769	4.50054	32612
逃离接受	12.1098	4.94359	26908
自然接受	18.5864	4.116110	41299

由表 3-11 可知，大学生趋近接受死亡的均值最大，标准差也是最大，恐惧死亡均值第二，依次为逃离接受、死亡逃避和自然接受，且自然接受的标准差最小，这说明大学生对于死亡的态度以趋近接受为主，大学生在趋近接受死亡呈现的内部差异较大，既恐惧着死亡，又自觉地逃避着死亡。

表 3-12　大学生死亡态度各维度及与总态度的相关系数

构成维度	趋近接受	恐惧死亡	死亡逃避	逃离接受	自然接受	死亡态度
趋近接受	1.000	1.000				
恐惧死亡	0.493**					
死亡逃避	0.420**	0.744**	1.000			
逃离接受	0.740**	0.371**	0.289**	1.000		
自然接受	0.140**	0.126**	0.152**	0.090**	1.000	
死亡态度	0.864**	0.780**	0.716**	0.743**	0.352**	1.000

注：$P** < 0.01$。

由表 3-12 所知，大学生死亡态度与趋近接受、恐惧死亡、死亡逃避和逃离接受呈现高相关，相关系数在 0.716~0.864 之间，且以自然接受呈现低相关，说明大学生对于死亡并不是持自然接受的态度，而是印证了表 3-11 所呈现的结果，以趋近接受为主，在内心既对死亡有着深深的恐惧，又在极力地逃离和逃避着死亡。在死亡态度各维度之间，恐惧死亡与死亡逃避相关系数为 0.744，而趋近接受与逃离接受相关系数为 0.740，这也又一次说明大学生死亡态度在趋近接受死亡的态度中蕴藏着恐惧与自觉的逃避。

综上,由表3-11与表3-12可知,大学生死亡态度以趋近接受为主,但内部呈现差异较大,多数大学生在趋近接受死亡的态度中,内心的深处蕴藏着对死亡的恐惧及对死亡的逃避和逃离,这说明大学生普遍具有较强的生死教育需求,生死教育的目的就是要使大学生降低死亡恐惧,正视死亡而不是无可奈何地逃离接受或者痛苦地逃避接受,不仅仅是趋近接受,而是要在这种直视死亡、接受死亡的态度中向死而生,向死而在。

(四)大学生生死教育需求的调查总结

第一,从生死教育现状来看,大多数学生认为自己不太了解生死教育,所在高校忽略了生死教育,没有具备良好生死教育的条件和环境,开设生死教育课程较少,缺乏对生死的教育,但大部分学生认为很有必要对大学生进行生死教育,这表明大学生对于生死教育现状的不满意,具有很强的生死教育需求。性别、专业、年级、所属学科、是否具有宗教信仰、有无濒死体验等变量对大学生对生死教育现状维度所表现出的生死教育需求具有差异,而学校层次、是否参加过葬礼对生死教育现状所表现出的生死教育需求不具有差异。

第二,从死亡知识需求来看,大部分大学生在高校课程中获得和掌握的死亡知识很有限,且获得死亡知识的途径较少,对于死亡与濒死状况具有想去了解的动力,这说明大学生有较强的死亡知识需求,而影响大学生死亡知识需求的因素有性别、专业、年级、所属学科、是否参加过葬礼、是否有濒死经历等方面。

第三,从死亡态度来看,根据实证调查结果,大学生对死亡的态度以趋近接受为主,但内部呈现差异较大,趋近接受中掺杂了恐惧、逃离与逃避的心理。多数大学生在趋近接受死亡的态度中,内心的深处蕴藏着对死亡的恐惧及对死亡的逃避和逃离，这说明大学生普遍具有较强的生死教育需求。大学生生死教育就是要降低大学生对死亡的恐惧，使他们直面并正视死亡，促进大学生生命成长和个体发展，实现自我价值和生命意义。

综上，从当前大学生生死教育现状、大学生死亡知识需求和大学生死亡态度等方面对大学生生死教育外在需求进行实证调查，发现大学生对当前生死教育缺失状况不太满意，具有较强的死亡知识需求，大学生死亡态度以趋近接受为主，且内部呈现差异较大，在趋近接受死亡的态度中，内心深处蕴藏着对死亡的恐惧及对死亡的逃避和逃离，总体来说，从以上三方面反映出大学生具有较强的生死教育需求。

本章小结

本章从内在与外在需求对大学生生死教育需求进行理论与现实考察。

首先，人的生命本能与死亡本能之间存在持续的内在互动，生命本能与死亡本能内在互动的重要载体是人的身体。个体终其一生都在为供养身体竭尽全力，身体意味着欲望，恐惧来源于身体死亡。死亡意识具有内在与外在两种来源，内在来源主要在身体，外在来源主要在自我及自我经验，人们自觉地对死亡意识及其产生的恐惧进行有意抑制，形成两大类抑制策略即有意抑制与无意抑制策略，生死教育是在死亡意识抑制与唤醒之间保持一定张力，将过度抑制的死亡意识及恐惧重新唤醒，构建生命意义，实现人生价值。

其次，死亡作为人类内心最深的恐惧，对抗与减少死亡恐惧在根源上支配和左右着人类的行为。人类行为的根本动机源于自尊与优越感，从赖以生存的自尊需要和孜孜以求的个体优越感中窥见英雄主义的奥秘，其内在的最高目的是拒斥和否认死亡。超越死亡是为实现英雄主义，是人类存在与持续发展的根源,是寻求不朽体系,践行英雄主义的持续过程。超越死亡是生命实现的过程,从被动反应到主动作为、从寻求意义到实现意义的活出自我,充实生命的过程,通过在不朽体系中寻求人生意义,能够让个体安身立命,实现为之奋斗终生的生活目标。

再次,自尊是人的发展的基本需要和坚实基础,也是保证人类持续生存与发展的条件。个体为意义奋斗的过程即为个体发展的过程,自尊提供意义的建构,而意义支撑着自尊的获得。意义意志是生命意义的原始促动力和个体发展的动力。生命境界是个体发展的最终追求,但生命境界的跃升不能离开现实生活而实现,是基于现实生活的。生死教育通过对死亡的思考,展现生命的有限性,让局限生活层次的个体跃升到生命层次,提升个人生命境界,实现个人充分发展。

最后,对大学生生死教育进行实证调查,大部分大学生在高校课程中获得和掌握的死亡知识很有限,且获得死亡知识的途径较少,对于死亡与濒死状况有想去了解的动力;多数学生认为自己不太了解生死教育,所在高校忽略了生死教育,没有具备良好生死教育的条件和环境,开设生死教育课程较少,但大部分学生认为很有必要对大学生进行生死教育;大学生对死亡的态度以趋近接受为主但内部呈现差异较大,在趋近接受死亡的态度中,内心蕴藏着对死亡的恐惧及对死亡的逃避和逃离,以上都说明大学生普遍具有较强的生死教育需求。

第四章　向死与善生：大学生生死教育目的的审思

目的指明方向，目的提供依据。生死教育要达到哪些目的，这可能是实施生死教育最先应该明确的事。只有事先确定生死教育要达到的目的，在实施生死教育过程中才能有的放矢，才能获得更好的教育效果。但我们谈论教育的目的时，往往指称的是教育目的、培养目标、课程目标、教学目标等目的体系，因而需要清楚的是在哪一个层次来探讨教育目的。生死教育目的是指受教育者所要达到的总体要求，而培养目标则是在各级各类学校实施生死教育具体要达到的目的，因为生死教育是一种通识教育，旨在培养具有健全心智、批判思维、高尚品德、生活幸福的人。从这个意义上来说，生死教育目的等同于学校生死教育培养目标。从课程论视角来看，生死教育课程目标是培养目标的具体化，开设任何一门课程都是为承担和实现培养目标中相应的具体目标，而教学目标则是课程目标的进一步具体化，是课堂教学和教学评价的依据，在每节课或每个单元的教学过程中得到体现。

从总体要求和较为抽象的意义来说，实施生死教育的最终目的是为了超越死亡。但是人们对某一事物缺乏认知,何谈超越? 超越意味着完全的了解,并伴之以勇气、意志和持之以恒的行动。所以要达到超越死亡的目的,对死亡必须具有充分认识, 积极的情感体验及在此基础上合理的行为选择与外在表现。根据布鲁姆教育目标分类理论,本书认为要达到超越死亡的最终目的,需要经历认识死亡(认知领域)、体验死亡(情感领域)、练习死亡(动作技能领域)三个阶段。需要指出的是,这三个阶段并不是递进的关系,在认识死亡时可能也包含某些对死亡的情感体验, 在体验死亡时往往也是对死亡的一种练习,认识、体验和练习死亡有时是并列进行的,有时呈现跳跃式的进程。

从具体要求和较为具体的目标来说,生死教育具体目的就是向死善生。根据生死教育认识死亡、体验死亡、练习死亡和超越死亡的总体目的,生死教育课程目标具体表现为改变死亡态度、降低死亡焦虑、主动而持续的生命成长和提升生命质量等。大学生生死教育目的与生死教育课程目标是抽象与具体、一般与特殊的关系,本章主要就生死教育目的具体层面,探讨生死教育课程目标,并辅之以对大学生生死教育的实证调查。

一、死亡态度与生死教育目的

(一)死亡态度的概念

国外自 1936 年始就开始对死亡态度进行研究,20 世纪 50 年代死亡态度成为心理学的重要研究领域,逐渐走向科学化并开始迅速发展,取得了一系列重要的研究成果。死亡态度研究主要集中于两方面:一是死亡态度的概念及其结构,二是死亡态度的测量及其量表。经过几十年的研究与发展,无论是死亡态度的概念及其结构, 还是死亡态度的测量及其量表都已经发展得相当成熟,在死亡态度的研究过程中死亡态度量表发挥了重要作用。从雷斯特(Lester,1967)编制的"死亡恐惧量表"(The Collect-Lester Fear of Death Scale, FDS)到特姆布尔(Templer,1970)编制的"死亡焦虑量表"(The Death Anxiety Scale, DAS),关注的是消极的单维的死亡态度,并将死亡恐惧与死亡焦虑等同于死亡态度。随后迪克斯腾(Dickstein,1972)编制的"死亡关切量表"(The Dickstein Death Concern Scale, DCS)将死亡态度的内涵分为在意识上思考过死亡和对死亡的负面评价两个层面,[①]L.D.纳什(L.D.Nelson 和 C.C.纳什(C.C.Nelson,1975)编制的 "四因素死亡态度量表"(Four Factor Death Scale)主要测量死亡态度的逃避死亡、恐惧死亡、否认死亡、愿意与濒死者沟通四个方面内涵,[②]库路格(Klug)和布斯(Boss)(1976)编制的"死亡接受问卷"(Acceptance of Death)主要是为了解人们对死亡的接受程度,[③]这些量表从不同维度和视角对死亡态度进行研究,开始抛弃死亡态度单一维度的结构,对死亡态度有了深入的思考与认识。目前学术界对于死亡态度量表广泛接受采用的是 1987 年宏恩(Wong)、瑞克(Reker)和杰斯尔(Gesser)所编制的"死亡态度描绘量表"(Death Attitude Profile, DAP—R)包括五个维度的死亡态度修订后的测量量表:死亡恐惧(7 题)、死亡逃避(5 题)、自然接受(5 题)、趋近接受(10 题)、逃离接受(5 题),共 32 题。[④]

在死亡态度量表发展过程中,死亡态度的结构逐渐清晰,而对于死亡态度的具体定义在各研究者中间并没有形成统一共识。态度(attitude)是一个

---

① Dickstein, L. S. Death Concern: Measurement and Correlates〔J〕.Psychological Reports,No.2, 1972, p.564.

② Nelson, L.D.& Nelson, C.C.A Factor Analytic Inquiry into the Multidimensionality of Death anxiety〔J〕.Omega,No.6, 1975, p.175.

③ Klug, L.F.& Boss, M.F. Factorial of Structure of the Death Concern Scale〔J〕. Psychological Reports,No.1, 1976, p.4.

④ Wong,P.T.P., Reker,G.T.,Gesser,G.Death Attitude Profile Revised: A Multidimensional Measure of Attitude Toward Death〔M〕.Washington:Taylor & Francis,1994, pp.121-148.

心理学的概念，一般是指个体对特定对象稳定的具有倾向性的复杂评价系统，包括认知、情感、行为三方面因素，而死亡态度是指个体对特定对象"死亡"的一种态度，"死亡"现象本身的复杂性和特殊性导致死亡态度定义难以形成统一的认识。许淳惠（2002）认为死亡态度包括认知、情感、行为三个主要成分，其中认知成分是指对死亡有关的事实和知识的认知；情感成分主要是个体对于死亡的情感、情绪及个体对它的评价；行为成分主要是个体对于死亡所预备采取的行动倾向或反应。蔡明昌（2005）指出，死亡态度包括一般人对死亡与濒死的各种情绪倾向与评价、对自己及他人死亡与濒死态度的反应。陈四光（2006）认为死亡态度有三层含义：对于死亡事件主观的多维度的感受和信念；具备情感、认知、行动三种成分；死亡态度无法被完全了解但可以间接地被测量。王申（2009）认为死亡态度是指人们对于死亡现象不同的评价、行为倾向和情绪反应，包括对于死亡的焦虑、恐惧、逃避、否认、威胁、害怕、接受、好奇、关切等各种态度。周宏岩、王伟、徐洁（2011）指出死亡态度一般分为正向和负向两种，正向态度指对死亡的接受和趋近，负向态度指对死亡的逃避和恐惧。[①]黄启峰（2012）认为死亡态度是在探究生死问题时对身边具体的人、事物以及抽象的包括观念、思想、经学习而得的人格特质等，具有一致性和持久性，且能够测量包含负向的关切态度和正向的接受态度。

综上所述，本书将死亡态度界定为个体对死亡现象稳定的具有倾向性的复杂评价系统，具有认知、情感和行为三种成分，可以被间接地测量，且通过对死亡及其相关知识的学习、思考和练习可以被改变的个性心理特征。

（二）死亡态度的表现

在城市闹市区建坟墓，或漫步于墓园，或在墓园长椅上阅读与思考，把

---

① 周宏岩,王伟,徐洁.大学生死亡态度的调查分析[J].中国青年研究,2011 年第 11 期。

墓园当成一种休憩和学习的场所,这在我们看来简直难以想象,但在欧美国家是不争的事实,甚至作为一种历史文化现象,某些名人墓地或墓园已经成为著名的旅游景点,如俄罗斯的新圣女公墓、意大利的圣司提反教堂圣徒墓等。与西方国家不同的是,我们在重生讳死的传统死亡文化里成长,对于死亡现象或死亡概念很容易就有了严肃而不安的某种生活体验,自然地习得了大量的死亡知识,彼此心照不宣却又心领神会,把死亡看成是令人讨厌的东西,小心翼翼不敢越雷池半步,几乎形成了对待死亡一致的相同的态度。

1.认知上忌讳与轻视

从死亡态度的认知成分来说,我们对于死亡既是忌讳又是轻视的。首先,对于死亡的忌讳,从汉语中对死亡的别名数量就可略窥一二。在龚延明《古代"死"的别名》一文列举 67 个死的别名的基础上,吕友仁、冯好杰两名学者对死的别名重新进行了梳理研究,增补到 186 个别名,他们指出为了避开"死"这个字眼儿,我们的祖先真可谓是搜肠刮肚,尽其能事。①著名语言学家王力先生谈及委婉语时就指出在汉语中关于"死"的别名最多。这反映了人们如何处理和对待脑中升起来的死亡意识,忌讳谈论死亡的态度及其程度可见一斑。其次,现实生活中死亡基本上不被我们接受,也不太想去认识、了解和思考,死亡被我们有意地轻视,被当作是毫无价值的非常消极的东西。在家庭生活中,孩子因好奇而言说或询问死亡现象及其相关问题时,父母通常是制止和责备这种行为,他们的表情与言行足以让孩子知道,死亡是极其不好的事物,孩子就是在这样的环境下形成死亡概念的。

2.情感上厌恶与畏惧

从死亡态度的情感成分来说,我们既厌恶着死亡又畏惧着死亡。在认知上对死亡的忌讳与轻视,进而导致了我们在情感上对死亡的厌恶与畏惧。首

---

① 吕友仁,冯好杰.《古代"死"的别名》补遗[J].河南师范大学学报,1994 年第 5 期。

先,"生"意味着拥有、光明、享乐,是世上一切价值的载体,"死"意味着失去、黑暗、痛苦,意味着剥夺人们现在拥有一切,尽管乐生恶死可能是人的天性,但对死亡的忌讳、轻视和缺乏思考,也进一步加重了人们乐生恶死的心理特征和情绪反应。其次,从认知上对死亡的轻视与缺乏认识到情感上乐生恶死,最后形成我们对死亡的畏惧心理,畏惧导致人们产生各种想象与幻想,进一步使死亡妖魔化和神秘化,这是一个不断累积的恶性循环。如先哲所言恐惧来源于无知,假如我们对于死亡存在具有完全的知识,达到完全的理解,我们就不会对死亡感到畏惧。

3.行为上远离与逃避

从死亡态度的行为成分来说,从认知上的忌讳与轻视到情感上的厌恶与畏惧,直接影响到我们行为上对死亡的远离与逃避。首先,忌讳死亡形成了一种死亡体验和死亡观念,凡是跟死亡有关的事物都是不吉利的、令人生厌的,于是在社会生产及实际生活中我们会自动远离有关死亡的场景,如不太敢去坟地、害怕一个人晚上出门、把殡仪馆建在城市偏远的郊区等。其次,直到生命临近结束,我们还在竭力逃避着死亡,逃避死亡基本成为我们日常行为的标准化反应。常见现象是家属和医生联合起来隐瞒病情,表面上装作若无其事,安慰患者说很快就会好起来,背后却以泪洗面,悲痛万分;而患者则隐约感到自己生命末期的到来,那种即将逝去的存在孤独与临终心理,既没有倾诉对象也不知道如何跟别人倾诉,由此引发无法处理的临终痛苦、焦灼和烦乱,直到末期病人孤独离世,生者与死者都没有直面生命的终点——死亡。因为逃避死亡,生者与死者缺乏正常的沟通与交流,死亡就像是一块遮羞布横在生者与死者之间,生者与死者来不及道别、道谢、道歉、道安,致使生死有憾,生死两不安,因为逃避死亡减少了临终病人与家属告别的时间,降低了生命末期的生活质量和死亡尊严。

(三)死亡态度的改变

生死教育的第一个目的就是要促使个体在认知、情感、行为上对死亡态度发生改变。但这种改变并非一朝一夕、一蹴而就之事,死亡观念的根深蒂固与死亡文化的浸染增加了个体改变死亡态度的难度,个体对待死亡态度受制于集体对待死亡的态度,实际上,我们对抗的是一种浸入骨子里的死亡文化,特别是现代社会死亡文化变迁背景下人们对待死亡所表现出来的传统死亡观念及其态度。除了死亡观念和成长的文化环境外,影响个体死亡态度的因素有很多,比如年龄、性别、宗教信仰、生理、心理、职业及个人生活经历等。在现代社会死亡文化变迁大背景下要改变个人对待死亡的态度,生死教育的首要任务即是要改变个体的死亡观念和对死亡的认知。如上所述,死亡的认知会直接对情感、行为产生影响,反过来,死亡的情绪体验、行为选择又能加深和巩固个体的死亡认知。死亡态度的认知、情感、行为三种成分相互作用,互相制约,但死亡认知是居于改变死亡态度的核心关键地位,生死教育需要把握死亡认知的统领作用,更应注意认知、情感与行为三者之间的作用关系。

1.改变认知上忌讳与轻视死亡的死亡态度

死亡是世界上再自然不过的事情,从早上出生晚上便死去的飞虫到一岁一枯荣的小草,再到千年不死、死后千年不倒、倒后千年不腐的胡杨,生命每时每刻都在向着死亡迫近,任何一个生命来到世界上最终都会遭遇死亡,所不同的是它们各自生命的长短和存在的意义。死亡从古至今都在这世界上演,生死流转,无物永恒,这是宇宙世界和人类社会颠扑不破的自然规律,正如西藏著名僧人索甲仁波切所说,如果死亡只出现一次,我们就没有机会认识它。但幸运的是,生命就是生死共舞,无常律动。每当我听到山溪奔腾、浪涛拍岸,或自己的心跳声,宛如遇到无常的声音。这些改变,这些小死亡,都是我们活生生地在和死亡接触。①

据说,从原始社会到现代社会,人类大概有850亿个生命经过死亡,即使传说中国最长寿的活了800岁的彭祖也要面临生命的终止,因为死亡是个体生命的必然归宿,是每个人都会经历的生命阶段,每个人都必须认真去面对而不是忌讳和轻视。圣·奥古斯丁说:"唯有面对死亡之时,一个人的自我才真正诞生。"蒙田则认为我们的房间应该要有一扇可以俯视墓地的窗户,它会让一个人头脑保持清醒。生死教育是要转变个体忌讳与轻视死亡的态度,只有把死亡当作一种存在去认识,了解死亡究竟是一个怎样的存在,从死亡的视域去观察与感受生命,才能在直面和接纳死亡的过程发现生命的意义,才能不断去反思生死价值,才能认识到死亡是生命的催化剂。死亡的必然性说明了生命的有限性,这种有限性要求个体不断去追问生命的意义,生死教育就是要促进个体建构起生命的意义,激发生命潜力,活出自我,实现生命价值。

2.改变情感上厌恶与畏惧死亡的死亡态度

死亡意味着生命的终结,没有一个人会喜欢死亡,每一个正常的人都不会主动放弃自己的生命,可以这样说,乐生恶死是人类的天性,厌恶与畏惧死亡基本上是人们的自然反应,生死教育并不是要改变人们这种乐生恶死、畏惧死亡的天性,而是要在理性思考死亡与认知死亡的过程中,试图在情感上降低或改变厌恶与畏惧死亡的态度。生死教育使个体在情感上能够接受死亡,重视死亡带给个体的生命体验,勇于谈论,敢于言说死亡而不是忌讳;坦然面对和处理相关死亡事件,在情感上减少畏惧,能够正视死亡而不是厌恶。

---

① 索甲仁波切.西藏生死书[M],郑振煌,译,杭州:浙江大学出版社,2016年,第40页。

3.改变行为上远离与逃避死亡的死亡态度

采取鸵鸟策略，把头深埋起来，以为这样不闻不问死亡就不会出现，这种对死亡的认识非常肤浅，一旦在遇到相关死亡场景或情境时，死亡恐惧便油然而生，由此衍生出的在行为上远离与逃避的死亡态度在社会上处处可见。如我们日常言说中不小心说到"死"字会自觉地"呸……呸……"；讨厌"4"这个字，因为与"死"谐音，以至于商品房中没有 4 层，电话号码、车牌号都避免"4"的出现，就为图个吉利。这种现象与行为在现实生活中有时可谓是啼笑皆非，为了远离和逃避死亡已经到了迷信与失去理性的地步。生死教育并不反对在某些正式社会场合慎说死亡的礼节性行为，而是企图使受教育者直面和正视死亡，自觉地去反思这种远离与逃避死亡的现象，理性探讨和揭示这种远离与逃避死亡行为后面的深层影响因素，改变远离与逃避死亡的死亡态度，积极反思死亡的意义和活着的价值，为实现精彩充实而完满的人生提供条件。

实施生死教育就是为了改变个体的死亡态度，个体死亡态度与整体死亡文化密切关联，个体现有的死亡态度会受整体死亡文化的影响，而随着国民死亡态度的不断改变，整体死亡文化亦会有相当大的变化。通过生死教育课程实施生死教育，课程实施的过程同样也会受到整体死亡文化的制约。生死教育课程的实施，一方面要使受教育者在认知、情感与行为等方面改变其对待死亡的态度；另一方面，随着生死教育课程实施及推广，整理和挖掘符合现代社会发展的传统死亡文化思想，不断改变个体之死亡态度，从少到多，从局部到整体，在累积效应中以期能够改善和提升死亡文化，以便适应现代社会死亡文化的发展需要。

二、死亡焦虑与生死教育目的

(一)死亡焦虑的界说

依上可知，死亡焦虑与死亡恐惧原本就是死亡态度量表里的两个主要维度，有些研究者根据研究需要甚至将死亡焦虑与死亡恐惧等同于死亡态度(Templer,1970)，但当讨论生死教育目的时，还是很有必要对死亡焦虑、死亡恐惧、死亡态度进行严格区分与界说。死亡焦虑与死亡恐惧都是死亡态度结构中情感与心理成分的重要内容，死亡态度不仅仅包括死亡焦虑与死亡恐惧。死亡焦虑与死亡恐惧，如果不是强调两者的特殊意义或在特定语境下，两者基本上可以等同和互用，都表示个体面对和处理死亡及其事件时表现出一种害怕与不安的心理状态。它们之间的区别在于两者对死亡的害怕与不安的程度，死亡焦虑要低于死亡恐惧。此外，齐克果也对死亡恐惧与死亡焦虑进行了区分，认为死亡恐惧是害怕某种事物，而死亡焦虑是害怕没有事物，没有事物并不是指事不关己，人对于丧失自己或成为无物而感到焦虑，这种焦虑是无法定位的，如罗洛·梅所说，它会从所有方面攻击我们。[①]一般来说，死亡焦虑具有本源性、普遍性、隐藏性和抽象性，而死亡恐惧具有显现性、具体性、特殊性和情境性等特征。本书之所以使用死亡焦虑一词来说明生死教育目的：一是因为死亡焦虑对于死亡的害怕与不安程度较轻，从发生对象上说，较之死亡恐惧更具有普遍性；二是死亡焦虑更多地指向生命的终结，其发生机理较容易在现实生活和社会活动中隐藏和伪装起来，较之死亡恐惧，死亡焦虑对人们的行为具有本源性和终极性的影响。

---

① [美]欧文·D.亚隆.存在主义心理治疗[M].黄峥等，译.北京：商务印书馆，2016年，第47页.

　　何谓死亡焦虑? 死亡焦虑是指对即将到来的或者终将到来的死亡产生的害怕、不安和纠结的情绪和心理状态。死亡焦虑通常具有外显与内隐两种表现形式。外显的死亡焦虑会直接显现在身体和情绪的变化上,如一个人一想到死亡就会出现头晕、心慌、发抖、冒冷汗、呼吸急促等身体的不适反应,严重者会影响正常的生活秩序,比如晚上焦虑得睡不着觉,喝水担心被呛水,出门害怕被人追杀,走在路上怕被车撞等,这种外显的死亡焦虑常常是自我能够觉察到的;内隐的死亡焦虑会隐藏在其他事件当中,比如工作被辞退、朋友的远离、家庭矛盾和人际关系问题等,个体会将各种情绪和身体上的不适症状都归于上述事件,实际上真正的焦虑源头在于上述事件激起了个体的死亡意识,产生了死亡焦虑或者是生活经历当中某些死亡事件,如脸上一天天衰老的皱纹、亲人朋友的离世等在心中埋下了死亡恐惧的种子,这种内隐的死亡焦虑不易察觉,它通常会被心理防御机制进行转化、置换处理,以保证死亡焦虑不会过分困扰人们,而且它是普遍存在于每一种焦虑理论和焦虑状态中的,这是人类的一种最原始的焦虑。

　　正如欧文·亚隆所说,死亡其实并非"不痒",它始终跟随着我们,悄无声息地敲打着我们的内心之门,深深地潜藏在那无意识深处。死亡焦虑通过隐藏和伪装,转化成各种症状,它正是我们所体验到的诸多困扰、压力和内心冲突的源泉。死亡焦虑是人生的背景音乐,只是在一些时候,它被别的声音掩盖了,或者变形为其他种种东西,比如沉溺享乐、冒险、献身、抚育后代、艺术创造等。人们自觉或不自觉地用种种方式,与人之必死所带来的恐惧作斗争。这斗争的成功,带来的不是不死,而是死得坦然和平静。而斗争失败的标志,就是对死亡的恐惧更加强烈。如果能够将死亡焦虑转化成生命的正向力量,成为生命充分铺展开来的一种动力源,必定会促进个体生命的持续成长,最终消解死亡焦虑,提升生命质量;但如果死亡焦虑转化成负向的消极力量,长期处于这样一种焦虑状态下会影响个体发展与生命成长,最终可能会造成严重的心理与精神疾病。生死教育一方面要充分挖掘将死亡焦虑转化成生命正向力量的发生机制,寻求生命意义,降低死亡焦虑;另一方面要消解死亡焦虑给个体带来的消极影响和负向力量,通过正向引导,促进个体身心健康发展。

(二)死亡焦虑的类型

死亡焦虑除了具有外显与内隐的两种表现形式外,还具有不同的类型。罗伯特·朗斯区分了三种类型的死亡焦虑:掠夺性的死亡焦虑、掠食者的死亡焦虑、存在主义的死亡焦虑。

第一,掠夺性的死亡焦虑是最基本和最古老的死亡焦虑类型,是指人们处于各种危险处境中害怕生命受到伤害而引发的死亡焦虑,这种类型的死亡焦虑会调动个人的适应性资源,形成一种自我保护的反应机制,以增加在面对化学和物理形式的攻击或危险时存活的可能性。掠夺性的死亡焦虑的发生通常是个体处于危险之中或威胁到一个人的生存时,导致一种战斗或逃跑反应,积极努力对抗危险或试图逃离这种威胁。如果成功应对这种掠夺性的死亡焦虑,会降低个体对死亡的恐惧,如果应对失败,则会形成身心创伤,这种创伤可能会影响个体终身发展。

第二,掠食者的死亡焦虑是指当一个人伤害另一个人的身体、人格、尊严、精神等时所引发的死亡焦虑,这种类型的死亡焦虑往往会伴随着无意识的罪恶感和内疚感,从而又激发和鼓励对他人造成伤害的个体做出各种决定和行动。最典型的例子是电影《泰坦尼克号》中面临沉船时,维护秩序的那个警察在迫不得已开枪杀人之后,马上又举枪自杀。实际上,这种现象在现实生活中经常可见,如辱骂别人和大发脾气之后内心的自责感和内疚感,都属于这种掠食者的死亡焦虑。

第三,存在主义的死亡焦虑即是指个体生命终究需要面对死亡终结而产生的根本性焦虑,存在主义的死亡焦虑被认为是最强大最普遍的焦虑类型,这种焦虑源于死亡意识(自我意识)的唤起,语言、对自我和他人相区别的认识、自我认同感和与死亡有关的生活经历都为存在主义的死亡焦虑的发生创造条件。

雅克·柯隆将人们对死亡的恐惧归纳为三种类型——对死后情形、临终情形和生命终结的恐惧。

第一,对死后情形的恐惧是指不知道死后会以什么样的形式存在、不知道灵魂会去哪里、死后真的什么都没有了等方面,也即是说如果知道死后去处可能会降低死亡恐惧;第二,对临终情形的恐惧是指不知道临终时会发生什么、临终会不会很痛苦、是否会感到孤独等方面,也即是说如果清楚临终时身体会发生什么状况,同样也会降低对死亡的恐惧;第三,对生命终结的恐惧是指对个体生命结束与消亡而产生的恐惧。罗伯特·凯森鲍姆指出,前两种是与死亡有关的恐惧,只有第三种恐惧——"生命的终结"(结束、消亡、毁灭)才是更核心的死亡恐惧。①对生命终结的恐惧与上文存在主义的死亡焦虑,实际上是同一种死亡焦虑,都是对生命终结与消亡的具有普遍性和根本性的死亡焦虑。在现实生活中,不管是哪种类型的死亡焦虑,都能直接作用于身体、心理和精神等方面,如果这些死亡焦虑没有进行消解、转化、升华必定会对个体发展产生消极影响。

(三)死亡焦虑的消解

作为人生的背景音乐,潜藏于个人身上最深层的死亡焦虑,如果得不到消解、转化和升华,在个人经验和精神世界里不断淤积起来,当死亡焦虑的力量足够大时就会影响个人身心健康发展,破坏正常的生活秩序。消解、转

---

① [美]欧文·D.亚隆.存在主义心理治疗[M].黄峥等,译.北京:商务印书馆,2016 年,第 47 页。

化和升华死亡焦虑是实施生死教育的主要任务,也是生死教育的目的。消解死亡焦虑的方式有很多,有人沉迷于物质享乐,有人委身于美色,有人醉心于权术,但欧文·亚隆说:我一再发现,体验到深刻意义的人生活得更为充实,面对死亡时比缺少意义的人更少绝望。可见,意义感是消解死亡焦虑的解药,对死亡的恐惧常常与人生虚度的感觉紧密相关,越不曾真正活过,对死亡的恐惧也就越强烈,这是欧文·亚隆在他的著作中一再强调的主要观点。

如何使个体构建自我意义,有价值地生活,让生命过得充实,这是消解死亡焦虑的关键,也是实施生死教育的主要任务。消解死亡焦虑并不是生死教育的最终目的,其目的是要让死亡焦虑这种最深沉的生命力量得到转化与升华,构建意义并专注于意义事件本身,完成意义事件的同时也实现自我价值,这与死亡焦虑的消解、转化与升华是一体两面的。如果把寻求意义感,把握好生命中觉醒体验,意识到生命意义看作是消解死亡焦虑的解药,那么从意义感中走向行动,从生命觉醒体验中回归日常生活,使生活精彩,让生命充实起来,充分实现自我价值和人生意义,这就是对死亡焦虑的转化与升华。生死教育专注于死亡焦虑这种力量的转化与升华,试图挖掘出更多的个体潜能,为实现个体发展和生命价值而努力。除此之外,让生命得以延续如抚养后代,建立亲密关系,建功立业,行"三不朽"等都是消解、转化和升华个人死亡焦虑的路径。但对死亡焦虑的消解也是自有其限度的,如果个人一旦完全失去了对于死亡的恐惧与焦虑,没有生命的紧迫感、没有时间的流逝感,岁月悠长,依然故我,个体将失去发展的动力,这倒像是走到了另一个极端。

三、生命成长与生死教育目的

（一）何谓生命成长与觉醒体验①

成长与发展不同，成长是一个褒义词，而发展是一个中性词；成长是整全的，整体提升的，而发展是部分的，部分发展才能引起全面发展；成长的对象是生命、心灵和精神，而发展的对象是身体、能力和技术；成长的最高目标是觉醒与觉悟，而发展的最高目标是能力与技能。之所以要注重区分成长与发展的概念，是因为生死教育的目的针对的是整全的生命，而不是局部的身体发展，是精神境界而不是能力与技术的提升。生死教育把促进生命成长作为其最重要目的，通过探讨死亡问题来反思生命意义，力求做到生死互渗、生死一体、生死两安，也即生死教育把生死关系与生死问题作为一个整体来考察，而不是现实社会中割裂生与死之关联，造成片面地错误地看待生死关系与生死问题。

何谓生命成长？何谓觉醒体验？生命成长与觉醒体验之间有什么关系？从生命纵向上来说，如果把生命成长看作是生命层次的跃升，那么觉醒体验将直接促成这种生命层次的跃升；从生命横向来说，如果把生命成长看作是生命意义的发现，那么觉醒体验的发生将意味着生命意义的发现。觉醒体验就是在有死的生命前提下，将关注日常琐事的生存模式转变为个体本真的生存模式，这个本真的生存模式就是向死而生，向死而在，就是把死亡先行纳入生命的尽头，如达摩克利斯之剑悬挂在生命的当下。生命成长是在生命整全与生死整体意义上发生的，脱离过去原有的生活模式，完全在觉醒体验

---

① 觉醒体验是由著名存在主义治疗心理专家欧文·亚隆提出，一般是指存在觉知引发出来的重要个人改变。

的推动下，一方面促成生命层次的跃升，另一方面构建和发现新的生命意义，进而促进个体生命的成长。觉醒体验能把人们从日常琐事中拉出来，拉进本真的生命存在，这个本真的生命存在是与死亡相关联和相纠缠的。觉醒体验之所以能够促进生命成长，就在于觉醒体验往往是在死亡事件的逼迫下或死亡焦虑情绪唤起而发生的。

(二)生命成长的主要影响因素

生命成长有哪些影响因素，这是生死教育需要探究的重要问题，因为只有清楚生命成长的影响因素才能更好地实施以促进生命成长为目的的生死教育。由于个人觉醒体验会直接促成生命成长，觉醒体验的发生肯定会促成生命成长的发生，但生命成长不一定会有觉醒体验。也即是说除了觉醒体验会促成生命成长，还有其他途径也可以促进生命成长的作用。

当我们探究生命成长的影响因素时，实际上是在问个人觉醒体验是怎样发生的。根据欧文·亚隆的观点，一些重大生活事件常常能够引发觉醒体验，这些事件常常包括丧失身边亲爱的人、患有危及生命的疾病、亲密关系的破裂、一些重要的生命里程碑，如五十、六十、七十大寿等；以及重大创伤，如遭遇火灾、强奸、抢劫等；子女离家(空巢期)、失业或更换职业、退休、搬至敬老院和能够传达内心深处讯息的有影响力的梦、悲痛与丧失、重大决定、遗产安排和重要聚会等。这些重大生活事件引发的觉醒体验都能不同程度地促进个体生命的成长，如果细察这些生活事件，我们会发现它们几乎都与死亡意识、死亡焦虑及存在性孤独与恐惧密切相关，正是死亡意识的唤起、死亡焦虑与恐惧的发生，促使个体在生命紧迫及有限性中重新思考生命的意义，重新规划剩下的生活，在与死亡焦虑与恐惧的遭遇下突然醒悟，促成自我觉悟和生命成长。

除了上述重要生活事件所引发的觉醒体验促进生命成长以外，还有一个重要影响因素会促进生命成长,那就是自我探索。自我探索开发的是先天般若智慧,通过开显智慧来提升生命境界,它本身具有明显的个体差异性,自我探索主要包括对自我及其生命的探索两个方面,正如尼采所说,面对有根本缺陷的人生竟然不发问,这是可耻的。每个人的自我探索能力及其关注点各不相同,对自我的探索一般是在认知结构、价值观念、兴趣爱好、反思能力、人格特质、使命与身份、目标与愿景等方面,但自我探索是如何促进生命成长的? 著名哲学家周国平说人生的问题分为两个层面。一是现实的烦恼,比如生存的压力、利益的得失、爱怨的困扰等。二是永恒的困惑,就是生死之惑,对生命终极意义的追问。[①]有人始终陷在现实的烦恼之中,完全不关心永恒的困惑,好像它们不存在一样,这样的人是可怜亦可悲的,缺少对自我的探索,一辈子浑浑噩噩地活着,亦缺少对生命的发问,处于虚度此生、无所追求的状态。自我探索正是在死亡意识关照下,在生死关系中反思自我,开发自我潜能,试图对生命的终极意义进行追问,思考永恒的生死之惑,在自我探索和努力下促进个体生命主动而持续地成长。

(三)主动而持续的生命成长

教育的目的是促进个体持续发展,是培养社会中所需要的人才,库布勒-罗斯说死亡是生命成长的最后阶段,也即是直到生命的尽头,个体依然具有成长的可能、成长的任务,生命成长是我们一生都将面临的功课。可是,很多人在学校教育期间虽有知识的增长却较少有生命的成长,甚至在毕业离校进入社会时生命成长就已停滞,为生存奔波,追逐物质的享受,失去生命的敏感。生死教育的目的就是要使逐渐失去敏感,变得麻木的生命,重新焕发生机,激发生命活力,不断促进个体主动而持续的生命成长。

---

① 引自公众号"找回自己读书会",周国平与济群法师对谈,直面生死的困惑(一):2018-11-28.

死亡事件或人生重大变故是可遇而不可求的，因而生死教育要促进个体生命成长需要契合时机。生死教育是一种全民教育，其对象是全体公民和各个年龄阶段的个体，而发生死亡事件或生活具有重大变故的个体并不会将此类事件，主动转化、升华、促成个体生命的成长，可见，自我探索在生命成长的过程中起到至关重要作用，所以本书认为生死教育促进个体主动而持续的生命成长的目的，需要通过自我探索的作用与机制来实现。

自我探索是基于自我对生命的成长及其本质的认识与觉知，自我探索与其说是探索自我，不如说探索自我与生命、社会、自然、自我和他者之间的关系，因为对自我的探索根本离不开这些关系，自我探索最终的目的是要解决个体在自然社会中的定位及自我安身立命的意义，意义追问是自我探索过程中牵涉生死问题的主要问题。人无法忍受无意义的生活，意义是个体在上述社会关系中自我赋予的，意义也是个体在时间长河中生命赋予的。生命成长与意义密切相关，生命成长是一个自我探索过程，在社会关系与时间长河里，个体对意义的发现与赋予、连接与实现。意义的实现是展开生命、充实生命、促进生命成长的主要手段，是生命内在觉察力和外在行动力的统一，生命成长意味着生命境界和认知层次的提升，这同时也是生死教育追求的目的。

四、生命质量与生死教育目的

(一)生命质量的内涵

幸福是人们的永恒追求，是生活的最终目标。教育是关涉人生幸福的社会活动①，生死教育从生命的有限性、短暂性视角来观察人们对幸福的追求，

---

① 易凌云.论关涉人生幸福的教育[J].教育理论与实践,2003年第5期。

是从生命与死亡整全关系来思考幸福之于人意味着什么。生死教育认为人的幸福与生命质量密切相关，生命质量不仅包括生命的质量还包括死亡的质量，死亡质量应该是也必须是生命质量的重要内容。生活幸福感指数是生命质量的一个重要指标，但并不是唯一指标。现代社会人们追求幸福和高质量的生活，孰不知"幸福"的离世也是高品质和高质量生活中不可或缺的一部分，人们因避讳死亡的文化传统而忽略了死亡质量，死亡质量的低下进而降低了个体的生命质量。2015 年 10 月 6 日，经济学人智库（EIU）发布了2015 年度死亡质量指数，该指数衡量了全球 80 个国家人们的死亡质量，而在这 80 个国家的排名中我国位列第 71 位，可见中国人的死亡质量是极低的。

什么是生命质量？什么是死亡质量？显然，从生死整全意义来说，死亡是生命的最终归宿，生命应该包含死亡在内，因而死亡质量应该是生命质量的内涵之一，但因测量的标准与条件不同，生命质量与死亡质量其各自内涵又有所差异，促使生命质量在定义时并没有将死亡质量内涵囊括进去。所谓生命质量，又称生活质量、生存质量，它是以社会经济、文化背景和价值取向为基础，在一定生活环境和生存条件内，人们对身体状况、心理功能、社会能力和个体幸福的一种总体感觉，衡量和评价生命质量的标准是生命存在的生理功能状态能够去过一种愉快、健康和有意义的生活。而死亡质量从广义来说是指生命末期的生活质量，狭义来说是指死亡尊严，一般是指是否按自己的意愿和需求无痛苦地离世。死亡质量的标准是用死亡质量指数[①]来衡量和评价，它是由 20 项定性和定量指标得分构成，以成人死亡前的缓和医疗质

---

① 死亡质量指数由新加坡慈善机构连氏基金（Lien Foundation）委托进行排名，以广泛的研究和面向全球 120 多名缓和医疗专家的访谈为基础。该排名表明，总体而言，收入水平是表现缓和医疗供应情况和质量的强有力指标，富裕国家通常集中出现在排名靠前位置。英国的排名蝉联榜首，澳大利亚和新西兰分别排在第二位和第三位，富裕的欧洲和亚洲国家和地区占据了前 20 位的大部分名额。

量和供应情况为内容,它们包括缓和医疗环境、人力资源、医疗护理的可负担程度、护理质量和公众参与五大类别。可见,生命质量与死亡质量其内涵还是有所区别,本书无意深究两者之间内涵差异,需要指出的是死亡质量应该属于生命质量的一部分,只不过死亡质量是以死亡尊严为追求,而生命质量是以生活幸福为追求,死亡是生命的一部分,所以死亡尊严是个体幸福的来源之一,为界定生命质量内涵,本书认为生命质量包括生活质量与死亡质量两个部分。

(二)生命质量的追求

生命质量包括生活质量与死亡质量,生活质量以幸福生活追求为内核,但不仅限于幸福生活,而死亡质量以尊严死亡追求为内核,同样也不限于尊严死亡,为便于讨论与行文,本文将生活质量与幸福生活,死亡质量与尊严死亡视为具有同等内涵的概念。

1.迂回地实现幸福生活

生活质量是以幸福生活为追求,但什么是幸福生活? 每个人的认知与理解都不一样。现代社会人们普遍不遗余力地去追求金钱、财富、房子、车子等物质性拥有和权力、地位、美色、声誉等社会性拥有,不管是物质性拥有还是社会性拥有,只要足够多、大、好,自己就会拥有幸福的生活。殊不知,即便是真正拥有了以上一切,个人依然会感觉不幸福,因为拥有得再多、再大、再好,与别人相比总是有限的,而且这些拥有的东西随着生命的逝去、死亡的到来,都会失去和消散,这就是现代社会人们"所得"与"所欲"之间的张力。如果将这作为幸福生活的标准,人们是不可能获得幸福生活的。之所以会出现此类现象,究其根源是现代人生活与生命之间的紧张与失调,人的感性生活并不考察过去与未来的生活,关注的仅是当下需求的满足,而生命既注重当下的感受,同时也关注过去与未来的生命体验。如果说,生活的品格是个我的、当下的,那么生命的品格则是普遍的和历史的。人们若能够从个我性的生活走向普遍的生命存在,从当下的、此在的生活迈进永恒无限的生命洪流,那么便可以寻找到生活的意义与生命的价值。①

实际上,如果不是去攀比、竭尽全力满足个体那些虚幻的欲望,人们生活中所需要的吃、穿、住、用等物质性非常有限,而人的生命的拓展、意义与价值的实现、爱的给予与付出、潜能的挖掘却是无限的。幸福生活不在于生活上物质性、社会性拥有得多少,而在于生命是否充分展开,生命意义是否充分实现,生命潜能与自我价值是否充分挖掘。现代教育关注现代社会人们生活的幸福,但幸福与其说是教育的终极目的,倒不如说是教育作为一种生活形式的内在要求,②只有使教育成为学生自我发展、价值实现、生命充实与持续成长的过程,为幸福生活提供条件,幸福意义才可能显现和迸发出来。生死教育关注个人幸福,但并不是直接以实现个人幸福为教育目的,而是在生死互动、生死互渗关照下,试图改变个体死亡态度,降低个人死亡焦虑,迂回地、间接地从关注感性生活当下需要的满足,转到以注重实现生命的意义与价值满足为前提,以实现个体发展和生命成长为目的,因为一个人只有充分地活过,生命得到充分发展,自我价值得到充分实现,这种幸福才是永恒的幸福。

2.迫切地追求尊严死亡

进入现代社会以来,传统死亡文化逐渐向现代死亡文化转变,引起包括死亡时间、死亡地点和死亡方式等死亡文化的变迁,现代医学水平和医疗技术的飞速发展,在疾病治疗、身体康复、延长生命等方面功不可没,但对于人类来说,这确实是一把双刃剑。一方面,先进医疗技术对身体疾病的治愈,对生命的介入大大延长了人的生命,提升了人们生活质量;另一方面,呼吸机、

① 郑晓江.中国生死智慧[M].南昌:江西人民出版社,2013 年,第 12 页。

② 程亮.幸福是教育的目的吗?[J].教育理论与实践,2008 年,第 4 页。

插管治疗、心肺复苏术、各种抢救措施和生命维持系统等医疗设备的使用，虽可以依靠医疗技术暂时延长病人生命，但病患身心遭遇无穷尽的痛苦，过着生不如死的生活，尤其是处于生命终末期的病人，想"死"有时很难如愿，即便真如愿了，在临死前也要受到抢救措施和医疗技术给身体带来的各类伤害，毫无尊严可言，更别谈幸福二字。医院急诊室和加护病房已成为人们生命终结的地方。传统社会追求的五福之一"善终"在现代社会已经不太可能，著名作家巴金先生生命最后的 6 年时间都是在医院度过，身体插满各种管子，多次要求不要抢救治疗却不被允许，他说长寿是对我的折磨。这样的死亡现象现实社会中还有很多，现代社会人们实现尊严死亡的需求非常迫切，这关涉现代人们生活幸福与生命质理。台湾作家琼瑶 2017 年 3 月在网络上发表长文《预约自己的美好告别》告诉她的儿子儿媳，在她临终时不要急救措施、不插管、不要呼吸机、不用心肺复苏、不要生命维持系统，这其实就是一个生前预嘱，就是为了要优雅地告别人世，实现尊严死亡。

现代社会，医院掩盖了生命最后旅程的许多细节，使得人们无法了解死亡的真相。医院是表现医学成就的地方，加护病房和急诊室更是如此，病人一旦在医院死亡似乎就意味着医师的无能或医学的失败。医院或医生关注的是死亡的结果，并不关心病人死亡的过程。然而在现代社会背景下追求幸福生活和生活质量的人们，不仅要关注死亡的结果，更要关注人的整个死亡过程。死亡作为结果来看是一件容易的事，但死亡作为一个过程来说是一件非常困难的事，上述巴金先生的离世就是例证，除此之外，只要稍微关注当前人们的死亡现状，那些因为在死亡面前不懂得如何选择，或懂得如何选择却不能如愿好死，而造成的死者痛苦、生者悲痛的生死不能两相安的现象比比皆是。在安乐死没有合法化的中国，现代人们正迫切追求着尊严死亡。何谓尊严死亡？尊严死亡有两重含义，一是要死得像个样子，就是一种坦然的、平静的死亡；二是临终病人死前的意志与意愿受到尊重。尊严死亡是现时代人们追求幸福生活，提升生活质量的必然选择，是当前处于老龄社会的中国亟待关注和解决的关涉民生福祉的重要问题。不管是医院医生还是普通民众，也不管是学校教师还是大学生都应该提高对尊严死亡的认识，生死教育就是要使受教育者能够接纳死亡，懂得选择，学会放手，做到生死一体、两相安、三自在。正如大哲学家雅斯贝尔斯所说，学习如何生与学习如何死，其实是同一件事。这是生死教育面临的重要任务，也是生死教育要实现的目的。

（三）生命质量的提升

1.幸福生活的实现

生死教育为实现幸福生活而努力，幸福生活与物质、工作、声誉、情感等多方面因素相关，且没有一个普遍的条件与适用标准。生死教育并不考虑上述影响幸福生活的因素或探究幸福生活的条件标准，而是从生死关系这一全新视角看待幸福生活，把死亡看作是一种边缘处境，试图改变人们对幸福生活的认知与体验，推动人们进入一种更高的生命状态，为生命提供深入、强烈而完全不同的生存体验，激发生命的潜能，促进生命充分的展开，以此来培育人们获得幸福生活的能力。正如 1826 年的那个秋天，仅有 20 岁的约翰·穆勒（John Stuart Mill）①突然遭遇一个问题：假如你所有的生活目标都实现了，假如你期望的所有制度和思想改变，在这一刻都完全实现了，那么你会觉得快乐和幸福吗？这样的提问让穆勒喘不过气来，觉得自己活得没有任何意义了，之前为生命建构的全部基础坍塌了。他想到了死亡，如果自己始终在这样的阴霾中找不到自己人生的价值，是否要继续活下去，陷入了极度的空虚悲伤中。直至他读到马蒙泰尔的《回忆录》，马蒙泰尔回忆幼时父亲去

---

① 约翰·穆勒（John Stuart Mill，1806 年 5 月 20 日—1873 年 5 月 8 日），或译约翰·斯图尔特·密尔，也译作约翰·斯图亚特·穆勒，英国著名哲学家和经济学家，19 世纪影响力很大的古典自由主义思想家。

世家人悲痛不已,马蒙泰尔却在悲痛中受到了激励,觉得自己将填补自己至亲之人所失去的一切,这个故事使穆勒激动得泪流满面,他突然发现"人性的规律"。这种人性规律就是作为一个人,必须找到自己与他人、世界的真切联系,然后通过自己去理解、感受这样的联系。如果找不到,那么他的存在就会没有分量,像浮在生活的表层,像隔着玻璃看世界,就会如穆勒那样问自己,是否要继续活下去。那种自己与他人、世界的联系,实际上就是存在的意义。幸福生活与存在意义密切相关,如果一个人感觉不到自己存在的意义,即使在物质层面相当富足,也不会感觉到生活的幸福。生死教育以生死关系为视角,始终把存在意义作为消解死亡焦虑、促成生命自觉的切入点,以寻求和构建存在意义为路径,以此实现自我价值,充分展开生命,提升感知幸福生活的能力。正是对存在意义的提问,使得约翰·穆勒成为著名哲学家和经济学家,其思想与学术成就影响了整个世界。

约翰·穆勒晚年写回忆录时,忆及当年那个令自己陷入空虚与悲伤的秋天,他指出教育要面向真实的世界,特别是要思考和面对生命有限与死亡必然来临的现实,他认为如果不是基于人真实发展的教育,会让人扮演一个不真实的角色,总有一天,他会被不真实击溃,转而寻找真实,重新构建自我与自己的生活。①生死教育就是要在死亡禁忌文化和死亡否认机制中重新看清死亡事实,审视必死的生命结局,面对真实的自我和真实的世界,寻求自我与他人、世界的关系,构建自我及有价值感的生活,使生命充分得到展开。生死教育目的就是要在意义追问下,实现生命意义与自我价值,只有充实而精彩地活过,才能平静而安详地离世,这是一种有意义的自我省察的生活,有意义的生活是值得过的生活,而这就是实现幸福生活的必要条件。

---

① 朱桂英.通识教育:构建真实完整的幸福[N].新京报,2012-8-11.

2.死亡质量的提升

提升死亡质量,获得死亡尊严是进行生死教育的重要目的。在现代社会背景下死亡质量与死亡尊严越来越受到人们普遍关注和强烈追求,因为人们追求幸福生活,而死亡质量与死亡尊严是获得幸福生活的重要内容。幸福生活不仅要活得精彩、过得有意义,更要死得安详,走得不痛苦。要提升死亡质量,获得死亡尊严,首要任务就是改变我们对死亡的观念,正确面对自己和他人的死亡,必须接纳死亡而不是到生命终末期还在否认和拒斥,从这个意义上来说,生死教育是面向全体公民的教育,不管是医生还是病人,不管是医学生还是非医学的普通学生, 也不管是国家领导干部还是底层普通民众,都应该接受生死教育,构建正确的死亡观,不讳死不惧死,向死而生,做到生死一体、生死两安,提升死亡质量,实现尊严死亡。

这是一个艰巨的任务,要如何实现这样的任务? 除了改变人们的死亡观念, 使其能够坦然地接纳死亡外, 还有就是在死亡地点转到医院的现代社会,由医院开展生死教育。让医院的医生接受生死教育是很好的选择,医院的医生"送走了"大量的病人,有机会接触大量的死亡,但医生关注的疾病而并不是病人,对于受学科规训和医学教育的他们,救死扶伤是他们的职责,他们有时候会变得麻木,不管病人的需求和意愿,不顾及死亡质量与尊严死亡。实际上,病人该不该抢救,该不该继续治疗,医生究竟该怎样去衡量这个标准? 这里面有医生评估能力的问题,也有医生技术的问题,很大程度上也有医生谈话能力的问题。比如,医生往哪一方向引导,有的家属决心一旦下了,你再怎么交流,也是拧不过来的。医院里面许多的压床现象,处于僵持期的病人,要实现尊严死亡、提升死亡质量已然不太可能。正如著名重症监护科医生殳儆所说,生死教育最该教的是医生,不是医学生。很多医生不敢跟病人谈论死亡,不知道怎样谈,很多医生从来没接触过死亡病人,就更加不敢谈了。对于生死教育,医生应该受到生死教育。而医学生也绝对应该接受生死教育,但是不应该是课堂教育,课堂教育只是其中一部分,医学生应该上的课是感受死亡。①

此外,为什么生死教育是一种全民教育,因为每个人都会生病,每个生病的人都会死亡,所以病人在健康时就应该接受生死教育,知道什么是死亡质量,怎样实现尊严死亡。病人的死亡观念、对死亡质量与死亡尊严的理解、对幸福生活的追求会直接影响到死亡质量的提升与尊严死亡的实现。不管是医生还是病人,要在人的必死方面谋求共识,并以生命尊严和保持有意义的生活作为生存追求,医患双方都面临着学习的任务。②

北京师范大学田松说死亡是一种能力,对于死亡质量来说确实如此;作为死亡教育的目的,提升死亡质量,实现尊严死亡,则说明死亡更像是一种艺术,一种如何走得更有尊严、关乎生命质量的艺术,而死亡的艺术其实就是生的艺术。死亡的脸,处处是生命的表情。生与死是一对孪生兄弟,不可分开,既然生是快乐的,让死也走得从容吧。人不可以改变生命的长短,却可以塑造生命的品质,而唯它可以成就生命,死而无憾。③这即是提升死亡质量,实现尊严死亡的关键所在,是现代社会人们追求幸福生活的必由之路。

---

① 引自健康报文化频道公众号,殳儆,ICU 医生眼中的"无间地狱",2018-11-19,第二届北京大学医学人文国际会议,殳儆会议上的发言稿。

② [美]阿图·葛文德.最好的告别[M].王一方主编,彭小华,译.杭州:浙江人民出版社,2016 年,第 176 页。

③ [美]舍温·努兰.死亡的脸[M].杨慕华,译.北京:中信出版集团,2016 年,第 333 页。

五、大学生生死教育目的的实证调查

(一)大学生死亡教育目的的描述性统计

表4-1 生死教育目的是让人坦然接受和面对死亡,克服死亡恐惧,转变死亡态度(N=4914)

生死教育目的	选项	频数(F)	百分比(P)	均值(M)	标准差(ST)
生死教育目的是让人坦然接受和面对死亡,克服死亡恐惧,转变死亡态度	很不同意	522	10.6	3.36	1.235
	不太同意	630	12.8		
	不确定	1300	26.5		
	比较同意	1478	30.1		
	非常同意	984	20.0		
	总计	4914	100.0		

由表4-1可知,"生死教育目的是让人坦然接受和面对死亡,克服死亡恐惧,转变死亡态度"题项,有50.1%的学生选择同意,有10.6%的学生选择很不同意,这说明多数学生认同生死教育目的就是要让人坦然接受和面对死亡,克服死亡恐惧,转变死亡态度。

表4-2 生死教育可以使人珍惜生命,生活积极,乐观向上(N=4914)

生死教育目的	选项	频数(F)	百分比(P)	均值(M)	标准差(ST)
生死教育可以使人珍惜生命,生活积极,乐观向上	很不同意	170	3.5	3.87	1.041
	不太同意	310	6.3		
	不确定	1064	21.7		
	比较同意	1802	36.7		
	非常同意	1568	31.9		
	总计	4914	100.0		

由表 4-2 可知,"生死教育可以使人珍惜生命,生活积极,乐观向上"题项,有 68.6% 的学生选择同意,只有 9.8% 的学生选择不同意,这说明绝大多数学生都认为生死教育都能让人们更加珍惜生命,使其生活更加积极乐观向上。

表 4-3　生死教育是为了提高死亡质量和生命尊严(N=4914)

生死教育目的	选项	频数 (F)	百分比 (P)	均值 (M)	标准差 (ST)
生死教育是为了提高死亡质量和生命尊严	很不同意	308	6.3	3.62	1.141
	不太同意	436	8.9		
	不确定	1326	27.0		
	比较同意	1584	32.2		
	非常同意	1260	25.6		
	总计	4914	100.0		

由表 4-3 可知,"生死教育是为了提高死亡质量和生命尊严" 题项,有 57.8% 的学生选择同意,只有 15.2% 学生选择不同意,这表明大学生对死亡质量和生命尊严有一定追求,对生死教育目的有较为深入的理解。

表 4-4　生死教育能改善传统乐生讳死的死亡文化,
重视死的教育从而形成完整的教育体系(N=4914)

生死教育目的	选项	频数 (F)	百分比 (P)	均值 (M)	标准差 (ST)
生死教育能改善传统乐生讳死的死亡文化,重视死的教育从而形成完整的教育体系	很不同意	240	4.9	3.60	1.076
	不太同意	414	8.4		
	不确定	1524	31.0		
	比较同意	1616	32.9		
	非常同意	1120	22.8		
	总计	4914	100.0		

表 4-4 可知,"生死教育能改善传统乐生讳死的死亡文化,重视死的教育从而形成完整的教育体系",有 55.7% 同学选择同意,而有 13.3% 的同学选不同意,这说明大学生对生死教育改善传统死亡文化,对生死教育纳入教育

体系是有较为理性的认识。

表 4-5　促进大学生对死亡的思考，形成正确的人生观和价值观是生死教育的应有目标（N=4914）

生死教育目的	选项	频数（F）	百分比（P）	均值（M）	标准差（ST）
促进大学生对死亡的思考，形成正确的人生观和价值观是生死教育的应有目标	很不同意	166	3.4	3.82	1.024
	不太同意	306	6.2		
	不确定	1170	23.8		
	比较同意	1854	37.7		
	非常同意	1418	28.9		
	总计	4914	100.0		

由表 4-5 可知，"促进大学生对死亡的思考，形成正确的人生观和价值观是生死教育的应有目标"题项，有 66.6% 的学生选择同意，而只有 9.6% 的学生选择不同意，这说明大多数学生认为生死教育可以帮助他们对死亡的思考，形成正确的人生观和价值观。

表 4-6　生死教育有助于大学生个人成长与健康发展（N=4914）

生死教育目的	选项	频数（F）	百分比（P）	均值（M）	标准差（ST）
生死教育有助于大学生个人成长与健康发展	很不同意	152	3.1	3.80	1.022
	不太同意	342	7.0		
	不确定	1220	24.8		
	比较同意	1830	37.2		
	非常同意	1370	27.9		
	总计	4914	100.0		

由表 4-6 可知，"生死教育有助于大学生个人成长与健康发展"题项，有 65.1% 的学生选择同意，而仅有 10.1% 的学生选择不同意，这说明大部分学生对生死教育有着较为清醒的认识，就是要促进学生个人生命成长与个体健康发展。

表4-7　生死教育能有效防止大学生自杀与轻生事件的发生（N=4914）

生死教育目的	选项	频数（F）	百分比（P）	均值（M）	标准差（ST）
生死教育能有效防止大学生自杀与轻生事件的发生	很不同意	162	3.3	3.73	1.026
	不太同意	348	7.1		
	不确定	1416	28.8		
	比较同意	1724	35.1		
	非常同意	1264	25.7		
	总计	4914	100.0		

由表4-7可知，"生死教育能有效防止大学生自杀与轻生事件的发生"题项，有60.8%的学生选择同意，仅有10.4%学生选择不同意，这说明大多数学生对当代大学生自杀现象非常关注，认为生死教育对于防止大学生自杀与轻生具有重要作用。

（二）大学生生死教育目的的影响因素

第一，性别变量对大学生生死教育目的做独立样本T检验，结果显示，男生与女生对大学生生死教育目的存在显著差异（t=-3.412,df=3197.360,P<0.05），说明性别是大学生生死教育目的的影响因素。

第二，学校层次对大学生生死教育目的做独立样本T检验，结果显示，专科学校与本科学校的大学生对大学生生死教育目的存在显著差异（t=-2.198,df=411.590,P<0.05），说明不同层次学校的学生对大学生生死教育目的有不同看法。

第三，专业对大学生生死教育目的做独立样本T检验，结果显示，医学与非医学专业的专业差异对大学生生死教育目的存在显著差异（t=6.043,df=4912,P<0.01），说明是否学医学专业是影响大学生生死教育目的的影响因素。

第四，有无宗教信仰对大学生生死教育目的做独立样本T检验，结果显示，大学生是否信教对生死教育目的不存在显著差异（t=-0.627,df=4912,P>

0.05），这说明有无宗教信仰不是生死教育目的的影响因素。

第五，是否参加过葬礼对大学生生死教育目的做独立样本 T 检验，结果显示，学生是否参加过葬礼对生死教育目的不存在显著差异（t=1.943,df=1441.075,P>0.05），这说明是否参加过葬礼不是生死教育目的的影响因素。

第六，有无濒死体验对大学生生死教育目的做独立样本 T 检验，结果显示，学生有无濒死体验对大学生生死教育目的不存在显著差异（t=2.716,df=4912,P>0.05），这说明有无濒死体验不是生死教育目的的影响因素。

第七，学科对大学生生死教育目的做单因素方差分析，结果显示，不同学科对大学生生死教育目的存在显著差异（F=6.276,P<0.01），事后分析的多重比较（LSD）结果表明：文科与工科大学生对于生死教育目的的看法存在显著差异（P<0.01），理科与工科大学生对于生死教育目的看法存在显著差异（P<0.01），理科与其他学科学生对于生死教育目的的看法存在显著差异（P<0.05）。

第八，年级对大学生生死教育目的做单因素方差分析，结果显示，不同年级对大学生生死教育目的存在显著差异（F=5.412,P<0.01），事后分析的多重比较（LSD）结果表明：大一与大四学生对生死教育目的的看法存在显著差异（P<0.05），大二与大四学生对生死教育目的的看法存在显著差异（P<0.01），大三与大四学生对生死教育目的的看法存在显著差异（P<0.05）。

由以上检验与分析可知，大学生性别、学校层次、是否医学专业、学科与年级对大学生生死教育目的的形成显著差异，说明这些都是大学生死教育目的的影响因素，而有无宗教信仰、是否参加过葬礼、有无濒死体验对大学生生死教育目的并无显著影响。

（三）大学生生死教育目的的调查总结

由大学生生死教育目的实证调查可知，多数大学生认为生死教育目的就是要使人坦然接受和面对死亡,克服死亡恐惧,转变死亡态度,促进大学生对死亡的思考,形成正确的人生观和价值观,使他们更加珍惜生命,生活积极向上,具有乐观开朗的精神面貌,能够预防大学生自杀与轻生事件的发生,最终能促进大学生个人生命成长与健康发展,从而提高死亡质量和生命尊严,实现生命价值,获得幸福的生活。此外,通过对大学生生死教育的开展,最终改善传统乐生讳死的死亡文化,重视死的教育从而形成完整的教育体系。需要指出的是,性别、学校层次、是否医学专业、学科与年级对大学生死亡教育目的形成与确定具有重要影响,所以在实施大学生生死教育课程时需要充分考虑以上对生死教育目的有影响的人口学变量。

高校开设大学生生死教育课程应该实现哪些课程目的?根据对生死教育目的理论探讨和实证调查,结合布鲁姆教育目标分类理论,本书认为在高校设置生死教育课程总体目的是使大学生认识死亡、体验死亡、练习死亡,最终超越死亡。如果要将这些总体目的细分为较具体的二级目的,生死教育课程目标相对应地要达到改变死亡态度、降低死亡焦虑、主动而持续的生命成长和提升生命质量等目的体系;如果还要将这些目的体系细分得更为具体,则每一个目的相应都可以进行再细分,比如改变死亡态度可以再次细分为坦然接受、直面死亡而不是忌讳、逃避死亡。

综上所述,根据对生死教育目的理论探讨和实证调查,结合布鲁姆教育目标(认知、情感、技能领域)分类理论,共同确定大学生生死教育目的。总体上,可把大学生生死教育目的确定为认知死亡、体验死亡、练习死亡、超越死亡;具体来说,大学生生死教育目的包括改变死亡态度、降低死亡焦虑、促进生命成长、提升生命质量。大学生生死教育的最终目的是超越死亡,超越死亡的具体表现是提升生命质量,认知死亡的具体表现是改变死亡态度,体验死亡的具体表现是降低死亡焦虑,而练习死亡的具体表现是促进生命成长,可见,总体目的与具体目的存在一一对应,是相互表现的内在关系,这一方面反映确定大学生生死教育目的科学合理性，另一方面可以体现大学生生死教育目的的阶段性与层次性。

本章小结

本章在理论上探讨大学生生死教育目的，并辅之以生死教育目的的实证调查。

第一，大学生生死教育第一层次的目的是改变死亡态度。大学生在重生讳死的死亡文化中养成了稳固的死亡态度。生死教育的目的即是需要改变大学生在认知上忌讳与轻视死亡、情感上厌恶与畏惧死亡、行为上远离与逃避死亡的死亡态度，以直面和正视死亡的勇气与担当，构建生命意义，寻求安身立命之道，发挥死亡在促进大学生生命成长和个体发展的积极作用。

第二，大学生生死教育第二层次的目的是降低死亡焦虑。存在主义死亡焦虑和对生命终结的恐惧是最根本的死亡焦虑。意义感是消解死亡焦虑与恐惧的解药，对死亡的恐惧常常与人生虚度的感觉紧密相关，越不曾真正活过对死亡的恐惧也就越强烈。从意义感中走向行动，从生命觉醒体验中回归日常生活，充分实现自我价值和人生意义，这就是对死亡焦虑的转化与升华。死亡教育专注于死亡焦虑的转化与升华，试图挖掘出更多的个体潜能，为实现个体发展和生命价值而努力。

第三，大学生生死教育第三层次目的是促进大学生生命持续成长。生命成长是在生命整全与生死整体意义上发生的，脱离于原有的生活模式，在觉醒体验推动下，发现新的生命意义，促成生命层次的跃升。自我探索是基于自我对生命成长及其本质的认识与觉知，其最终目的是要解决个体在自然社会中的定位及自我安身立命的意义，生命成长与意义密切相关，生命成长是一个自我探索过程，在社会关系与时间长河里，个体对意义的发现与赋予、连接与实现。

第四,大学生生死教育第四层次的目的是提升大学生生命质量。大学生生死教育目的致力于实现大学生幸福的生活,但生活品质和死亡品质也是幸福生活的一部分。人不可以改变生命的长短,却可以塑造生命的品质,而唯它可以成就生命,死而无憾。这是提升死亡质量,实现尊严死亡的关键所在,是当代大学生追求幸福生活的必由之路。

第五,对生死教育目的进行实证调查,多数大学生认为生死教育目的是要使人坦然接受和面对死亡,克服死亡恐惧,转变死亡态度,促进大学生对死亡的思考,形成正确的人生观和价值观,使其更珍惜生命,具有积极向上乐观开朗的精神面貌,能预防大学生自杀与轻生事件的发生,促进大学生个人生命成长与健康发展,从而提高死亡质量和生命尊严,实现生命价值,获得幸福的生活。

第五章 认知与超越：大学生生死教育内容的组织

　　课程内容是课程的核心要素，从总体来讲，课程内容是根据课程目标，有目的地选择一系列直接经验和间接经验的总和，是从人类的经验体系中选择出来，并按照一定的逻辑序列组织编排而成的知识体系和经验体系。[①]课程内容的基本性质就是知识，生死教育课程需要教给学生哪些死亡知识，学生要获得哪些直接经验与间接经验，这些死亡知识与需要传递的经验可通过怎样的逻辑与方式组织起来，这是本章要探讨和考察的主要内容。

　　生死教育的最终目的是超越死亡，为了达到这个目的，根据布鲁姆教育目标分类理论认知领域、情感领域和技能领域的目标层次，要历经理性上认知死亡、情感上体验死亡、行为上练习死亡的阶段过程。超越死亡作为最终目的，不仅要在"理"上通透，还需在"事"上练习，只有做到理事无碍，理事圆融，才有可能生死一体、两相安、三自在，这些表现就是超越死亡的状态。总

_____

　　① 钟启泉主编.课程论[M].北京：教育科学出版社，2017 年，第 141 页。

体上讲,生死教育课程内容的组织是按照认知死亡、体验死亡、练习死亡和超越死亡这个逻辑序列来选择的;具体来说,认知死亡、体验死亡、练习死亡、超越死亡四个方面,既是生死教育阶段也是生死教育过程,既是生死教育目标也是生死教育内容。生死教育课程内容的组织与选择,力求做到以目标选择内容,以内容支撑目标,从而使生死教育目标与内容相统一,同时做到以阶段反映过程, 以过程表现阶段, 从而达成生死教育阶段与过程的统一,真正使生死教育课程内容的组织科学、选择合理,以期构建起完整的生死教育课程内容体系。

一、认知领域的生死教育内容

根据布鲁姆教育目标分类理论第一个目标层次, 即认知领域目标层次来确定生死教育内容,即认知死亡目标层次的生死教育内容,认知死亡也是生死教育的第一个阶段。认知死亡是指在现有科学水平下对死亡具有完整的认识、全面的了解,包括死亡是什么、为什么会死亡、死亡会怎么样等问题的认识和理解。

(一)死亡知识

1.死亡的意识

死亡是身体机能的丧失与完全毁坏,是对生命的否定,是彻底的虚无。死亡是生存的事实,是生命状态的事实,而死亡意识则是一种意识事实。人类一旦意识到死亡事实, 克服对死亡的焦虑与恐惧便成为人类社会生活的任务。对死亡的不同意识或观念则催生了人类不同的行为反应,有些可以觉察,有些则成为一种无意的条件反射行为,比如忌讳谈死是人们心照不宣的普遍行为,其实就蕴含着一种死亡不吉利的死亡意识。一般来讲,有什么样的死亡意识就会有什么样对待死亡的行为。当前人们所拥有的死亡意识,一定程度会影响个体生命的成长。死亡教育应该转变死亡意识,提升死亡认识,使人们形成科学合理的死亡观念,促进个人生命成长。

从纵向的人类历史发展来看,随着人类对死亡的认识与探究,死亡意识也会不断发展变化。著名文化人类学家弗雷泽从文化进化主义视角考察了人类的死亡意识发展与演化,他认为人类社会死亡意识发展经历了三个阶段:第一个为原始阶段,人们拒绝接受死亡,认为自己是生来不死的。一切死亡的发生都是非自然的,是魔术或者巫术所致;第二个为宗教阶段,这个阶段产生了死亡起源的神话,通过把死亡的第一次降临归结为神的旨意、人类祖先的罪恶或过失,如亚当与夏娃偷吃禁果被逐出伊甸园,人类开始面对必死的结局,人们慢慢开始接受死亡;第三个为科学阶段,人类认识到死亡是生命的正常现象,是自然界颠扑不破的真理。凡是生命必定会走向死亡,现代社会虽然处于死亡意识的科学阶段,但人们对待死亡的意识依然呈现多元化、多样化的特点。

从横向摆脱死亡恐惧的文化功能上说,死亡意识可以分为三个层次:一是存在者或生存状态上的死亡意识,即普通人在日常生活中的处理死亡的经验和意识活动。我们用生命的本能、文化的遗传和独特的死亡否认机制,构造了抵抗死亡恐惧与死亡焦虑的坚固防线,使死亡的确定性被遗忘、推迟或神化。二是现象学存在论的死亡分析,它不超越意识事实和经验现象,而是在意识经验中清理出真实的死亡结构和死亡意识。如同海德格尔所说,死亡是与众不同的悬临,是完完全全的此在之不可能的可能性,是向死而在、向死而生的生命实践。三是关于死亡的形而上学意识,包括人死后是否有灵魂?死后世界是怎样的?如果灵魂不死,它在脱离肉身之后还将怎样存在?等等,这些问题已经不是在经验层面发问了。在哲学上称为超验的形而上学问题,①对这些问题的回答与思考可以在一定程度上消解对死亡的恐惧,但死亡意识又不仅仅关于死亡的意识,不仅仅在于消解对死亡的恐惧,最重要的是死亡意识关涉全部的生命价值,死亡威胁着、毁灭着人类的价值,正因为如此,才能使个人殚精竭虑,奋发图强,只为创造生命的价值,才能使人类的价值绚丽多彩,弥足珍贵。

2.死亡的分类

对死亡进行分类是认识死亡的有效形式,一个人对死亡分得越细说明对死亡越了解。对死亡进行分类是为了解死亡的外延,为生死教育实施找到方向,是明确生死教育目的的重要方式。

一般可以把死亡分为正常死亡与非正常死亡两类,非正常死亡在法医学上指由外部作用导致的死亡,与之相对的正常死亡,则是指由内在的健康或生命衰老等原因导致的死亡。因而正常死亡又可分为病死和老死,非正常死亡可分为天灾与人祸。天灾如包括地震、火灾、泥石流、洪水等自然灾难或不可控力因素而导致的死亡,人祸包括工伤、医疗事故、交通事故、自杀、他杀等人为因素或为了达成某种目的而导致的死亡。

老死也叫自然死亡,是传统文化中人们所追求的五福(善终)之一;病死又叫技术死亡,是现代人们最基本的死亡形式。现代社会"老死"(自然死亡)这种死亡形式基本上不太可能实现,因为死亡原因里根本没有"老死"一说,死亡证明书比较通用的说法是"经抢救医治无效而死亡",老死被病死取代,技术死亡成为现代社会主流死亡形式,是现代人们必然要面对的死亡境遇。技术死亡是一把双刃剑,一方面依靠先进医疗技术许多重症患者或生命重危者可以从死神手中抢救过来,得到救治,延长了人们的生命;另一方面,技术死亡也让许多终末期患者处于痛苦甚至悲惨的境地,那些在 ICU 里依靠

---

① 孙利天.死亡意识[M].长春:吉林教育出版社,2001 年,序,第 2 页。

肠内营养液维持生命,身体上到处插满各种管子的患者,想死却死不了,没有亲人陪伴,孤苦一人,无奈地面对死亡。人生最痛苦的事莫过于此,死亡质量低下,也毫无死亡尊严可言。就像受傲医生所说的生死之间隔着 ICU 这个无间地狱,因为技术死亡的存在,不管是医生、患者、亲属,还是目前还未接触死亡事件的普通人都迫切需要接受生死教育。在现代社会医疗技术条件下,要实现传统的自然死亡已然不现实,现代人追求幸福生活和生命质量就必须发展现代社会条件下的自然死亡,日本医疗社会学家马达哉先生认为"自然死亡"就是能作为社会规范的"理想的死亡方式"。自然死亡的特征包括本人自觉大限将至、本人和家人都对死亡已有心理准备、经济方面和法理方面都已准备妥当、已经完成工作等社会职责、周遭的人都已做好心理准备等方面。

不管是正常死亡还是非正常死亡,是自然死亡还是技术死亡,所有的死亡都是从生物学意义上说的生理死亡,所谓生理死亡是指公民心跳、呼吸、大脑均告停止时被确定为死亡。此外还有一种法学意义上的宣告死亡,宣告死亡是指人民法院对下落不明满一定时期的公民,经利害关系人的申请而对其做出的宣告死亡的行为。生理死亡是一种事实样态,具有不可逆性,而宣告死亡是一种行为样态,具有一定的目的性,主要是为保护被宣告死亡人的利害关系人的利益。

3.死亡的标准

如何判断一个人已经死亡就涉及死亡标准问题。原始社会通过日常观察和狩猎活动,就已初步形成死亡是心脏停止跳动的模糊概念。石器时代的洞穴壁画中,也是利用利箭刺中公牛心脏来表示死亡。①几千年来,心脏停止跳动及呼吸的停止一向被视作最可靠的判断一个人死亡的标准。作为古代

---

① 郭大东.东方死亡论[M].沈阳:辽宁教育出版社,1989 年,第 45 页.

汉族丧礼仪式之一的属纩,即病人临终之前,要用新的丝絮放在其口鼻上,试看是否还有气息。属即是放置,因而"属纩"成为"临终"的代称。在战场上将镜子放在士兵嘴边,看有无哈气来判断是否已经殉职,此外还有用一根细小的鹅毛放在鼻子上,看鹅毛是否会摆动来判断是否已经死亡等。传统判定死亡的标准就是心肺死亡标准,通过日常生活经验和观察来判断一个人是否已经死亡,正是因为如此,传统社会误判死亡事件时有发生,在笔记小说、奇闻轶事和影视作品中经常会出现诈尸桥段。诈尸其实就是一种由经验来判定死亡所造成的"假死"现象,历史上因为心肺标准被判定为死亡却死而复生的案例不在少数,这说明传统心肺死亡标准具有一定的缺陷和局限性。为减少误判事件的发生,古人通过设计某些丧葬仪式来规避上述现象的发生,如设计殡①这个环节,停枢待葬这一段时间称为殡,殡期一般为三天,设计殡期的存在既有接受亲朋好友吊唁和哭奠表达哀悼之情,达到抚慰悲伤的目的,又有心存侥幸,期盼死者苏醒过来或有误判死亡的可能。

随着现代社会医疗科学技术的不断发展,传统死亡标准暴露出越来越多的问题,如长期昏迷的植物人。新医疗科学技术引发了死亡标准的转换,由传统心肺死亡标准走向脑死亡标准势在必行。脑死亡标准是对心肺死亡标准的技术超越,是人类死亡标准由经验走向科学的表现,但脑死亡的概念提出与标准确立经历了一个较长的过程。随着1952年丹麦麻醉师比约·易卜生发明新型呼吸机,1955年恩斯特隆成功研制出持续性通气的机械装置,为脊髓灰质炎并发完全性麻痹患者提供持续性机械通气服务,使得在大脑严重损伤甚至部分死亡的情况下维持病人的呼吸和心跳成为可能。随后日本电子医学博士伊藤贤治发明脑电图机。1959年法国学者莫拉雷(P. Mollaret)

---

① 盛放死者遗体的棺木称为枢,停枢待葬就是殡,古时一般停殡于宗庙,后世则在自己家正厅前祖宗牌位前,殡的本意是像对待宾客一样对待死者。《礼记 王制》云:天子七日而殡,诸侯五日而殡,大夫、士、庶人三日而殡。

和古隆(M.Goulon)在第 23 届国际神经学会上首次提出"昏迷过度"概念,同时报告存在这种病理状态的 23 个病例,研究表明凡是被诊断为"昏迷过度"的患者, 苏醒的可能性几乎为零。1966 年国际医学界正式提出"脑死亡"(brain death)概念。1968 年,美国哈佛医学院特设委员会把死亡定义为不可逆的昏迷或"脑死",并提出判别标准:临床昏迷症状、没有感受性与反应性、没有运动与呼吸、脑干反射一律消失、脑电图平直、致昏迷的病理原因明确、无其他干扰临床症状因素、两位医师分别进行诊断,凡符合以上标准,24 小时内反复检测无变化者即可宣告死亡。同年,世界卫生组织建立的国际医学科学组织委员会规定的死亡标准与哈佛医学院基本一致。自此脑死亡概念与标准基本确立,随着医疗技术发展和临床实践,脑死亡在医学界逐步形成共识并被社会接受。

脑死亡概念的形成除了使人们判断死亡的标准更科学更合理外, 还具有以下三方面意义:第一,脑死亡标准更能符合人之本质。人的本质是信息人、社会人,大脑死亡后,虽然心肺系统还可以独立存活一段时间,但那已经不是"人"的心肺了,没有大脑的躯体只是空壳。第二,确定脑死亡标准有利于促进器官移植。脑死亡是一种在心脏、肺等其他维持生命的器官仍完好无缺且仍可以顺畅运转的情况下发生的死亡。如果病患在生前表达过身后捐献器官的愿望,则可在此时进行摘除和移植,因为此时这些器官的供血和供氧仍然良好。此外,实行脑死亡标准可以把有限的医疗资源用在真正需要的患者身上,有利于实现医疗公平这一重要的伦理要求。第三,确定脑死亡标准有利于确立人的尊严。当一个人脑死亡后,仍然对其采取医疗抢救或生命维持措施,对其而言是一种痛苦,这也是对人类生命尊严的一种亵渎。

4.死亡的机理

死亡是怎么发生的? 这里关涉身体丧失机能,生命走向死亡的机理。死亡的机理不仅包括死亡的原因,还包括了死亡的整个发生过程。死亡就是失去生命,生命结束意味着死亡发生,从这个意义上说,死亡的机理实际上就是生命的机理。从物种进化视角来看,生命的进化是自然选择的结果,最善于适应环境改变的有机体将有更大的可能性存活下来。地球形成经历过多次重大的(陨星撞击、火山喷发、陆块漂移、大陆冰期等)自然动荡期之后,在生命最初出现以来存在的物种中,99%都已经灰飞烟灭了,可以说,生命存在的历史同时也是一部死亡的历史。①构成生命最小的单位是细胞,老细胞凋亡不断催生出新细胞,这种新陈代谢机制是生命的基本规律,细胞在分裂过程中两个子细胞中一个会包含较多的受损结构,这终会威胁其子代的持续生存。所有的生命早晚都会死,唯一能使生命的冒险旅程得以延续的途径,就是在死亡到来前确保种族能够得到繁衍。

生命与死亡之间有着不可分割的联系,这是因为维持生命需要巨额的能量供应。三磷酸腺苷(ATP)就是生物体世界通用的供能燃料,而线粒体是负责生产 ATP 的真正能源中心,它的作用就是将蛋白质、糖分和脂肪中的化学能转化为燃料 ATP,整个过程的发生离不开氧气或氧元素的参与,因为所有细胞都采用这种能量生产方式以供其运作之需。尽管氧元素足以支撑高等的生物体的官能作用,但如果没有死亡的积极参与,生命将永远无法达到我们今天的这种复杂程度。

细胞凋亡在身体各器官发育过程中起着至关重要的作用。这种细胞凋亡的过程对于任何有生命的物种都起着极端重要的作用,每天大约有一百亿这样的失效细胞默默无闻地通过凋亡而牺牲,但非常幸运的是它们每一个空出的位置都会很快被新的高性能细胞填补上。人类致死的所有原因大致可分成四大板块,病理致死(如癌症、心血管疾病、糖尿病、基因型疾病等;受病毒、细菌、原生生物感染致死(如流感、结核病、疟疾、艾滋病等);重创致

---

① [加拿大]理查德·贝利沃,丹尼斯·金格拉斯.活着有多久——关于死亡的科学与哲学[M].白紫阳译,北京:生活·读书·新知三联书店,2015 年,第 42 页。

死(如创伤、枪击或冷兵器);由各种毒质侵袭器官致死。[1]不管是由于感染、毒害、疾病或是任何不幸事件导致的机体死亡,其直接原因都是由于缺氧而导致的 ATP 生产难以为继的结果。

细胞更新机制非常有效,但这种更新的潜能是有限的,随着时间的侵蚀会不断地减慢,从而生理功能也逐渐恶化,这就是衰老。人的一生中,不断发生的一长串这种"小死亡"总会或早或晚,将达到一个无法挽回的临界点,结果就是重要器官的功能丧失越来越严重,直到最终生命体的死亡。归根结底,如果说我们有一天会死去,那其实是因为我们每一天都要死去一点点。我们的死亡并不是一种反常现象,并不是强加在人类身上的不公平命运,而是生命存在的唯一合乎逻辑的结局,然而我们却可以感受到时间的流逝和死亡的不可避免,并使用大脑的机能来反思生命和死亡的意义。[2]

(二)死亡本质

1.死亡的必然性

凡是有生命的生物都会走向死亡,死亡是生命的最终归宿,这几乎是人尽皆知的事实。死亡的必然性作为死亡的本质特征,在日常生活样态里被人们完全地忽略了。知道真理但并不会真的去践行真理,知行并不能合一,这可能是我们每个人面对死亡时的通病。我们知道自己某一天必死,但不是现在,我们仅仅知道死亡的必然性和人的必死性,而它并没有使我们体验到生命的真相,发现生命的有限性和加紧规划生活的紧迫感。生死教育不仅仅要使学生在理性上认识死亡的必然性,还要试图探索怎样将死亡的必然性带

---

[1]　[加拿大]理查德·贝利沃,丹尼斯·金格拉斯.活着有多久——关于死亡的科学与哲学[M].白紫阳译,北京:生活·读书·新知三联书店,2015 年,第 12 页。

[2]　[加拿大]理查德·贝利沃,丹尼斯·金格拉斯.活着有多久——关于死亡的科学与哲学[M].白紫阳译,北京:生活·读书·新知三联书店,2015 年,第 55 页。

入生命体验中,触动生命意义的机关,去践行生命真理,去实现自我价值,正如席勒所言只有通过面对死亡,才能成为真正完整的人。一个非完整的人,会自动隐藏起生命的真相,自我欺骗也欺骗他人,在一个不真实的世界里生存,他是不能过好生活的,也不能深刻体验到生命的责任与意义。深刻体验到死亡的必然性本质,并把之融入生活与生命血肉当中,向死亡学习,以终为始,向死而在,这是实施生死教育希望达到的效果。

2.死亡的非预期

死亡的偶然性决定了死亡的非预期本质。凡有死亡现象的发生,总是与我无关的,我们总以为生命很长,死亡离我们很远,我们有很多时间可以挥霍和利用,孰不知死亡在任何时刻任何地点都有可能降临。斯坦福大学心理学家劳拉·卡斯滕森说我们如何使用时间可能取决于我们觉得自己还有多少时间。中国目前人均寿命在 75 岁左右,如果以人的寿命 80 岁为例,那么我们的一生大约有 29200 天可活,假设 30 岁时死亡的偶然性并未到来,我们大概还有 18250 天的日子,尽管在 30 岁时可能会遭遇亲朋好友的突然离世,却依旧会惯性地认为在接下来 18250 天的时间里死亡的偶然性不会来临,依然体会不到死亡的非预期本质。处于生死迷雾中的我们,在剩下 18250 天的生活里依然故我,不知死之将至。生命的脆弱与宝贵,只有在经历过与自己相关死亡事件的人才会有更深刻的体验,而一般人在自己的习性里生活着,以为该见的人明天一定能见到,世界一切如初,可是不管接受与否,死亡的偶然性和非预期本质会告诉我们生命的宝贵与脆弱。生死教育促使学生明白死亡的非预期本质和偶然性特质,在生命脆弱与宝贵的体认中探询和践行生活世界中的意义。陆晓娅说这几年在生死教育教学和生死学探寻过程中有一个体验,那即是死亡永远比预期的要来得早。因而生死教育重要任务之一就是要为死亡做好准备,学习死亡,向死而生,要在发现、赋予、实现生命意义的过程中充分展开生命,只有活得有意义,生命充实,才能做到死而无憾、死无所惧、死有所值。

3.死亡的终极性

死亡是彻底的虚无，死亡的发生必然消解个体所拥有的一切东西，面对死亡，我们总要发问，人生的意义在哪，这就是终极问题。死亡引起终极问题与人生意义的拷问，死亡的终极性关联着世界的一切问题，对死亡的终极思考深刻影响着个人的行为和发展方向。有人根据死亡的终极本质，指出人来到这个世界上这一完整的生命过程，需要经历三种类型的死亡，分别为身体死亡、社会死亡、终极死亡。第一种是指身体死亡，也即生理死亡，个人生理机能丧失，身体已经毁坏不能运转，其终极意义在于不管穷人与富人、好人与坏人，在世拥有得多还是少，一旦死亡降临，这些东西全都要丧失。第二种是指社会死亡，也即随着葬礼的结束，遗体或骨灰埋入地下，死者再也不会与这个社会发生任何关系了，其终极意义在于死者在这个社会上完全消失，只会留下死者生前在这个社会上的些许印迹，这些印迹也会随着时间的流逝而不断消逝。第三种是终极死亡，也即是在另一个世界（阴间）的死亡，世界上最后一个记得你的人，把你忘记，从此整个宇宙都不再和你有关，这就是电影《寻梦环游记》中诠释的终极死亡，其终极意义在于死者在这个世界上完全消失，这个世界与其再没有关联。不管是身体死亡、社会死亡，还是终极死亡，其终极意义的本质相同，但对人的启发各有侧重。实施生死教育首先应把死亡的终极性本质作为出发点，以死观生，在生死视野中规划人生，实现生命意义和自我价值。面对终极死亡，即这个世界上没有一个人记得你了，如何超越终极死亡，寻求不朽体系，使这个世界永远都有人记得你，除了《左传》中宣扬的"立德、立功、立言"三不朽，对于普通大众来说，生死教育更侧重于个体生命意义的建构，充分展开生命，实现生命意义和自我价值。

(三)死亡意义

1.生死一体概念

生是拥有、享受、快乐,死是毁坏、丧失、痛苦。有人说我们之所以害怕死亡,重生讳死,是因为我们把生与死分裂开来看待,认为生是生,死是死,生与死之间没有关联。生与死缺少了互动,死没有生的外在支撑,生没有死的内在嵌入。死亡是生命的终结,生命如水一样流逝,死亡像油一样浮在水的上面,失去了生命作为整体的意义,缺失了生死一体的内涵特征。油与水虽不能完全相溶,但死与生既可互动,也可互参。生与死之间的互动、互参,其目的是要实现生死一体,在整全生命下充实生命、丰富生命、展开生命,实现生命的价值。

生死一体是生死教育中的重要概念,不是割裂地看待生死,而是把生死作为一个整体来认识与理解。生死一体概念有两个重要内涵,一是生死整体观,死亡本是生命的一部分,有生必有死,生死不应分离,它们本是一个整体;二是生死互动观,生死不仅是一个整体,生死之间还可以进行互动。生死之间具有一种张力,既反对不知生焉知死,也不同意不知死焉知生,主张生死互动、生死互参,达到向死而生、以死观生的生命状态。生死教育中生死一体概念所追求的是《庄子·齐物论》所说的"方生方死,方死方生",不仅要深刻领悟生死一体的生命境界,还要具有生死互动、生死转化的能力。

死亡本身并没有意义,思考死亡才有意义;生命本来也是没有意义的,个体如何赋予生命意义才是最大的意义。生死一体概念既是生死教育要达到的目标任务,也是实施生死教育的指导理念,在生死一体理念指导下,死亡的意义体现的是生命的意义,生命的意义折射出死亡的意义,生命意义与死亡意义是一体两面、等价同质的。生死教育就是要在生死一体理念指导下,促使个体追求、发现、赋予、实现生命的意义,激发生命潜能,促进生命成长,充实生命内涵,以对抗死亡的必然性、非预期性和终极性本质特质,以图达到生死一体、两相安、三自在的教育效果。

2.意义的追求

生命的意义即是死亡的意义,死亡的价值体现了生命的价值。生死教育为提升生命价值而去探询死亡意义,探询死亡意义即是在追求生命意义。人的生命具有哪些意义？人与其他生物的明显区别是人是追求意义的存在,对生命意义的追求是人的主要动机。人无法忍受无意义的生活,不会像猪一样吃完了就睡,睡醒了就吃。人在吃与睡的时候都蕴藏着意义,人会问我为什么吃、为什么活着等这样的问题,这些都是个体对生命的提问,也是个体对生命的负责。人可以自由地回答生命向他提出的问题,但这种自由并不能与任意性相混淆,必须从责任方面来理解。意义是被发现的东西,而不是被赋予的东西,是被找到的,而不是被创造出来的。[①]人追求的意义大概具有四个层次，第一层次是指社会历史与时代的意义，第二层次是人追求心灵的意义,第三层次是指伦理与道德的意义,第四层次是神圣与崇高精神境界的意义，这四个层次的意义追求不能依靠外界的赋予，而只能被个体负责地发现,生命意义的发现因人而异,且这些追求的意义会随着时间流逝而发生变化,人们在不同的年龄阶段会具有不同的生命意义。追求生命的意义,是为了实现生命价值,体现死亡意义,提高生命质量,这是生死教育的应有之义。

3.意义的发现

约翰·霍普金斯大学的社会学家对 48 所大学的 7948 名大学生做过一项统计调查,在被问及什么是你目前最主要的事情时,16%的学生回答是"赚很多钱",78%的学生回答其首要目标是"找到生活的目的与意义",可以说,发现生命的意义是人生的主要任务。从生死教育视角来看,那种企图用概括

---

① [奥]维克多·弗兰克尔.追求意义的意志[M].司群英,郭本禹,译.北京:中国人民大学出版社,2015 年,第 52 页。

性语言来回答生命的意义的做法都是徒劳的,因为生命意义不具有普遍性,生命的意义在每一个人、每一天、每一刻都是不同的,在特定的时刻每个人都会有特殊的生命意义。实际上,我们不应该追问抽象的生命意义,每个人都会有自己独特的使命,这个使命是他人无法代替的。生命意义与独特使命需要个体去发现,生命意义与独特使命不会主动彰显出来,更不会由外界来支配或赋予。意义的赋予与独特使命的彰显就是让抽象的生命意义转化为具体的人生追求,生命意义不是抽象的而是具体的,没有发现生命意义的个体是可悲的,也是不幸的。弗兰克尔创立的意义疗法认为个人有三种不同的方式来发现生命之意义:①通过创立某项工作或从事某种事业,如建功立业,为社会发展和人们福利贡献力量;②通过体验某种事情或面对某个人,如通过体验自然与文化去感受真善美或体验某个人的独特性,也就是爱某个人;③在忍受不可避免的苦难时采取某种态度。①弗兰克尔一再强调我们一定不能忘记,即使在看似毫无希望的境地,即使面对无可改变的厄运,人们也能找到生命之意义。一旦发现了生命的意义,痛苦也就不再是痛苦了。人主要关注的不是获得快乐或避免痛苦,而是发现其生命的意义。痛苦与磨难本身没有意义,人们对待痛苦与磨难的态度及反应却是具有生命意义的。在勇敢面对与接受人生的痛苦和磨难时,生命在那一刻就有了意义,个体在那一刻也就发现了生命的意义。

4.意义的实现

从追求生命意义到发现生命意义,再到生命意义的实现,这是生命被充分展开,生命价值实现的过程。生命中的每一种境况,对于人来说都是一种挑战,都会提出需要去解决的问题,所以生命之意义的问题实际上被颠倒了。人不应该问他的生命之意义是什么,而必须承认生命向他提出了问题。

---

① [美]维克多·弗兰克尔.活出生命的意义[M].吕娜,译.北京:华夏出版社,2016年,第136页。

每一个问题或每一种生命境况，个人的态度与行为选择都饱含生命意义在里面,从面对到解决,这就是发现和实现生命意义的过程。也即是说生命对每个人都提出了问题,他必须通过对自己生命的理解来回答生命的提问。对待生命,他只能担当起自己的责任,负责任就是人类存在之本质,[①]负责任地解决生命中出现问题的过程就是生命意义实现的过程。生死教育着眼于生命意义的实现过程,生命意义实现的过程也是激发生命潜能、生命价值彰显、死亡意义完成的过程。而生命潜能激发与生命价值彰显都需要爱的参与,爱是一种向外投射的关联性情感,爱具有正向的积极的力量,爱是连接个人与社会、生与死、时间与空间的媒介。爱是生死教育的核心概念,只有爱才会把个人生命意义彰显开来,通过爱才能发挥生命的全部潜能。通过爱使个体认识到自己的所能和应为,持续地去实现自己的生命潜能。生命意义的实现过程意味着生命意义的实现、生命潜能的激发、生命价值的彰显,这会极大消解个体面对死亡时的恐惧、提升个体死亡质量,使个体走得坦然、安详和圆满,此时个体死亡才具有最大的价值与意义。

二、情感领域的生死教育内容

情感领域的生死教育内容依据布鲁姆教育目标分类情感领域目标层次进行选择与组织,也即是体验死亡目标层次的生死教育内容。体验死亡是生死教育达到超越死亡的第二个阶段,是对死亡形成一定情感、态度和价值观的确立阶段。体验死亡即是从他者死亡的异己性领悟到自我死亡的本己性,从死亡事件与死亡现象的惊讶跃迁至死亡意识唤醒的过程,此过程有个人情感的高度参与,并初步形成较为稳定的死亡观和死亡态度。

---

① 　[美]维克多·弗兰克尔.活出生命的意义[M].吕娜,译.北京:华夏出版社,2016年,第133页。

生死教育如何组织体验死亡这一目标层次的教育内容？本书认为可从主体与环境两个层面来进行组织，主体层面又可从他者死亡与自我死亡来体验，而环境层面可在死亡事件与死亡文化中体验。

(一)他者死亡

他者之死，是我们对死亡现象的最初经验，是形成死亡印象、构建死亡概念的基础。个体发现死亡是从他者死亡开始的，通常是某个亲人突然亡故使我们获得了最初的死亡经验，从他者之死切己体验到自我之死，对死亡的恐惧和焦虑一生如影随形，从而形成了个体不同的死亡防御机制，构建起不同的应对死亡恐惧与焦虑的生存模式。大多数人将死亡恐惧与焦虑进行压抑、克制、隐藏甚至以另一种表现形式伪装起来，并通过追问生命意义，实现人生价值来消解对死亡的恐惧与焦虑，有人构建死亡防御机制失败后，出现各种心理障碍与精神疾病，有人在克服与对抗死亡恐惧与焦虑过程中实现了自我和生命价值。

体验他者死亡就是要体验他者对待死亡的态度、死亡价值和人生意义。体验死亡此部分教育内容可以从不同个体与群体，如圣人之死、哲人之死、常人之死、统治者与伟人之死、底层阶级与穷苦人们之死等进行选择与组织。他们对待死亡的态度有什么不同？他们的死亡方式、死亡价值有何异同？比如圣人对自己生命大限来临的预感与对生命责任的担当，如孔子能够预知太(泰)山坏、梁柱摧、哲人萎，并以梦的形式告示自己生命即将结束[1]，虽没实现政治抱负和人生理想，但其一生克己复礼、仁爱宽恕、有教无类、传道授业之生命轨迹却足以成为万世师表，后世敬仰的楷模。1941 年中秋过后，

---

① 孔子病，子贡请见。孔子方负杖逍遥于门，曰："赐，汝来何其晚也？"孔子因叹，歌曰："太山坏乎！梁柱摧乎！哲人萎乎！"因以涕下。谓子贡曰："天下无道久矣，莫能宗予。夏人殡于东阶，周人于西阶，殷人两柱间。昨暮予梦坐奠两柱之间，予始殷人也。"后七日卒。——《史记·孔子世家》

高僧弘一大师李叔同自感病势已重，手书二偈与诸友告别，偈云："君子之交，其淡如水。执象而求，咫尺千里。问余何适，廓尔亡言。华枝春满，天心月圆。"弥留之际，再书"悲欣交集"四字，是为绝笔，10 月 13 日于泉州温陵养老院晚晴室圆寂。李叔同一生涉猎文学、音乐、美术、戏剧、金石、书法等各个领域，才华横溢，学贯中西，取得辉煌艺术成就，阅尽人间繁华与沧桑后义无反顾地遁入空门成为一代高僧，这种了生脱死，充分展现生命价值的传奇人生虽不可完全学，但足以让我们体验到其死亡的价值与意义。

　　体验哲人对死亡的坦然与从容，比如苏格拉底被控以藐视传统宗教、引进新神、败坏青年和反对民主等罪名并被判处死刑，但他拒绝了朋友和学生要他乞求赦免和外出逃亡的建议，饮下毒酒而死，终年 70 岁，他认为自己是被国家判决有罪的，如果自己逃走了，法律得不到遵守，就会失去它应有的效力和权威，当法律失去权威，正义也就不复存在。他认为死亡对于自己来说一定是一件好事，那些认为死亡等于邪恶的人误解它了。死亡必是两种情况中的一种：或者是死人没有了意识，或者是他的灵魂到了其他地方。如果死亡就是失去意识，像睡觉一样，那么这个睡眠不会被任何梦惊醒，这简直是太好了。因为那就像是夜晚到来了一样。但如果死亡是去另外一个地方的旅程，那么所有人都在那儿。如果真是这样的话，还有比这更好的事情吗？你可以跟俄耳浦斯、穆塞欧斯、赫西俄德和荷马聊天了。与英雄们聊天，生活的快乐怎么能用语言表达得出来？[1]体验这些圣人与哲人对死亡的认知与态度，直面死亡的精神品格与行为方式，不免令我们有所反思，有所领悟。体验死亡的生死教育内容是为促进人们思考人生应该怎样度过，生命的意义在哪，如何安顿生死等人生任务，形成对死亡稳定的态度，促进生命持续成长。

---

　　① ［美］查尔斯·科尔，克莱德·内比，多娜·科尔.死亡课——关于死亡、临终与丧亲之痛（第 6 版）[M].榕励，译.北京：中国人民大学出版社，2011 年，第 257 页。

(二)自我死亡

从意识到他者之死到体验自我之死，这里蕴含着生死教育过程的诸多奥秘。体验到自我死亡是个体生命成长与思维发展的始基，只有在发现死亡，在死亡的逼迫下体验到人生的边缘处境，才真正具有生命成长的可能。因而体验自我死亡对生死教育的重要性不言而喻。发现死亡意味着死亡意识的升起，意味着存在性恐惧与焦虑的发现，此后在长期对抗死亡恐惧与焦虑的日常生活过程中形成一套个人死亡防御机制，死亡态度基本形塑，死亡意识并被压制，此时对死亡的觉知与体验基本钝化，死亡对个体生命成长的作用遮蔽和掩埋起来。生死教育就是要在这种遮蔽与掩埋中唤醒死亡意识，恢复死亡觉知，甚至体验到死亡的焦虑，从而促进个体生命的成长。

体验自我死亡可以从体验死亡恐惧与焦虑开始去组织与选择生死教育内容，包括个体希望以怎样的方式离世，正常死亡还是非正常死亡，自然死亡还是技术死亡？对自杀的认识与探讨，是否想过、什么时候想过和是否会实施自杀？是否了解过尊严死亡与死亡质量的概念？对尊严死亡的认识，是否知道、是否愿意填写生前预嘱等。生死教育通过对这些内容的探讨和介绍，帮助个人去感受生命的有限，试图唤醒个体感受死亡的能力，促进内在愿望与生命意义的形成。愿望需要感受，这种愿望与意义的升起，如果是基于感受之外的东西，比如道德责任或理性思考，那么人与真实自我的交流被封锁了，愿望与意义便失去其意志的支撑与动力，唯有自我的真实感受才是激起愿望与意义的有效方式。感受是愿望的前提，但并不等于愿望，愿望不只是念头或漫无目的的想象，愿望包括情感和一种力量的成分，[1]感受引发愿望与生命意义，愿望激起意志，意志是一种内在力量，它是触动个体行为

---

① ［美］欧文·D.亚隆.存在主义心理治疗[M].黄峥等,译.北京:商务印书馆,2016年,第323页。

的开关，是实现个人愿望与生命意义的动力之源。生死教育讨论与自我死亡相关如死亡恐惧、死亡质量、死亡方式、尊严死亡与生前预嘱等主题，一定程度上需要打破个体建构起来的稳固的死亡防御机制，恢复个人感受死亡的能力，在人生边缘处境去体验内在愿望或寻求生命意义，从而激起实现愿望与意义的强烈生命意志，以此寻求一种属于个人的不朽体系，最终达到对死亡的超越。

（三）死亡事件

体验死亡除了从不同主体之死去体验，也可以从不同死亡情境中去体验。每一个死亡事件都蕴藏着一种死亡情境，死亡事件包括宠物之死、亲人亡故、朋友死亡、群体死亡、自然灾难等事件中意外死亡、暴力恐怖事件中的死亡、谋杀等，体验死亡的教育内容的组织可以从上述死亡事件去分析与选择。每一个死亡事件都是我们构建死亡概念，形成一定死亡态度，生发一定死亡情感的源泉，我们就是在这些死亡事件中慢慢地形成对死亡的认知和较为稳定的死亡价值观。如宠物之死或至亲之人的亡故，使我们具有了最初的死亡经验。生死教育应该在课堂上分析不同死亡事件对个体、家庭和社会的不同影响，体验不同死亡事件中个体的情感，思考不同死亡事件发生的原因与过程、如何避免或减少发生相关死亡事件等，应领会不同死亡事件中体现的死亡价值观，体认不同死亡价值观的利弊得失，最终选择与自己最相符的死亡价值观，形成科学合理的死亡态度，为促进个人生命成长、提升死亡质量提供条件。

（四）死亡文化

实际上，不仅可以从死亡主体、死亡情境中体验死亡，还可从更广范围，个人较难控制的生存与成长环境中去体验死亡。每个人都在一定的自然和社会环境中生存,广义上讲,生存与成长的环境就是一种文化环境。文化环境中与死亡相关的活动就是死亡文化,死亡文化是指人类在处理死亡相关事件中丧、殡、葬、祭等活动中所产生的观念、实物和操作活动的总和。从出生起个人就无可避免地进入一定的死亡文化中,死亡文化伴随个体一生成长,因而可以在体验死亡中对死亡文化的相关教育内容进行组织与选择。

死亡文化观念层面包括人们的死亡观念、对待死者的态度如儒家的事死如事生与孝道观念、对丧殡葬祭的看法、对灵魂的观点等;实物层面包括丧殡葬祭等活动中所形成的实物形态,如相关器具、幡幛、祭品、墓碑、坟墓等;操作层面是指丧殡葬祭等活动如何进行,如丧礼、丧期,殡葬过程、祭祀程序等。生死教育内容可从以上三层面的死亡文化进行组织与选择,它们大都以器物、制度、行为、文字、影像、图片、实物、口述史等形式存在。生死教育应充分利用死亡文化中的相关内容进行,由于我们普遍地在重生讳死的死亡文化中生存与成长,形成了某些根深蒂固的死亡观念,如死亡是不吉利的,会带来晦气,这些观念无形地、潜在地影响了我们对死亡的行为和态度。生死教育试图在死亡文化中体验死亡,反思传统死亡文化,改变人们对死亡的态度,促进在观念、实物和操作层面的死亡文化与时俱进,使死亡文化符合现代社会和现代人发展需求,构建现代社会合理、积极、健康的死亡文化。

三、技能领域的生死教育内容

技能领域的生死教育内容是依据布鲁姆教育目标分类学中动作技能层次的目标来进行选择和组织教育内容,也即是练习死亡目标层次的生死教育内容。练习死亡是达到超越死亡最终目标的最后一阶段,希冀在与死亡相关情境中做出正确的、适当的选择。

练习死亡并不是真的要让人们去练习死,而是在不得不死的情况下能够坦然接受死亡事实的存在，不畏死亦不寻死，在死亡的濒临与逼近中促进生命的成长，建构稳定的死亡价值观，在相关处境与条件下理性选择、周全处理死亡事件，使人们以属于自己的方式安详离世、减少死亡痛苦和死亡恐惧，死得更有尊严，更有意义和价值，死而无憾，生死两安。

（一）死亡经历与濒死特征

人们畏惧死亡的一个重要原因就是不知道死时会发生什么、死后将到哪里去。练习死亡的一个重要任务是知道濒死时将会发生什么。国外许多研究人员通过对多数具有死亡经历的人进行研究，总结出他们的共同点即濒死特征，这些共同的濒死特征对于实现生死教育目标如减小死亡恐惧方面具有重要意义，因而死亡经历与濒死特征等应该成为练习死亡目标层次的教育内容。

具有死亡经历的人对于死亡一般具有濒死体验，濒死体验（Near-death Experience，简称 NDE），是指那些已经被判断为临床死亡的人被救活后所报告的他们死亡时的主观体验。濒死体验研究开始于 20 世纪 70 年代，由伊丽莎白·库伯勒-罗斯和雷蒙德·穆迪开创，越来越多的研究者加入其中，受到学术界和社会各界广泛关注。根据雷蒙德·穆迪对 150 多个具有濒死体验的人进行研究，总结归纳出濒死体验的共性特征：无以名状、听到宣布死亡的消息、平和与宁静的感觉、有刺耳或优美的声响、穿过隧道、与亲人或朋友相遇、光明使者引路、快速回顾一生、边界或界线等。①而其他的研究者也得出了相似或相近的结论，有些研究者用 NDE 作为死后生命存在的证据，他们希望能够通过 NDE 研究发现死后世界是什么样子的。但也有人质疑 NDE 是否真的存在，因为那些能够说出这些经验与体验的都是被医生抢救成功复苏

---

① ［美］雷蒙德·穆迪.死后的世界——生命不息［M］.林宏涛，译.北京：世界图书出版公司，2014年，第 24 页。

的人,他们并没有真正地死去,或许因为大脑缺氧而出现了幻觉,他们说的这些体验可能与真正死去的人并不一致。

经过几十年的研究,到目前为止人们已经很难否定 NDE 的存在。[1]问题在于人们怎样对 NDE 进行解释。生死教育不去纠结和探讨此类问题,而看重的是 NDE 研究的结果。NDE 研究告诉我们,人的死亡并不像人们通常想象的那样可怕,相反死亡其实是值得人们期待的一种舒适的、令人心驰神往的幸福体验。[2]此外,当那些具有濒死体验的人被抢救回来后,生活都发生了重要变化,他们的生活变得快乐和美满。这些具有濒死体验者性格骤然开朗起来,通常具有乐观的心态,思维开阔,较少追求物质的东西,转而追求更高的精神境界,而且有些人变得更加信仰宗教。这是濒死体验与死后世界研究给予生死教育的积极启示,不管相不相信濒死体验与死后世界的存在,生死教育致力于使人们对死亡有一种理性而清醒的认识,使人们知道死亡并不是一种可怕的经历,甚至死亡到来的那一刻,个人是安详和喜悦的。当个人真正面临死亡情境或处理相关死亡事件时,降低死亡恐惧,提升其生命质量,促进个体生命成长。

(二)死亡相关议题的探讨

练习死亡有必要深入思考如安乐死、自杀、死刑、堕胎、器官捐赠等有关死亡的议题,了解这些议题内涵与外延及其关涉的利害关系,辨析这些人类的边缘处境,当面临相关问题与死亡情境时,能做出正确合理的选择。

安乐死是指医务人员应濒死病人或其家属的自愿请求,通过作为或不作为,消除病人的痛苦或缩短痛苦的时间,使其安详地度过死亡阶段,结束生命的过程;自杀是指一个人自愿地、故意地杀死自己的行动或情况,但也

---

① 王云岭,杨同卫,朱世英.濒死体验研究及其现实意义[J].医学与哲学,2005 年第 8 期。
② 王云岭,杨同卫,朱世英.濒死体验研究及其现实意义[J].医学与哲学,2005 年第 8 期。

指任何人杀死自己的意愿或倾向；死刑是一种刑罚，是基于法律所赋予的权力，结束一个犯人生命的过程；堕胎又称中断怀孕或人工流产，故意结束妊娠，取出胚胎或者导致胎儿死亡的行为。为什么要把安乐死、自杀、死刑和堕胎等死亡议题放在一起讨论，那是因为这些有关死亡议题都是人为致死的，都涉及个体生命是由谁来决定的，人是否有死亡权利等诸多复杂的共性问题，这些问题对于思考生死意义都很重要，但又争议不断，很难形成统一共识，这些问题同样说到个人生死不仅是个人与家庭的事，更是这个社会与整个世界的事；其不同点在于安乐死既有主动的，也有被动的，既有积极的，也有消极的。主动的、积极的安乐死就是一种自杀；死刑和堕胎都是被动的被外界剥夺生命存在的结果，死刑是否要废除，是否合伦理和堕胎是否合法，是否合道德一样都涉及生命权利和法伦理等重要问题。安乐死是否需要合法化、怎样实施安乐死、人是否具有自杀的权利、死刑是否要废除、堕胎是否符合人伦道德，这些问题都可以作为一个专题来进行研讨。对这些死亡相关议题的探讨，既能对生命与死亡意义有理性的思考，又能激发个体生死与社会关系的理解，还可以让人们在应对相关事件时懂得利害得失，学会正确合理选择。

(三)临终关怀与缓和治疗

练习死亡既是一个心理过程，又是一个实践行动。临终关怀与缓和治疗是每个人生命将要谢幕前必须要面对的事情，尤其是现代社会医疗技术迅猛发展引发技术死亡及老龄化社会的到来，使原本正常的自然的生命的结束成为技术干预的人为的死亡的过程，给人们带来了诸多困惑与痛苦，造成临终生命质量与死亡尊严的低下。临终关怀与缓和治疗是为应对现代医疗技术给人带来伤害和痛苦，尊崇以人为中心而不是以病为中心的治疗理念，坚持人的价值，满足人的需求，提升人的生命质量，因而临终关怀与缓治疗是生死教育中练习死亡部分的重要内容，生死教育目的旨在提升个人生命质量和死亡尊严，让人们在生命最后的时间里学会告别,坦然接受生命的终点,走得安详,生死无憾。

临终关怀是指对生存时间有限(6个月或更少)的患者进行适当的医院或家庭照护,以减轻疾病的症状,减轻身心痛苦的医疗护理。对终末期病人实施临终关怀,目的在于降低病人的疼痛不适,减轻病人心理上的痛苦,尤其是解除病人对死亡的恐惧和不安;满足病人的生理需要,使病人能在有限的日子里,在充满人性温情的气氛中,安详、舒适且有尊严地离开人世,达到逝者死而无憾、生者问心无愧的目的。①缓和治疗也叫舒缓治疗,不是以治愈疾病为目的而是以减少病人身心痛苦为旨归,帮助病人更好地度过生命最后阶段的一种医疗形式。世界卫生组织(WHO)对舒缓治疗总结了6个方面的特征:肯定生命死亡为正常过程;不加速死亡,也不延长死亡;缓解痛楚及其他症状;结合心理进行心灵关顾;建立病人支持系统,让病人生命活跃;帮助病人家属面对病者疾病及度过哀伤期。

在受传统孝文化影响、生死教育的缺失和对生命质量与死亡尊严的深入思考的现代社会背景下,实现舒缓治疗对临终者进行临终关怀并不容易。在现实社会中有大量走到生命尽头的临终者,不仅不能安详离去反而要忍受心肺复苏、气管插管、心脏电击以及心内注射等惊心动魄的急救措施。这种现象比比皆是,即使急救成功,往往也不能真正摆脱死亡,而很可能只是依赖生命支持系统维持毫无质量的植物人状态……在许多国家和地区,人们正在寻找保持临终尊严的办法,而"生前预嘱"正是帮助人们实现这种愿望的重要手段。生前预嘱是人们事先,也就是在健康或意识清楚时签署的,说明在不可治愈的伤病末期或临终时要或不要哪种医疗护理的指示文件。

---

① 米光明,李翠,时振华.善待死亡——生命与死亡教育概论[M].石家庄:河北大学出版社,2015年,第156页。

生前预嘱主要提倡的是尊严死亡，为保证终末期病人的死亡尊严而受到推广，即是允许患者依照自己意愿不使用生命支持系统下而自然死亡，是为了满足患者意愿，提升生命质量和死亡尊严。

（四）悲伤辅导与居丧照护

一般来说，个体总是先历经他者之死再经历自己的死亡，从他者之死到自我之死，这中间就是个人学习死亡、练习死亡的过程。如何面对和处理他人的死亡，如何与丧亲者相处，如何帮助丧亲者走出丧亲之痛，适应新的生活，促进生命成长，这就涉及练习死亡部分中悲伤辅导与居丧照护的主要内容，悲伤辅导与居丧照护是生死教育中不可或缺的任务。

悲伤是指一个人遭遇失落或被夺去心爱的人或物时所产生的悲哀与伤痛。悲伤不是一种疾病，而是人正常的一种心理创伤，代表脱离幸福与健康的状态，如同身体需要复原，悲伤也需要恢复到平衡状态。悲伤有许多经典理论，如英国精神科医师帕克（Parkes，1972）提出的悲伤过程四阶段（麻木、渴望、颓丧、复元，约一年时间）理论、卡文诺夫（Robert Kavanaugh，1974）的悲伤发展七阶段（震惊、解组、反复无常的情绪、罪恶感、失落与落寞、解脱、重组）理论、史班格勒（Spangler）的悲伤反应理论（包括震惊阶段、追思阶段、解组阶段、重组阶段，每个阶段持续时间都不相同，且在认知、情感、身体、社会关系、防卫机制方面都有具体的悲伤反应）等。悲伤可分为正常悲伤（也叫自然悲伤）和病态悲伤，病态悲伤包括长期的悲伤、延迟的悲伤、过度的悲伤、掩饰的悲伤四种情形。

悲伤辅导主要是针对病态悲伤进行的，是协助人们在合理时间内，引发正常的悲伤，并健康地完成悲伤任务，以增进重新开始正常生活的能力。其终极目标是协助生者处理与逝者之间因为失落而引发的各种情绪困扰并完成未竟事务。沃登（Worden，1982）指出要协助悲伤者渡过悲伤期，需要达到以下目标:悲伤者必须接纳失落的事实,即是死亡已经事实上发生;悲伤者必须接纳丧恸是痛苦的;悲伤者需要适应已无死者存在的环境,哀恸者应该面对现实,接纳新的角色改变,并承担以前死者所负的任务;悲伤者需要把过去投入在死者的情感转移到新的其他关系中,这并非对死者怀念的背叛,而是面对人生更有意义的哀悼。对丧亲者进行悲伤辅导时需要坚持以下原则:强化死亡的真实感;鼓励悲伤者适度地表达悲伤情绪;帮助悲伤者适度地处理依附情结;从短期危机处理到长期悲伤疗程;辅导者应有能力辨认"正常的"与"病态的"悲伤行为;辅导者不要采用陈腔滥调来抚慰悲伤者。

如果说悲伤辅导属于在精神心理层面对丧亲者进行抚慰和疏导,那么居丧照护则主要是从现实生活协助丧亲者处理实际问题,当然也包括在情感上帮助丧亲者走出悲伤。居丧照护通常是从晚期病人进入濒死期,即开始协助晚期病人家属做好后事准备,在晚期病人去世后,则协助办理丧葬事宜,并重点做好家属的居丧辅导工作。居丧辅导工作一般需持续1年的时间,居丧照护的内容和方法有五个方面:陪伴与聆听;协助办理丧事;协助表达内心的悲痛情绪;协助处理实际问题;促进适应新生活。

四、超越死亡与生死教育内容

(一)不忘初心:重申生死教育目的

从认知死亡到体验死亡再到练习死亡,组织与选择生死教育内容,每个部分既有其特定内容又代表生死教育的一个阶段过程。但既然是过程就不会停滞在练习死亡阶段,总有一个终点,那即是超越死亡。只不过超越死亡既是生死教育的终点,也是生死教育的起点,因而有必要重申生死教育的目的,不忘初心,初心就是超越死亡,是要努力达到生死一体、两相安、三自在的生命状态。

超越死亡是生死教育的最终目的,如果把超越死亡看作是实施生死教育的结果,那么怎样才算对死亡进行超越了呢?即超越死亡有哪些特征,具有怎样的状态?很多时候我们认识到死亡的必然性,但在临终时依然恐惧死亡,慌乱不堪;我们体验到时间流逝和死亡正在迫近,生命短暂而有限却依然故我,不紧不慢。对死亡理性上有思考,情感上有体验,但不一定能体现在日常行为和生活事件里,这是知行不一、理事有碍的表现,真正超越死亡是知行合一、理事圆融的。

超越死亡有着不同的发生路径,有直线式的,遵从认知死亡—体验死亡—练习死亡的过程,也有从认知、体验、练习死亡每一个阶段直接可以跃迁到超越死亡,如认知—超越、体验—超越、练习—超越等跃迁式的路径。不管是直线式还是跃迁式的超越死亡的路径,从"理"上知,到"事"上行,这中间就是不断地练习死亡、学习死亡的过程,也是生命成长、个人修行、克服死亡恐惧的过程。如果把认知与体验死亡看作是从"理"上了解和认识死亡,那么练习与超越死亡就是从事上磨砺死亡,知行不能合一与"理""事"相互冲突和抵牾一样,并没有完整系统地认知死亡,也是知行相悖、理事有碍的表现,需要不断地从具体事件上磨砺,一步步地改变,做到意识与行为统一、知行合一,达到理事无碍、事事无碍、理事圆融的生命境界。

(二)何处超越:生死教育如何落地

如果从死亡的正面或积极性来说,超越死亡首先就要直视死亡,而不是逃避或者忌讳,直视死亡就是要向死而生,意味着承担生命的重担和人生的责任;如果从死亡的反面来说,超越死亡就是要使生命延续下去,意味着追求永恒的生命(即永生)。人们一直以来都在用两种常常相互重叠的方式来追求永生:真实性永生和象征性永生。真实性永生试图让人们相信可以在生理和身体上长生不老,或者人死后身体、灵魂中的某些重要部分还可以延续下去。人们可以通过精神途径来追求"真实的永生",即相信死后的来世和灵魂不灭等,同时还可通过科学途径来追求"真实的永生",最初是古代的炼丹术,后来则有现代的"时光逆转"和"死后重生"等方面的技术,比如人体冷冻术等。象征性永生的途径则强调人的死亡是不可避免的,生命是不可长久延续与永恒存在的,但是在人死亡之后,他的身份、名誉或生命中留下的精神与物质财富,都将继续存在于这个世界上——这就是象征性永生。象征性永生可以给人以希望,使人们相信在最后一次呼吸结束后,留在这个世界上象征性的残余物会成为永恒存在的一部分。

如果从具体层面来说,超越死亡从哪些方面进行超越?这也即是生死教育如何落地的问题。本书认为超越死亡主要包括以下五个方面:身体超越、心理超越、精神超越、行为超越、事业超越,身体超越与精神超越属于真实性永生,心理超越、行为超越、事业超越属于象征性永生。不管是哪个层面的超越,也不管是哪个方面的永生,首要就是直面死亡,敢于承担生命之重,超越死亡的基础就是生命。从身体方面超越就是要珍爱生命,养成良好的生活习惯,注重养生,加强锻炼,延缓身体衰老,长寿就是身体超越死亡的追求;而精神超越就是在某一领域(如事件、活动、经历)发现生命意义,并持之以恒地为实现生命意义孜孜不倦、努力奋斗,在实现生命意义中将个人精神挺立并显现出来,即使生命不在,此种显现出来的精神也可得到永生,这就是在精神上超越死亡。

有研究者指出超越死亡主要模式共有五种,第一种是生物社会学意义上"对死亡的超越",是指虽然我们每个人都必然会死去,但是我们可以把自己的基因、历史、价值观、财产等传给后代,或者还可以把自己看作某个家族、民族或者国家的一部分。虽然我们会死去,但是我们的家族、民族或国家则可以长存。第二种是神学意义上"对死亡的超越",在于一些人相信灵魂的存在,并且相信灵魂是不会消亡的,或者从象征性意义上来说,有些人相信即使自己死了,他也会在精神上与某个"永恒的生命"存在联系。第三种是创造意义上"对死亡的超越",在于在艺术和科技等领域中,进行开拓创新或教育下一代,取得一定的成绩,从而为后人留下自己独特的贡献。第四种是自然意义上"对死亡的超越",就是把自己个人的生命与所有其他生命、大自然甚至整个宇宙看作一体。第五种是感官体验上"对死亡的超越",是一种"时间流逝与永恒"的体验感觉,可以让人产生强烈的畏惧和奇妙感,如与你的孩子们玩耍时、参加宗教仪式时、全身心地投入创造性活动时、沉浸在自然世界中时。这五种超越死亡的模式,基本上都属于象征性永生的追求,都是在现实层面充分发挥和丰富自己的生命。总之,生死教育要落地,需要从既是起点也是终点的超越死亡最高目标出发,需要在社会现实层面中各种具体事件中去练习与超越,需要落实到人的生命意义与价值层面上去寻求、挖掘与实现。

(三)方得始终:生死一体、两相安、三自在

超越死亡并不是一句空幻的口号,超越死亡一定是体现在生活中各种具体事件上。如何才能算是超越死亡呢? 它有哪些表现? 超越死亡的状态是怎样的? 我们认为超越死亡应该表现为生死一体、两相安、三自在,要达到这种状态并不容易,它包括了对生死的认知、体悟、意义追求与实现。这既是超越死亡的生活表现状态,也是一种个人修行的生命过程,更是我们追求的一种人生境界。

生死一体是不将生死割裂开来,把生死看作一个整体,从认知上说,无死无生,无生亦无死,死生相对,生死相成,死与生没有差别,死亡是另一种形式的生,关键在于如何将死融于生,让生命充分展开,生命无有虚度才可能不惧怕死亡。死是生的延续,生是死的前提,生死不可分,担着死,充实生;

生死两安有两层意义,一是生死安顿,生前的生活是安顿的,死时的生命是安详的,二是由于死者走得安详,有充分的时间与生者道谢、道歉、道别、道爱,没有未竟心愿,死者与生者之间的情感得到充分交流与释放,死者是没有遗憾的,生者是慰藉的;生死自在是指生死没有困惑,能够预知自己的生命大限,并坦然面对死亡的来临,也即是生是自在而没有困惑,死也是自在没有遗憾。生死自在更多是指人生的一种境界,活得明白,有追求,死得坦然,无困惑。

生死一体、两相安、三自在需要生死教育的引导,比如如何做到生死一体,就是要让人们看生死之间的关联与互动,就是把死与生看成另一种形式的转化,并没有区别,问题是要向死而生,将生命与自我价值充分实现出来;生死两安中的生死安顿与生死慰藉,生死教育应挖掘古往今来著名案例予以呈现;很多大德高僧、圣人都能够做到生死自在,这的确是一种生命境界,但并不是可望而不可即,平常人也能以平常人的方式做到了生脱死,生死超然。生死教育试图阐释和说明超越死亡的生死一体、两相安、三自在的不同案例,探讨超越死亡的不同形式,做到"理"上通透,"事"中践行,理事无碍,知行合一。

五、大学生生死教育内容的实证调查

（一）大学生生死教育内容的描述统计

表5-1 生死教育应从多角度、多学科来探讨死亡及其相关问题(N=4914)

生死教育内容	选项	频数 （F）	百分比 （P）	均值 （M）	标准差 （ST）
生死教育应从多角度、多学科来探讨死亡及其相关问题	很不同意	134	2.7	3.89	1.004
	不太同意	286	5.8		
	不确定	1116	22.7		
	比较同意	1834	37.3		
	非常同意	1544	31.4		
	总计	4914	100.0		

由表5-1可知,"生死教育应从多角度、多学科来探讨死亡及其相关问题"题项,有68.7%的学生选择同意,而仅有8.5%选择不同意,这说明多数学生认识到多角度、多学科来探讨和思考死亡及其相关问题对于生死教育的意义。

表5-2 大学生应接受较为系统的死亡知识(N=4914)

生死教育内容	选项	频数 （F）	百分比 （P）	均值 （M）	标准差 （ST）
大学生应接受较为系统的死亡知识	很不同意	138	2.8	3.80	0.999
	不太同意	306	6.2		
	不确定	1312	26.7		
	比较同意	1826	37.2		
	非常同意	1332	27.1		
	总计	4914	100.0		

由表5-2可知,"大学生应接受较为系统的死亡知识"题项,有64.3%的学生认同应传授给大学生较为系统的死亡知识,而只有9%的学生不同意,

这说明生死教育还应以死亡知识传授为主，促进学生个体发展。

表 5-3　生死教育应培养大学生面对濒死和处理死亡事件的能力（N=4914）

生死教育目的	选项	频数（F）	百分比（P）	均值（M）	标准差（ST）
生死教育应培养大学生面对濒死和处理死亡事件的能力	很不同意	126	2.6	3.89	0.985
	不太同意	282	5.7		
	不确定	1084	22.1		
	比较同意	1938	39.4		
	非常同意	1484	30.2		
	总计	4914	100.0		

由表 5-3 可知，"生死教育应培养大学生面对濒死和处理死亡事件的能力"题项，有 69.6%的学生选择同意，仅有 8.3%的学生选择不同意，这说明大多数学生看重濒死与处理死亡事件能力，希望获得处理死亡事件的能力。

表 5-4　大学生应学习死亡本质、死亡过程、死亡原因、临终者情感与心理变化等方面内容（N=4914）

生死教育内容	选项	频数（F）	百分比（P）	均值（M）	标准差（ST）
大学生应学习死亡本质、死亡过程、死亡原因、临终者情感与心理变化等方面内容	很不同意	134	2.7	3.78	1.000
	不太同意	326	6.6		
	不确定	1322	26.9		
	比较同意	1822	37.1		
	非常同意	1310	26.7		
	总计	4914	100.0		

由表 5-4 可知，"大学生应学习死亡本质、死亡过程、死亡原因、临终者情感与心理变化等方面内容"题项，有 63.8%的学生选择同意，仅有 9.3%的学生选择不同意，这说明大多数学生都认为生死教育应当学习死亡本质、死亡过程、死亡原因、临终者情感与心理变化等方面内容。

表5-5 安乐死、死刑废除、堕胎、生前预嘱等问题的探讨应该成为生死教育的内容
（N=4914）

生死教育内容	选项	频数（F）	百分比（P）	均值（M）	标准差（ST）
安乐死、死刑废除、堕胎、生前预嘱等问题的探讨应该成为生死教育的内容	很不同意	172	3.5	3.74	1.032
	不太同意	332	6.8		
	不确定	1408	28.7		
	比较同意	1710	34.8		
	非常同意	1292	26.3		
	总计	4914	100.0		

由表5-5可知,"安乐死、死刑废除、堕胎、生前预嘱等问题的探讨应该成为生死教育的内容"题项,有61.1%的学生选择同意,仅有10.3%的学生选不同意,表明大部分学生认为在生死教育课程中应该探讨安乐死、死刑废除、堕胎、生前预嘱等内容。

表5-6 临终关怀、缓和治疗、尊严死是生死教育必须探讨的主题（N=4914）

生死教育内容	选项	频数（F）	百分比（P）	均值（M）	标准差（ST）
临终关怀、缓和治疗、尊严死是生死教育必须探讨的主题	很不同意	136	2.8	3.82	0.991
	不太同意	248	5.0		
	不确定	1374	28.0		
	比较同意	1760	35.8		
	非常同意	1396	28.4		
	总计	4914	100.0		

由表5-6可知,"临终关怀、缓和治疗、尊严死是生死教育必须探讨的主题"题项,有64.2%学生选择同意,仅有7.8%的学生选择不同意,这说明大多数学生认为生死教育应该探讨和学习临终关怀、缓和治疗、尊严死等方面的主题和内容。

(二)大学生生死教育内容的影响因素

第一,性别变量对大学生生死教育内容做独立样本 T 检验,结果显示,男生与女生对大学生生死教育内容存在显著差异($t=-4.984$,$df=3212.044$,$P<0.01$),说明性别是大学生生死教育内容的影响因素。

第二,学校层次对大学生生死教育内容做独立样本 T 检验,结果显示,专科学校与本科学校的大学生对大学生生死教育内容存在显著差异($t=-2.489$,$df=412.162$,$P<0.05$),说明不同层次学校的学生对大学生生死教育内容有不同看法。

第三,专业对大学生生死教育内容做独立样本 T 检验,结果显示,医学与非医学专业对大学生生死教育内容存在显著差异($t=5.373$,$df=4912$,$P<0.01$),说明是否学医学专业是影响大学生生死教育内容的影响因素。

第四,有无宗教信仰对大学生生死教育内容做独立样本 T 检验,结果显示,大学生是否信教对生死教育内容存在显著差异($t=-2.095$,$df=4912$,$P<0.05$),这说明有无宗教信仰是生死教育目的的影响因素。

第五,是否参加过葬礼对大学生生死教育内容做独立样本 T 检验,结果显示,学生是否参加过葬礼对生死教育内容不存在显著差异($t=1.468$,$df=4912$,$P>0.05$),这说明是否参加过葬礼不是生死教育内容的影响因素。

第六,有无濒死体验对大学生生死教育内容做独立样本 T 检验,结果显示,学生有无濒死体验对大学生生死教育内容存在显著差异($t=2.311$,$df=1582.984$,$P<0.05$),这说明有无濒死体验是大学生选择生死教育内容的影响因素。

第七,学科对大学生生死教育内容做单因素方差分析,结果显示,不同学科对大学生生死教育内容存在显著差异($F=3.217$,$P<0.05$),事后分析的多重比较(LSD)结果表明:文科与工科大学生对于生死教育内容的看法存在显

著差异(P<0.05),理科与工科大学生对于生死教育内容的看法存在显著差异(P<0.05),工科与其他学科学生对于生死教育内容的看法存在显著差异(P<0.05)。

第八,年级对大学生生死教育内容做单因素方差分析,结果显示,不同年级对大学生生死教育内容存在显著差异(F=3.967,P<0.05),事后分析的多重比较(LSD)结果表明:大一与大四学生对生死教育内容的看法存在显著差异(P<0.05),大二与大三学生对生死教育内容的看法存在显著差异(P<0.05);大二与大四学生对生死教育内容的看法存在显著差异(P<0.01)。

由以上检验与分析可知,大学生性别、学校层次、是否医学专业、有无宗教信仰与濒死体验、学科与年级对大学生生死教育内容形成显著差异,说明这些因素都会给大学生选择生死教育内容造成一定影响,而是否参加过葬礼对大学生生死教育内容并无显著影响。

(三)大学生生死教育内容的实证调查小结

对大学生生死教育内容进行实证调查可知, 大部分学生认为大学生应接受较为系统的死亡知识,可从多角度、多学科来探讨死亡及其相关问题,培养大学生面对濒死和处理死亡事件的能力。大学生除了应学习死亡本质、死亡过程、死亡原因、临终者情感与心理变化等方面内容,临终关怀、缓和治疗、尊严死、安乐死、死刑废除、堕胎、生前预嘱、器官捐赠等问题应该成为生死教育课程内容和需要探讨的话题, 这些与上述理论探索的生死教育内容非常吻合。

高校实施大学生生死教育课程应该如何组织和选择课程教学内容? 结合上文理论探索和实证调查, 本书认为可以从生死教育目的来对生死教育课程内容进行选择与组织,根据布鲁姆教育目标分类理论,大学生生死教育目的包括认知、情感和技能等领域不同的层次,相对应生死教育目的即是要认知死亡、体验死亡、练习死亡,最终达到超越死亡的最终追求,因而可以根据这些不同层次目标去选择生死教育课程教学内容。如果将认知死亡、体验死亡、练习死亡、超越死亡等目的层次进行细分,如将认知死亡细分为二级目标:认识死亡的本质包括死亡必然性、非预期性和终极性等,那么就可以再次根据生死教育的二级目标去选择和组织课程教学内容。如能将生死教育二级目标分得更具体一点,那么依然可以根据这些更具体的目标对生死教育课程内容进行选择与组织。而实证调查显示大学生的性别、学校层次、是否医学专业、有无宗教信仰与濒死体验、学科与年级对大学生生死教育课程内容的选择与组织产生重要影响。

本章小结

本章根据布鲁姆教育目标分类理论,对大学生生死教育内容进行理论上的探讨,并辅之以对大学生生死教育内容的实证调查,以确定大学生生死教育内容。

第一,认知领域的大学生生死教育内容是对死亡在现有科学意义进行全面系统了解。从死亡意识、分类、标准和机理等死亡知识方面认识和了解死亡是什么,从死亡必然性、非预期性和终极性等死亡本质方面认识了解为什么会死亡,从生死一体概念、死亡意义追求、发现和实现等死亡意义方面认识了解死亡会怎么样。

第二,情感领域的生死教育内容,是从他者死亡的异己性领悟到自我死亡的本己性,从死亡事件与死亡现象中的惊讶跃迁至死亡意识唤醒的过程,这个过程具有个人情感的高度参与、初步形成一定死亡态度、基本确定对死亡较稳定的价值观。情感领域的生死教育内容可从主体与环境两个层面进行组织与选择,主体层面又可从他者死亡与自我死亡来体验,而环境可从死亡事件与死亡文化中体验。

第三,技能领域的生死教育内容,是依据布鲁姆教育目标分类中动作技能层次目标进行选择和组织教育内容。练习死亡并不是真的让人们要去练习死,而是在不得不死的情况下能够坦然接受死亡事实的存在,不畏死亦不寻死,在死亡的濒临与逼近中促进生命的成长,建构稳定的死亡价值观,在相关处境与条件下理性选择、周全处理死亡事件,使人们以属于自己的方式安详离世、减少死亡痛苦和死亡恐惧,死得更有尊严,更有意义和价值,死而无憾。

第四,超越死亡是大学生生死教育的最终目的,可根据最终目的选择大学生生死教育内容。超越死亡是要直视死亡而不是逃避或者忌讳,意味着追求永恒生命(即永生)。人们一直用两种常常相互重叠的方式来追求永生:真实性永生和象征性永生。超越死亡可从身体超越、心理超越、精神超越、行为超越、事业超越等方面进行,身体超越与精神超越属于真实性永生,而心理超越、行为超越、事业超越属于象征性永生。

第五,对生死教育进行实证调查,大部分学生认为大学生应接受较系统的死亡知识,可从多角度、多学科来探讨死亡及其相关问题,培养大学生面对濒死和处理死亡事件的能力。大学生除了应学习死亡本质、死亡过程、死亡原因、临终者情感与心理变化等内容,临终关怀、缓和治疗、尊严死、安乐死、死刑废除、堕胎、生前预嘱、器官捐赠等问题应该成为生死教育课程内容和需要探讨的话题。

第六章　整合与优化：大学生生死教育实施的途径

　　前几章对大学生生死教育需求、目的和内容进行了探讨,为大学生生死教育实施理清了思路和提供了条件,但大学生生死教育有哪些实施途径,或者说哪种途径和方式对大学生进行生死教育更合适？本章在分析生死教育实施途径与方式基础上,探讨生死教育课程的设置意义、实施条件、实施过程与实施评价等内容,试图整合大学生生死教育课程资源,优化大学生生死教育的实施途径。

一、大学生生死教育实施的途径

(一)家庭能否作为实施大学生生死教育的途径

　　家庭能否成为大学生生死教育的重要途径,需要分析家庭教育是否具备教育活动的基本要素。只有完全具备相应教育要素,才有可能形成教育实践活动。按照顾明远先生编著的《教育大辞典》对教育基本要素的规定，教育要素包括教育者、受教育者和教育影响。其中教育影响是教育实践活动的手段，是置于教育者和受教育者之间并把它们联系起来的一切中介的总和，如施教场所、教科书、教学方法、教育技术手段以及教学组织形式等。家庭教育中教育者应该是父母，但是父母能不能充当一名合格的教育者呢？作为家庭教育中的教育者，父母首先应该具备所教学科领域一定的知识体系，但是当今大学生的父母是否具备一定的死亡知识或是否认同生死教育呢？是否具有一定的死亡知识不好判断，但可以根据对死亡的观念和对生死教育的态度来进行。在对大学生父母访谈调查中发现，大多数父母听到生死教育时，一脸的惊讶和茫然，对生死教育的认知基本停留在教人如何去死亡的误解当中，而仅有少数的父母认同生死教育，但基本上对生死教育没有概念，而且这些少数认同生死教育的父母有一个共同特征，基本上都经历过对自己触动很大的失落和创伤；对大学生访谈调查发现，92%的学生反映在家庭中父母没有跟他们谈论或言说过死亡，有学生指出死亡是个禁忌话题，在家庭教育里完全受到了忽视。应该说父母作为家庭教育的主要实施人，并不具备大学生生死教育者应有的素质，且大学生离开家乡接受高等教育，只有寒暑假的时间在家，在家庭对大学生进行生死教育会受到时间和地点的限制。因此，就目前来说，本书认为家庭不是大学生生死教育的最好途径。

（二）社会能否作为实施大学生生死教育的途径

社会能否作为实施大学生生死教育的途径，根据教育要素理论，我们认为社会同样也不具备对大学生实施生死教育的条件。社会是人与人之间形成的特定关系总和，是稳定的不容易发生改变的结构。社会对大学生进行生死教育，一般是指社会中相应稳定的机构承担的教育活动，如公司企业、医院、社区、公益慈善组织、事业单位等公共组织。以公司企业为例，公司企业是以盈利为目的的社会机构,实施生死教育对它而言并不能获得相关收益,因而公司企业不具备实施生死教育的动机;医院为减少医患冲突,提升病人生命质量,对病人进行生死教育是必要的,但并不是每个医生都了解生死教育,对生死教育的重要性都有充分认识,正如急诊科著名医生殳儆所说,实际上医生更应该接受生死教育;社区有实施生死教育的条件和动机,但同样没有专业的教育者。公益慈善机构、图书馆、少年宫、事业单位等社会文化组织,一个共性特征就是缺乏专业的教师,虽然偶尔能组织实施一些相关的生死教育宣传活动,且一般夹杂在安全教育、心理健康教育之中。但不管是此类活动的组织,还是从教育内容及其效果上都具有较多限制和不足。此外,大学生与这些社会文化组织实施的生死教育并没有多少关联,唯一的联结是大学生在进行校外实践活动、实习和实训时可能会进入相关社会文化组织机构之中,且不说这些机构是否有能力承担,从这些社会文化组织机构担负的责任与职责来说,它们并没有义务对大学生进行生死教育。因而从社会方面来说,实施大学生生死教育,社会中相关文化组织及其机构并不能很好地胜任,或者说就目前状况来说,社会并不是对大学生进行生死教育的最恰当途径。

(三)高校能否作为实施大学生生死教育的途径

高校是研究高深学问,培养高层次人才的专门教育机构,它承担着社会服务、文化传承与创新的职能。生死教育依托于生死学,旨在为受教育者传递生死学知识,而生死学是一门新型的交叉的人文社会学科,它可以整合各个学科的知识。首先,大学里有专门的老师进行从事教育教学和科学研究,只要对生死学学科与生死教育感兴趣的教师都可以进行研究并从事相关教育教学活动;其次,作为受教育者,大学生以学习知识、掌握技能、提升综合素质和个人发展为志业,他们有探求生死意义与死亡问题的欲望,对未知领域充满好奇心,具有较为强烈的生死教育需求;最后,从第三个要素教育影响来说,大学有专门的施教场所、固定的施教时间及教育基础设施和教学设备等,这些都为大学生生死教育顺利开展提供了条件。在高校对大学生进行生死教育符合教育活动开展的教育要素理论,具备教育活动开展的基本条件。高校对大学生进行生死教育既具备可行性条件,也具有非常重要的现实意义,符合大学生身心发展阶段特征,能够促进大学生生命成长,建构生命意义,实现自我价值。总之,高校是对大学生进行生死教育最适切的途径,而在高校设置生死教育课程是对大学生进行生死教育的最好方式。

需要指出的是,高校是大学生生死教育最适切的途径,并不是唯一途径,上面分析的家庭与社会都可以成为大学生生死教育的一种途径,但从教育活动的开展条件和专业程度来看,在高校对大学生进行生死教育比家庭、社会要优越得多。如果从教育分类来看,家庭、社会所承担的生死教育都是一种非正规和非正式的教育,只有在高校进行的才属于正规教育,才真正符合教育活动开展所必须具备的相关要素。但生死教育如果要想获得较为理想的效果,家庭、社会和高校教育需形成教育合力,只有正规教育与非正规教育相互支撑,形成合力而不是阻力时,才能够获得最佳的生死教育效果。就目前国民教育体系来说,生死教育并没有被纳入国民教育体系中,不管是学前教育、基础教育还是高等教育,只有小部分老师会将相关死亡知识渗透进课程教学中,独立开设生死教育的课程则更少。在高校中许多教师认识到了生死教育的重要性,纷纷开设生死教育课程对大学生进行生死教育,但由于种种原因和审核限制,总体上,开课高校和设置生死教育课程数量依然非常少。

（四）大学生生死教育实施途径的实证调查

1.大学生生死教育实施的描述性统计

表 6-1　应采取多种途径共同推进生死教育实施（N=4914）

生死教育实施	选项	频数（F）	百分比（P）	均值（M）	标准差（ST）
应采取多种途径共同推进生死教育实施	很不同意	134	2.7	3.77	0.987
	不太同意	320	6.5		
	不确定	1332	27.1		
	比较同意	1892	38.5		
	非常同意	1236	25.2		
	总计	4914	100.0		

由表 6-1 可知，"应采取多种途径共同推进生死教育实施"题项，有63.7%的学生选择同意，只有9.2%的学生选择不同意，说明了大多数学生相信进行生死教育需要采取多种途径和方式。

表 6-2　必须根据大学生身心发展特点进行适合的生死教育（N=4914）

生死教育实施	选项	频数（F）	百分比（P）	均值（M）	标准差（ST）
必须根据大学生身心发展特点进行适合的生死教育	很不同意	122	2.5	3.87	0.979
	不太同意	282	5.7		
	不确定	1140	23.2		
	比较同意	1946	39.6		
	非常同意	1424	29.0		
	总计	4914	100.0		

由表 6-2 可知，"必须根据大学生身心发展特点进行适合的生死教育"题项，有68.6%的学生选择同意，而仅有8.2%的学生选择不同意，这说明大部分大学生都认为需要根据学生身心发展特点进行适合他们的生死教育。

表6-3　探讨死亡相关话题是实施生死教育的方式（N=4914）

生死教育实施	选项	频数（F）	百分比（P）	均值（M）	标准差（ST）
探讨死亡相关话题是实施生死教育的方式	很不同意	144	2.9	3.64	1.003
	不太同意	406	8.3		
	不确定	1610	32.8		
	比较同意	1690	34.4		
	非常同意	1064	21.7		
	总计	4914	100.0		

由表6-3可知，"探讨死亡相关话题是实施生死教育的方式"题项，有56.1%的学生选择同意，有11.2%的学生选择不同意，说明大多数学生都比较认同以探讨死亡相关话题，如安乐死、尊严死亡等来实施生死教育。

表6-4　在大学设置生死教育课程是实施生死教育的最好途径（N=4914）

生死教育实施	选项	频数（F）	百分比（P）	均值（M）	标准差（ST）
在大学设置生死教育课程是实施生死教育的最好途径	很不同意	188	3.8	3.48	1.020
	不太同意	516	10.5		
	不确定	1834	37.3		
	比较同意	1512	30.8		
	非常同意	864	17.6		
	总计	4914	100.0		

由表6-4可知，"在大学设置生死教育课程是实施生死教育的最好途径"题项，有48.4%的学生选择同意，37.3%的学生选择不确定，而只有14.3%的学生选择不同意，这说明了大部分学生都认为可以在大学开设生死教育课程，但还有很多学生并不能确定是否这是最好的实施生死教育的途径。

表 6-5　可通过学理认知、情境体验、参观活动、团体诘问等方式来进行生死教育
（N=4914）

生死教育实施	选项	频数（F）	百分比（P）	均值（M）	标准差（ST）
可通过学理认知、情境体验、参观活动、团体诘问等方式来进行生死教育	很不同意	142	2.9	3.73	0.984
	不太同意	342	7.0		
	不确定	1328	27.0		
	比较同意	1974	40.1		
	非常同意	1128	23.0		
	总计	4914	100.0		

由表 6-5 可知，"可通过学理认知、情境体验、参观活动、团体诘问等方式来进行生死教育"题项，有 63.1%的学生选择同意，有 9.9%的学生选择不同意，另有 27%的学生选择不确定，这说明大多数学生认为可以通过学理认知、情境体验、参观活动、团体诘问等方式来进行生死教育。

表 6-6　生死教育应由专门人员来开展（N=4914）

生死教育实施	选项	频数（F）	百分比（P）	均值（M）	标准差（ST）
生死教育应由专门人员来开展	很不同意	152	3.1	3.80	1.028
	不太同意	332	6.8		
	不确定	1264	25.7		
	比较同意	1748	35.6		
	非常同意	1418	28.9		
	总计	4914	100.0		

由表 6-6 可知，"生死教育应由专门人员来开展"题项，有 64.5%的学生选择同意，有 9.9%的学生选择不同意，这说明绝大多数大学生对进行生死教育的教师有较高的期待，需要由专门人员来实施，这就对开设生死教育课程的教师提出了要求。

表 6-7　生死教育应由家庭来负责推进实施(N=4914)

生死教育实施	选项	频数 (F)	百分比 (P)	均值 (M)	标准差 (ST)
生死教育应由家庭来负责推进实施	很不同意	378	7.7	3.14	1.093
	不太同意	890	18.1		
	不确定	1958	39.8		
	比较同意	1064	21.7		
	非常同意	624	12.7		
	总计	4914	100.0		

由表 6-7 可知,"生死教育应由家庭来负责推进实施"题项,有 34.4% 的学生选择同意,有 25.8% 的学生选择不同意,还有 39.8% 的学生选择不确定,这说明生死教育是由家庭还是由学校来实施,大学生们并不是很明确,也没有形成较为统一的看法。

表 6-8　社会及相关机构应参与到生死教育过程中并负主要责任(N=4914)

生死教育实施	选项	频数 (F)	百分比 (P)	均值 (M)	标准差 (ST)
社会及相关机构应参与到生死教育过程中并负主要责任	很不同意	170	3.5	3.59	1.021
	不太同意	444	9.0		
	不确定	1638	33.3		
	比较同意	1652	33.6		
	非常同意	1010	20.6		
	总计	4914	100.0		

由表 6-8 可知,"社会及相关机构应参与到生死教育过程中并负主要责任"题项,有 54.2% 的学生选择同意,33.3% 的学生选择不确定,有 12.5% 的学生选择不同意,这说明有大多数学生认为社会及其相关机构要负起生死教育的责任,而也有大部分学生对此问题并不确定,这说明需要进一步明确和理清生死教育的实施途径与方式。

2.大学生生死教育实施的影响因素

第一,性别变量对大学生生死教育实施维度进行独立样本 T 检验,结果显示，男生与女生对大学生生死教育实施的看法存在显著差异（t=-3.938，df=3148.867，P<0.01），这说明性别是大学生生死教育实施的影响因素。

第二，学校层次对大学生生死教育实施维度进行独立样本 T 检验，结果显示，专科学校与本科学校的大学生对大学生生死教育实施不存在显著差异（t=-1.333，df=412.530，P>0.05），说明不同层次学校的学生对大学生生死教育实施具有相同看法。

第三，专业对大学生生死教育实施维度进行独立样本 T 检验，结果显示，医学与非医学专业对大学生生死教育实施存在显著差异（t=4.467，df=4912，P<0.01），说明是否学医学专业是影响大学生对生死教育实施途径、方式、过程等方面的影响因素。

第四，有无宗教信仰对大学生生死教育实施维度进行独立样本 T 检验，结果显示，大学生是否信教对生死教育实施不存在显著差异（t=-1.131，df=4912，P>0.05），这说明有无宗教信仰对生死教育实施并不产生影响。

第五，是否参加过葬礼对大学生生死教育实施维度进行独立样本 T 检验，结果显示，学生是否参加过葬礼对生死教育实施不存在显著差异（t=0.769，df=1415.377，P>0.05），这说明大学生是否参加过葬礼不是生死教育实施的影响因素。

第六，有无濒死体验对大学生生死教育实施维度进行独立样本 T 检验，结果显示，学生有无濒死体验对大学生生死教育内容存在显著差异（t=2.331，df=4912，P<0.05），这说明有无濒死体验是大学生生死教育实施的影响因素。

第七，学科对大学生生死教育实施维度进行单因素方差分析，结果显示，不同学科对大学生生死教育实施存在显著差异（F=2.786，P<0.05），事后分析的多重比较（LSD）结果表明：文科与工科大学生对于生死教育实施的看法存在显著差异（P<0.05），理科与工科大学生对于生死教育实施的看法存在

显著差异（P<0.05），工科与其他学科学生对于生死教育实施的看法存在显著差异（P<0.05）。

第八，年级对大学生生死教育实施维度进行单因素方差分析，结果显示，不同年级对大学生生死教育实施存在显著差异（F=2.922，P<0.05），事后分析的多重比较（LSD）结果表明：大一与大四学生对生死教育实施的看法存在显著差异（P<0.05）；大二与大四学生对生死教育实施的看法存在显著差异（P<0.01）。

由以上检验与分析可知，大学生性别、是否医学专业、有无濒死体验、所属学科、年级等对大学生生死教育实施形成显著差异，说明这些因素都会给大学生生死教育实施造成一定影响，而学校层次、宗教信仰、是否参加过葬礼对大学生生死教育实施并无显著影响。

（五）大学生生死教育实施途径的审思

根据大学生生死教育实施途径实证调查结果，大部分大学生认为可以采取多种途径共同推进生死教育，家庭、社会及相关机构都应该参与到大学生生死教育过程中，更重要的是多数学生认为在高校设置生死教育课程是实施大学生生死教育的最好途径，且认为对大学生进行生死教育应由专业人员进行，此外，应该根据大学生身心发展特点，共同探讨死亡相关主题并给予大学生适合的生死教育，学理认知、情境体验、参观活动、团体诘问等是对大学生进行生死教育重要的实施方式，而性别、专业、有无濒死体验、所属学科、年级等因素对大学生生死教育实施途径和方式的选择具有重要影响。

对比家庭和社会及其相关组织机构，在高校开设生死教育课程是当前对大学生进行生死教育的最好途径，高校具有对大学生进行生死教育的良好条件和教育教学资源，拥有专门从事生死学、生死教育研究和教育教学的老师，具备固定和稳定的教学场所及开设生死教育课程所需的教育资源，具备开展教育实践活动的基本条件，而家庭和社会及其相关机构则可以在外围配合高校实施大学生生死教育,营造良好的生死教育实施环境,使家庭、社会与高校形成进行生死教育的合力,不断地去影响、更新、完善传统死亡文化,以点带面,聚面成体,从而构建和形成符合现代社会发展的新型死亡文化。

二、高校设置大学生生死教育课程的意义

(一)高校通识教育的重要组成部分

通识教育其源头在古希腊,亚里士多德称之为自由教育,纽曼称之为博雅教育,主要是为培养具有批判思维、人格健全、心胸开阔、行为优雅的有德性的公民。进入近代社会以来,学术分科越来越细,知识被严重割裂,为解决专业教育和分科教育日益显现出来的弊端, 越来越多的人认识到通识教育的重要性, 它就是要将不同的知识融会贯通, 培养出有独立思考能力的健全、完整的人。通识教育具有三重意蕴,即教育对象的广泛性、教育目的的解放性、教育内容的均衡性,①教育对象的广泛性是指通识教育面向所有人,教育目的的解放性是指通识教育要促进人的解放,实现个体心智的健全发展,迈向精神自由的人生境界, 教育内容的均衡性是指通识教育应该遵循基础性与发展性、理论性与实践性、普适性与地方性、人文性与科学性相结合的基本原则。通识教育以成人为最高目的,而专业教育是以成才为最高目的,不管是成人还是成才都是高等教育特别是大学本科教育所期待达到的效果,通识教育与专业教育都是高等教育不可或缺的重要内容。

---

① 王洪才,解德渤.中国通识教育 20 年:进展、困境与出路[J].厦门大学学报(哲学社会科学版),2015 年第 6 期。

大学生生死教育就是要弥补严重缺乏的死亡知识，培养大学生正视死亡、思考死亡、应对死亡的能力，降低死亡焦虑与死亡恐惧，寻求安身立命之道，形成健全完整的人格，属于通识教育范畴。由于受传统死亡文化影响，对于死亡问题与生死意义的思考，即便是以理性精神去研究和探索高深学问的大学，全国开设或设置生死教育课程的高校非常少。生死教育课程是高校通识教育的重要组成部分。首先，通识教育是大学生接受高等教育的重要内容，生死教育属于通识教育范畴，设置生死教育课程是高校对大学生进行通识教育的必然选择。其次，大学生青春年少，充满活力，正处生命上升期，离死亡看似较遥远，但死亡的非预期与偶然性使其面对死亡的机会和概率与其他人群是同等的，生死教育课程能让大学生冷静而理性地看待和思考生命，不断寻求活着的意义，更好地规划人生。最后，生死教育的缺失和死亡文化的影响使大学生对于死亡存在着大量的错误认识，并引发了一系列如生活迷茫、意义虚无甚至漠视生命的问题。如上所述，高校是大学生生死教育最适切的途径，而设置生死教育课程是高校对大学生进行生死教育的最好方式，由于当前高校开设生死教育课程很少，因而开设充足的生死教育课程是大学生生死教育的迫切要求。

（二）大学生个人发展的内在需求

在高校设置生死教育课程是大学生个体生理和心理发展的需要①，是促进大学生个人发展的内在需求。首先，大学生在日常生活中构建一整套防御机制来对抗死亡，几乎意识不到死亡防御机制是如何发生作用的，也觉察不到死亡对个体行为的内在影响。死亡是大学生发展的潜在动力，死亡防御机制的失败或成功都一定程度上影响大学生的发展，失败的死亡防御机制使

---

① 郭玉琨.高校死亡教育课程设置的依据和原则探析[J].天中学刊,2009 年第 6 期。

大学生直接暴露在死亡阴影下,从而造成各种身心问题,成功的死亡防御机制将死亡意识压制,失去死亡对生命的压迫与紧张感,高校设置生死教育课程就是为了唤醒大学生的死亡意识,促使大学生面对死亡对生命的压迫,从而寻求生命的意义,实现自我价值。其次,大学生是一个比较特殊的群体,他们的身体、心理、价值观、人生观正处于急剧变化期,一方面,大学生自我意识和个性发展使大学生与社会化要求、理想自我与社会自我不断发生矛盾,这些矛盾是否顺利解决关涉个体人格的健康发展;另一方面,大学生生理上正处于性成熟期,加速了其身心的急剧变化,遭受一点小挫折和打击就容易产生心理和情绪上的较大波动,大学生的这种特征容易造成心理受挫和情绪失控,甚至出现过激行为,如大学生自杀事件频发。开设生死教育课程虽然不能完全阻止大学生自杀事件的发生,但至少可以使他们认识到生命的宝贵和死亡的不可逆。最后,鉴于大学生身心发展特点,虽看上去如垮掉的一代,缺少追求,但他们对于意义与价值的思考可能比任何年龄段的人都要强烈,生死教育名为谈死,实为论生,是要在反思死亡的过程中规划人生,活出自我。开设生死教育课程为大学生思考死亡、探究人生根本问题、寻求生命意义提供了重要平台,是促进大学生身心健康发展,形成科学合理人生观和价值观的手段。

(三)现阶段社会发展的现实需要

在高校设置生死教育课程是现阶段社会发展的现实需要,首先,现代医疗技术的发展改变了人们的死亡方式,使传统社会的自然死亡失去了存在基础,技术死亡早已司空见惯,不断降低着人们的生命质量。根据2015年经济学智库调查,在对80个国家的调查中,中国人离世前的生命质量排名在倒数第九名。大学生终有一天要面对自己与亲人的死亡,设置生死教育课程是对大学生进行生死教育的必然选择,使大学生明白尊严死与生命质量的概念，知道技术死亡对生命质量与死亡尊严的消极影响，提高自己和他人的生命质量。其次，随着老龄化社会的到来，中国超过 65 岁的老年人口不断增多，越来越多的慢性疾病不断折磨着老年人，在生命晚期身体与心理都遭遇难以忍受的痛苦，有些老人对死亡的到来非常恐惧，因而对老年人进行临终关怀，降低终末期患者的死亡恐惧显得尤为必要。临终关怀是生死教育的重要内容，是提高个人生命质量的重要方式。在高校设置生死教育课程就是要让大学生明白临终关怀的重要性，因为大学生早晚需要面对家人和自己的临终，越早了解临终关怀及临终心理，就越能正确处理和应对亲朋好友和自我的死亡事件。给大学生介绍和讲解临终关怀、过程和心理，通过大学生去宣传、推广生死教育和临终关怀理念，进而形成现代社会应对死亡和处理死亡事件的死亡文化，因而在高校设置生死教育课程，并对在校大学生进行生死教育是现代社会发展的需要。最后，计划生育政策控制了自然人口的增长，造就了中国社会一个特殊群体——独生子女。目前，中国拥有 2 亿多独生子女，在没有兄弟姐妹陪伴长大下的独生子女容易养成自私、脆弱、霸道的性格，承受打击和挫折的能力较弱，他们陆续进入大学接受高等教育，在学习与生活过程中较容易出现各种人际与心理问题，这是当今高校大学生自杀事件频发的原因之一。在高校设置生死教育课程，并对在校大学生进行生死教育可以让大学生懂得生命的宝贵，使他们学会与人相处、学会尊重生命、珍视生命、形成健康的人格心理特征。此外，即使在"二孩""三孩"政策全面放开的当下，人口并没有出现预期的井喷式增长，增长速度反而减缓，少子化社会的到来，必将与人口老龄化共同影响着社会经济的发展和人们生活质量的提升，中国独生子女家庭、失独家庭养老负担极其严重，如何认识衰老与死亡、什么是临终关怀、怎样进行悲伤辅导是独生子女家庭、失独家庭必然要面对的现实问题，这也是生死教育的重要内容。生死教育课程的开设可以使大学生理性地对待衰老与死亡，掌握临终关怀实务，懂得悲伤辅导相关内容,为大学生将来必然要面对的死亡问题、处理的死亡事件做好充分准备。

三、实施大学生生死教育课程的条件

由第三章表 3-3 对大学生生死教育实证调查可知,大部分同学都认为所在学校不具有较好的死亡教育条件和环境, 这说明学校需要创设一些生死教育实施的条件,营造实施生死教育的良好氛围,为生死教育实施提供保障条件。实施大学生生死教育课程究竟需要哪些条件, 以下主要从课程条件、师资条件、物质条件和环境条件来探讨。

(一)大学生生死教育的课程条件

实施大学生生死教育课程,首先要设计一门好的生死教育课程,这即是课程条件。课程设计是按照育人目的要求和课程内部各要素、各成分之间的必然联系而制定的学校的课程计划、课程标准和编制课程教材的过程。[①]生死教育课程的设计包括生死教育课程计划、课程标准、课程目标、课程内容、课程教学方式、课程教材等课程要素的设计、规划与充分准备。对大学生实施生死教育课程,要确定清晰的课程目标,选择系统全面的生死教育内容,运用恰当的课程教学方式, 适当时候还需要编写适合大学生的生死教育课程教材。总的说来,需要利用所在学校的教育教学资源,精心准备和设计一整套系统完善科学合理的具有可操作性的生死教育课程计划, 做好生死教育课程实施前的一切准备, 这是对大学生进行生死教育课程所必需的课程条件。

---

① 廖哲勋,田慧生.课程新论[M].北京:教育科学出版社,2003 年,第 260 页。

（二）大学生生死教育的师资条件

即使有一个好的生死教育课程计划和课程内容体系，但没有一个好的教师实施课程，认真准备课堂教学，也不能构成大学生死亡教育活动，达不到对大学生进行生死教育的目的。所以说，师资力量是实施大学生生死教育课程最重要的条件，且教师素质的高低与能力的强弱直接关涉大学生生死教育课程实施效果，因而要具有胜任生死教育课程实施与课程教学的教师，因为并不是每一个老师都适合并且具备相应的能力素质对大学生进行生死教育。生死教育课程教师应具备以下素质和能力：首先，教师对生死教育的意义和重要性有相当了解，对生死学与生死教育感兴趣，有一定的研究基础。其次，教师本身对生命与死亡有深入的思考，并且愿意对大学生进行生死教育，对生死教育具有较高的热情和积极性，清楚地知道大学生生死教育要达到的目的。再次，教师需掌握和具备从事生死教育教学的基本能力与素质。最后，成为优秀的生死教育种子教师，获得良好的生死教育效果并不容易，一方面教师对生死学与生死教育具有持续探索的动力，不断向那些知名的生死教育理论与实践专家虚心求教，通过交流与合作，提升死亡教育课程教学水平；另一方面教师要通过自身学习和生死教育教学实践，不断提升教师本人的生命觉受力和思想境界。

（三）大学生生死教育的物质条件

除了上述课程条件和师资条件外，必不可少的是进行生死教育教学的相关物质条件。所谓的物质条件，不仅仅是指硬件设施，也指构成教育活动的基本要素即教育物资。教育物资是指进入教育过程的各种物质资源，包括教育的活动场所、教育媒体以及教育辅助手段三大类。[①]教育的活动场所与

---

① 　叶澜.教育概论[M].北京：人民教育出版社，2005 年，第 18 页。

设施主要包括校舍和固定的教育教学场所即教室；而教育媒体是沟通学生与教师之间的桥梁,具有多种形式,主要包括书面印刷物、录音磁带、电影、电视多媒体和视听设备等;教育辅助手段主要是指物质工具与技术手段,比如录音机、网络等,甚至利用现代信息技术进行生死教育的技术手段,如慕课、直播和计算机软件程序等。这些物质设施、电子设备、技术手段、软件程序都为大学生顺利开展和实施生死教育课程提供了必要的物质条件。

(四)大学生生死教育的环境条件

实施大学生生死教育课程需要一定的环境,然而就像前文对大学生生死教育实证调查结果显示一样,大部分高校并不具有实施生死教育的良好环境条件。环境条件主要包括实施大学生生死教育的内部环境与外部环境,内部环境主要是指学校实施死亡教育或生死教育的文化氛围、学校与教学管理部门领导对生死教育课程的支持力度、教师对生死教育的理解等,外部环境主要是家长对大学生生死教育的态度、理解与支持,国家教育主管部门对高校课程开设和生死教育实施的相关政策和保障条件、社会对大学生生死教育的理解与支持力度等方面。在内外部环境条件中,大学生生死教育课程能不能开设基本上取决于学校与教学管理部门领导对生死教育课程的理解和支持力度。如果学校及教务管理部门领导对生死教育的意义与作用缺少理解与认识,生死教育课程很有可能在申请开设时,就不能通过审核,更不要谈其他内外部环境的支持。最理想的环境条件是生死教育课程既获得学校审核通过而顺利开设,又得到学校教师与学生的支持;既获得了良好的生死教育课程效果,又有家长的支持和社会各界的关注和推广,也即是实施大学生生死教育课程的内外部环境形成了合力,共同促进了大学生生死教育的顺利开展。然而在受传统乐生讳死的死亡文化浸染下成长的现代人们,现实社会中这种形成生死教育内外部环境合力的情况不太可能,本书在调研与访谈过程中就发现，人们对于谈论和思考死亡还讳莫如深，阻力颇多。整个大环境如此，能成功开设生死教育课程已属不易，只期待通过零星开设生死教育课程的高校、生死教育研究人员、生死教育实践者即教师，不断努力去推广和宣传生死教育，逐步去改变人们对待死亡的态度，从而影响甚至改变整个大环境。

四、大学生生死教育课程实施的过程

（一）大学生生死教育课程目标的确定

课程目标是课程编制和课程实施的关键，是课程本身要实现具体目标和意图，它规定了在某一教育阶段学生对课程学习后，在知识掌握、能力发展、品德培育和生命成长方面的实现程度，它是确定课程内容、教学目标和教学方法的基础。确定课程目标一般需要考虑学习者的需要、社会发展的需求和学科体系的完备三个方面的影响因素。

课程是实现大学生生死教育目的的手段，大学生生死教育课程需要实现哪些目标，或者说应该怎样确定生死教育课程目标。根据课程目标来源理论，促进学生身心获得健康全面发展，使学生更有智慧地生存是课程的基本任务，因而课程设计要关注对学生的研究，尤其是要关注学生的兴趣与需要、认知发展与情感形成、社会化过程与个性养成方面的研究。[1]生死教育课程必须考虑学习者需要、社会发展需求和学科体系方面的目标来源。

从学习者的需要来看生死教育课程目标，首先，大学生接受高等教育是一种高等需要，他们存在一种共性状况，那就是学习知识。大学生在生活成

---

① 钟启泉.课程论[M].北京：教育科学出版社，2017年，第113页。

长过程习得了大量错误的死亡知识，他们所受教育也缺乏对死亡及死亡问题应有的重视，而生死教育就是使大学生系统地学习正确的死亡知识，直面和反思死亡，而不是忌讳与逃避死亡，改变大学生对待死亡的态度，是生死教育课程中必须要达到的目标。其次，每个大学生都具有不同的生活经历和成长环境，造成了他们对死亡不同的反应与应对死亡恐惧的需要，大学生对死亡的认知与死亡恐惧呈现出个体差异，因而生死教育也会因人而异，但是降低死亡恐惧与死亡焦虑这是所有大学生共同的目标，生死教育课程目标就是要在寻求消解死亡恐惧方法的过程中，构建生命意义，实现人生价值。最后，应该从动态发展的观点来看待学生对生死教育的需要，有人认为没有必要对大学生进行生死教育，因为大学生离死亡太遥远，这其实是以静态的眼光去看死亡，否认生命的持续成长。从动态发展的视角来看，每一个大学生都必然面对死亡，都需要促进自我发展和生命成长，这应该成为生死教育课程的目标，生死教育必须承担起促进大学生生命成长和个体发展的任务。

从社会发展需求来看生死教育课程目标，首先，社会中人们忌讳与逃避死亡的文化，有人甚至在临终时还在对抗与拒绝接纳死亡，完全没有认识到死亡也是生命的一部分，否认死亡导致人们对死亡更加畏惧、无力思考死亡而造成生死困顿等诸多问题，因而改变国民死亡态度应该成为生死教育课程的一大目标，这是社会需求对大学生生死教育课程的要求，生死教育课程改变大学生对待死亡的态度，敢于与他人谈论死亡，直面死亡，让大学生去推广与宣传，形成一种氛围，企图让某一个群体对待死亡态度的变化带动整个社会的变化，改善避讳死亡的传统死亡文化。其次，我们的社会不愿谈论死亡，也忽视面对死亡时失落的情绪和失去亲人的悲伤，以为人人都能坚强地度过丧恸期，且丧亲者总是被用一些陈词滥调来安慰与鼓励，如"节哀顺变""保重自己""告别过去""迎接明天""坚强起来"等。2019年1月，一女子因失去丈夫，难以走出悲痛，留下"永别了，照顾好我儿子"的遗言，开车入江欲自杀，还好被儿子及时发现并报警，在民警和村民共同帮助下获救。[①]此类事件屡见不鲜，社会必须重视失去亲人的悲伤与悲痛，帮助丧亲者面对悲伤、走出悲伤，重新生活，这是生死教育课程的目标，也即是要对丧亲者进行悲伤辅导。最后，改革开放以来，中国人生活水平和生活质量不断改善，人们追求幸福的生活和生活品质，却忽视了死亡质量和死亡品质原本就是幸福生活和生活品质的一部分，导致降低了中国人整体生命质量，生死教育课程的设置就是要改变大学生对幸福生活和生命质量的理解，使其了解死亡质量与死亡品质的影响因素，能够在处理他人和自我临终死亡时获得死亡品质和死亡尊严，从而提高人的生命质量。

从学科体系的发展与完备来看生死教育课程目标，首先，生死教育是一门以生死学学科为支撑和依托，传递生死学知识，构建生死意义，实现人生价值的学问或学科。生死学自 20 世纪 90 年代由中国台湾旅美学者傅伟勋开创以来，学科内容虽没有形成统一的共识，但学科体系经由 30 多年的研究与推动初步建立起来。生死教育课程应该实现哪些目标，实际上是在询问在课程上教授的生死知识的价值是什么？是要降低死亡焦虑与死亡恐惧，还是改变对待死亡的态度，或是构建人生意义等。其次，生死学虽然初步形成学科体系，但什么样的生死学知识最有价值，这是大学生生死教育课程应该思考和面对的问题。大学生生死教育课程应该为大学生提供不同种类的选择，为他们提供另外一种生活或生命可能性，发现他们自己的人生意义，并在实现人生意义过程中实现自我价值，这可能是生死教育课程最重要的课程目标。最后，在生死学学科体系中，生死教育课程教学过程中，谁的知识最有价值？是老师的还是学生的？是研究者的还是实践者的？这同样涉及生死教育课程目标来源与确定问题。本书认为生死教育课程应该是以大学生所

---

① "永别了，照顾好我儿子"女子开车进楠溪江想和亡夫团聚，13 岁儿子报警救母[N].钱江晚报，2019-01-05.

掌握和获得的死亡知识为价值标准，也即是学生所学习和体验到的死亡知识才最具有价值，这些死亡知识是否让大学生有了精神与心理的触动，是否能引起大学生内心与行为的变化，是否能促进大学生的身心发展与生命成长等，这是生死教育课程目标所重视和努力要实现的。

从课程编制与开发的角度来看，大学生生死教育课程要实现哪些目标，在理论上可以从学生需要、社会需求和学科发展进行分析与确定，能够形成一定的生死教育课程目标共识。但从课程实施与实践探索来看，每一位老师对生死教育及课程目标都会有自己的认识与理解，在生死教育课程实施过程都会选择自己所认为应该实现的目标，因此，除理论上可以确定的生死教育课程目标外，实际上大学生生死教育课程的课程目标，还应包括高校教师对生死教育课程目标的个人理解和选择。

（二）大学生生死教育课程标准的思考

课程标准是指国家课程的基本纲领性文件，是国家对基础教育课程的基本规范和质量要求，是规定某一学科的课程性质、课程目标、内容目标、实施建议的教学指导性文件。也有学者认为课程标准是指学生在经过一段时间学习后应该知道什么和能做什么的界定与表述，是对学生学习结果的期望。可见，课程标准一般多用于基础教育，是一种教学指导性文件和对学生学习结果的期望。基础教育是国家强制性地为保证国民基本素质的义务教育，每个学科与每门课程必须制定相应的课程标准。相较于基础教育，高等学校按照专业设置来确定不同的课程结构，不同高校、不同专业其人才培养目标都不尽相同，课程设置与课程结构相应具有较大自主权，大学里除不同专业都需要上的公共基础课外，相同专业之间的课程设置是否存在课程标准？存在怎样的课程标准？通识教育课程是否具有统一的课程标准？等等，此类问题，对作为大学生通识教育的生死教育课程非常重要。

课程标准是对课程实施过程中内容、目标、教学模式、效果等相关问题的统一性的认识,是一种对普遍性的追求。大学生生死教育课程作为一种通识教育课程,有没有课程标准,有什么样的课程标准? 这是实施生死教育课程必须要考虑的问题,本书认为实施生死教育课程应该有一定的课程标准,应该具备一些相同规律和共性特征。

首先,大学生生死教育课程属于通识教育类课程,必然具备通识教育相关特征,课程标准必须符合通识教育目标和内容。与专业教育相比,通识教育总是被贴上"无用"的标签,如对哲学一样,无用即大用。不同的国家与地区,对于通识教育目标具有不同的界定和追求,如美国认为通识教育的目标是培养富有责任感的公民、有教养的人具备的能力,具体包括有效思考、逻辑推理、想象力、对多种价值观的识别选择能力等七个方面;中国台湾通识教育目的是培养完整的人、通达有识见的人, 培养有能力的工作者和生产者,培养懂得生活、了解生活之知识分子;中国香港则是致力于全人教育,具体包括扩展学生视野,培养独立思考能力,对自身及社会有深刻的认识等三个方面。①虽各自表述不同,但通识教育的追求和目标倾向性可窥见一斑,本书认为通识教育课程如果不把死亡问题纳入通识教育内容里, 或者对死亡没有进行过深思,就很难培养出有追求、有德性、心理健康和人格健全的人。大学生生死教育课程应该实现通识教育的功能, 即要使大学生成为对死亡有理性思考、有人生意义的追求、有德性、人格健全而完整的人,可以这样说,生死教育课程的课程标准就是通识教育课程的标准。

其次,每个教师对生死教育及其目标会有不同的理解,按照各自对生死教育及其目标理解的不同去对大学生进行生死教育,将形成不同的生死教育课程标准。假如有十个老师对大学生进行生死教育,不管是从目标内容还

①　百度百科. 通识教育.https://baike.baidu.com/item/%E9%80%9A%E8%AF%86%E6%95%99%E8%82%B2/10792170?fr=aladdin.

是从课程教学来说,可能会有十种生死教育课程标准,但这并不意味着生死教育课程是随意开设,无教学规律与课程规范可循。以目标为例,本书认为大学生生死教育课程目标至少应该包括两大目标,一是促进大学生身心健康发展,预防大学生死亡事件的发生;二是认识和反思死亡,向死而生,发现和探索人生意义,促进生命成长,不断实现自我价值。从内容上讲,生死教育课程必然要包括死亡态度、死亡焦虑与恐惧、了解生死意义与价值、技术死亡与死亡质量、临终关怀与尊严死亡、悲伤辅导与照护、体验和感受死亡等内容。

最后,大学生生死教育课程虽存在个人理解不同的课程目标,但课程所期待的效果是相同的。课程效果是大学生生死教育课程的一项重要标准,那么应该具有哪些共同的课程效果呢?本书通过访谈调查,归纳总结如下:课程某些内容对自己内心有所触动,对生命有所感悟,甚至生活有所改变;更加认识到生命的宝贵,更加珍惜生命;对死亡有一个系统的认识和了解;不那么惧怕死亡,认为死亡是一件再正常不过的事情,可以坦然面对死亡;表示还愿意再选修此类课程等。这些课程效果与学生表现,说明生死教育课程真正深深影响到了大学生,他们确实感觉到自我对死亡、对生命有了一些改变,而这就是大学生生死教育的课程标准。

(三)大学生生死教育课程方案的设计

课程既可指学生所应学习的学科总和及其进程与安排,也可指学校老师所教授某一门具体的学科和有目的、有计划的教育活动。同样地,课程方案既可指根据培养目标制定的有关学校教育教学工作的指导性文件,具体规定学校应设置哪些课程即课程体系,包括各门课程开设的先后顺序、课时分配与学年编制、课内教学和实践活动等方面所作的系统设计,但也可以指某一门具体课程的方案设计,包括教学内容、方式、目标和过程评价等方面。

可见，课程方案具有课程设置方案、课程建设方案、课程实施方案、课程活动方案等不同的所指，本书根据研究需要特指课程实施方案，它具有两层含义，一是对大学生生死教育课程目标、内容体系、教学方法、课程教学效果评价的设计，二是某一次生死教育活动方案的过程设计。

1.课程实施方案的设计

方案是进行某项工作的具体计划或是完成某一任务，解决某一问题而制定的规划。作为一种课程实施方案，不同的教师生死教育课程方案具有不同的取向。有些课程是安全-预防取向，而有些课程是认知-学理取向，有些课程是生命-体验取向，还有些课程心理-健康取向等，不同取向的生死教育课程会设计出不同的课程实施方案，不同的课程实施方案其课程目标、内容、方法和效果评价都不尽相同。每一种取向的大学生生死教育课程实施方案都蕴含着对生死教育的不同理解，所包括的课程要素如课程目标、课程内容、方法和效果评价都会有差别。但它们不管怎样千差万别，总具有共性和普遍的规律可以提取。

在设计安全-预防取向的大学生生死教育课程方案时，应注意以下几个方面的要求。首先，把生死教育理解为一种安全教育，大学生生死教育课程目标应该是预防和有效干预大学生自杀事件，确保大学生人身安全。其次，生死教育内容侧重于自杀主题的讨论，分析自杀的原因及其影响因素，阐述大学生自杀事件对家庭、社会、亲人与朋友的巨大伤害，介绍预防做出过激行为的调节方法，使大学生懂得尊重生命，敬畏生命。最后，安全-预防取向的生死教育课程教学方法可以采用大学生自杀事件来评价课程效果，外在指标可通过大学生自杀率或自杀事件数来反映，内在效果可以对大学生进行访谈来测验他们对生命的尊重与敬畏程度，是否有轻生或对生命消极的想法。

在设计认知-学理取向的大学生生死教育课程方案时，首先，这种取向的课程把生死教育主要理解为一种对死亡的认知和理性教育，生死教育课程应该为个人对死亡错误认识进行纠偏，主要传授正确和科学的死亡知识，理性思考死亡，让大学生树立正确、科学、合理的死亡观。在死亡观确立的前提下，重新反思和构建个人稳健的人生观、价值观和世界观。其次，生死教育课程内容系统传授死亡知识，包括死亡的本质、原因、方式、特征、标准、意义，对迷信鬼神思想的批判，对死亡价值的人生思考等。最后，认知-学理取向的生死教育课程其教学方式以探讨与团体诘问的方式居多，能够思考和辨别不同死亡观念的科学合理性，对此类课程效果评价的标准：一是有没有形成正确的看待死亡的态度，可以通过死亡态度量表来测量，二是有没有建构起科学合理的死亡观，可以通过学生访谈了解其对相关死亡的认识和某些观点而进行课程效果评价。

在设计生命-体验取向的大学生生死教育课程方案时，首先，这种生命-体验取向课程把生死教育理解为对生命与死亡的一种体验，在生死体验中感悟生命，反思死亡，其课程目标主要是在体验死亡中获得生命的成长，领悟生死意义，激发其生命潜能。其次，生死教育课程内容可以通过设计与死亡相关的情境或者真实的场景，根据课程目标选择具有指导性意义的内容进行讲述，让学生体验死亡的意义，寻求自我生命的价值。最后，生命-体验取向的课程可以使用现场参观与户外教学的教学方法，使大学生亲临其境，感受和体验死亡，减少对死亡的恐惧。对于生命-体验取向的生死教育课程效果评价主要是对大学生进行访谈，询问他们对待生命与死亡的体验和感受，对生活意义是否有了积极的转变。

在设计心理-健康取向的大学生生死教育课程方案时，首先，心理-健康取向课程把生死教育看作是一种心理健康教育，把否认死亡看作是一种行为驱动力，其课程目标旨在使大学生直视死亡的条件下，促进大学生心理健康和人格健全发展。其次，心理-健康取向的大学生生死教育课程内容侧重于分析死亡恐惧与焦虑背后的深层原因,挖掘个人行为背后的动力根源,寻求消解死亡恐惧的途径,形成心理健康与人格健全的特征等。最后,这种取向的课程其教学方法偏重于案例分析,以死亡为视角,通过典型案例对个体前期生活经验进行分析,分析典型个案中产生心理问题的原因,展现出生命存在的死亡恐惧与个人心理健康的关系。此类课程效果评价可以使用死亡态度量表,对死亡态度进行前后测对比,辅之以访谈询问其对生命与生活的认识与看法。

2.课程活动方案的设计

作为一种课程活动方案,实际上是大学生生死教育课程实施方案中教学活动设计的一种细化,属于课程实施方案中的重要内容,之所以要特意拿出来探讨与分析,是因为每一个课程活动方案的设计,都包含了完整的课程实施过程,从生死教育课程活动目标,到内容选择,再到活动评价,是一种适应现代社会发展的微课程,可以单独成课,这也是大学生生死教育获得良好效果、向外推广的绝好方式,是社会及其相关机构进行生死教育可借鉴的实施途径。课程活动方案一般包括对墓地探访、殡仪馆参观、死亡模拟和戏剧角色扮演等课程活动的设计,这些课程活动方案一般都具有体验死亡的课程倾向,具有较为明确的课程活动目标与活动内容,包括对活动过程各个环节的设计,通过这些课程活动方案的设计使大学生能亲身体验死亡过程,并对生死意义进行思考。

墓地探访课程活动方案的设计。墓地探访课程活动即是组织学生去墓地参观与探访,相互交流分享参观墓地的感受,是体验死亡、感悟生命、追寻生命意义的一种生死教育活动。首先,要明确墓地探访课程活动的目标,活动目标确定后,可根据目标有针对性地准备相应生死教育内容。其次,实施者对墓地环境应该较为熟悉,事先参观和考察过墓地,或者在墓地配有专门的讲解员和专业介绍人员,给学生讲述关于墓地、墓碑和墓志铭的不同的生命故事。最后,对墓地探访整个过程和各个环节都应该有相应的设计安排,在哪个地方、哪个墓地应该讲解什么,怎样调动大家分享交流的积极性等要有充足准备。生死学探索与传播学者陆晓娅借助706青年空间平台组织了48小时生死体验活动,探访和参观北京万安公墓,每一次参加活动的人都爆满,每一次活动都非常成功,参与成员对生死都有了深刻的体验。有几个环节令参与成员印象深刻,比如"我是一棵树""与墓主人隔空对话"等分享环节,[1]自诩为墓地导游的陆晓娅先生,对墓地探访课程活动方案的设计堪称典范,值得借鉴和推广。

　　殡仪馆参观课程活动方案的设计。首先,明确到殡仪馆参观的目的,需要给学生一个怎样的生死体验,课程活动组织者应整体上把握活动所要实现的目标和可以达到的效果。其次,组织者应与殡仪馆方面积极联系和协调,设计好整个参观过程。教师既是活动组织者,又是活动方案设计者,更是生死教育实施者,需要关注学生参观时的情绪与心理状态,确保殡仪馆参观活动的顺利、有序进行。最后,活动效果评价主要是看学生参观殡仪馆活动后的生死认知与人生感悟,比如是哪个环节促使其有生命触动和体感悟,看待死亡的态度和观念有所变化,能够正确对待死亡,使学生敢于谈论死亡而不是避讳。国内有高校在这方面进行过有益尝试,山东大学基础医学院医学心理学与伦理学系王云岭就带领数十名学生到济南市莲花山殡仪馆参观[2],引起了社会各界广泛关注。旁观遗体告别和火化,参观骨灰寄存室,了解整个殡葬流程,这是殡仪馆参观活动的重要内容,王云岭说组织学生前往殡仪馆参观,是希望通过现实接触,让学生把课上的理论知识真正融入内心。参

---

① 如果有葬礼,我希望那是一场派对——48小时生死体验回顾.706青年空间公众号,2018-10-14.

② 徐笛薇,刘芷珊.高校死亡教育课老师带学生旁观殡葬流程:名为谈死,实为论生[N].澎湃新闻,2018-11-09.

观学生孙庆宇说:"我们先旁观了整个殡葬的流程,然后参观了遗体告别、遗体火化,还有法医尸检处,最后还看了'生命之路'和骨灰寄存室。期间如果有学生感觉心里接受不了,可以随时退出。"同学们都说参观殡仪馆的最大感触是珍惜生命及对亲人好些。

死亡情景模拟课程活动方案的设计。死亡情景模拟也是一种体验死亡的重要课程活动,相较于墓地探访、殡仪馆参观学生们到现场感受的课程方案,死亡情景模拟是教师自己设计某些场景和情境让学生们体验死亡。死亡情景模拟课程活动是指在课堂上通过设计一定的环节让学生模拟死亡,让学生体验死亡时的感觉和心理变化。首先,死亡情景模拟课程活动方案设计要明确方案目标,要清楚课程活动所要达到的效果。其次,设计怎样的一种死亡情景,这里有着教师对活动目标的思考,从情景设计到情景模拟,再到情景布置,整个过程都需要教师的指导与参与。最后,教师在各个环节的情景构建中起着非常重要的作用,活动效果评价还是看学生的反应、感受和变化。澳门镜湖护理学院著名生死教育专家朱明霞设计了一系列死亡情景模拟课程活动,[1]其中一个就是让学生们配置一个睡袋,在老师的指导下,躺进睡袋,盖上白毛巾,表示已经死亡等环节来让学生体验死亡,这种死亡情景模拟活动对学生具有很大的内心触动,可以通过交流感受体验来反应。

戏剧角色扮演课程活动方案的设计。戏剧角色扮演课程活动是由教师指导学生扮演不同的戏剧角色,设计一定的与死亡主题相关的简短情节,主要通过不同角色的扮演来体验死亡。与上述课程活动方案目标一样,戏剧角色扮演也是为了体验死亡,通过这样的活动来唤醒死亡意识从而思考生死意义。设计戏剧角色扮演课程活动方案关键是要注意选择好戏剧情节,确定学生扮演的角色,组织学生精心准备,课堂上展示与指导,学生对死亡的体

---

① 朱明霞.澳门生死教育的实践探索(专题报告 PPT)[A].北京:第三届生死学研讨会,2018-11-26.

验分享与交流等几个重要环节。目前高校通过戏剧角色扮演课程活动进行死亡教育的还较少,幼儿学前教育中戏剧游戏扮演倒比较常见,实际上它也同样适用于大学生生死教育,本书在对选修了"死亡教育与生命成长"课程的学生进行访谈时,就有多个学生明确提出,对大学生生死教育可以采取戏剧角色扮演的方式,可见,戏剧角色扮演课程活动还有很大的实践探索空间。

(四)大学生生死教育课程的教学模式

教学模式是在一定教学思想或教学理论指导下建立起来的较为稳定的教学活动结构框架和活动程序。作为一种结构框架,教学模式突出的是从宏观上把握教学活动整体及各要素之间内部的关系和功能;作为一种活动程序,突出的是教学模式的有序性和可操作性。一般来讲,教学模式包括理论依据、教学目标、操作程序、实现条件、教学评价这五个因素,它们之间有规律地联系着就是教学模式的结构。分析适用于生死教育课程的教学模式,对于实施和推广生死教育教学具有非常重要的作用。大学生生死教育课程可以使用哪些教学模式,在使用这些教学模式时需要注意些什么,应该明确哪些问题,这是本部分需要探讨的主要内容。

1.探究式课程教学模式

探究式教学模式是以问题为中心,注重学生独立、自主探究的活动,通常是在教师指导下,以学生为主体,让学生自己通过阅读、观察、思考、讨论等途径去自觉、主动探索老师提出和展示的问题,研究客观事物的属性,发现事物发展的起因和事物内部的联系,从中找出规律,形成概念,建立自己的认知模型和学习方法的架构。可见,在探究式教学过程中,不仅可以强化学生的主体地位,还可以培养学生的认识能力、思维能力和表达能力。

大学生生死教育探究式课程教学模式就是要培养大学生对于死亡的认

识能力、思考能力和表达能力,下面从理论依据、教学目标、操作程序、实现条件和教学评价来分析探究式课程教学模式:

(1)理论依据:大学生生死教育探究式课程教学模式依据的是皮亚杰结构主义理论和布鲁纳发现理论, 皮亚杰认为人的认识发展是以图式的结构推进。图式结构的发展意味着人的认知水平的提升,而顺应和同化是图式结构发展的两条路径, 顺应是指个体的认知结构因外部刺激的影响而发生改变的过程,同化是指个体对刺激输入的过滤或改变过程,也即是个体把它们纳入头脑中原有图式内,使其成为个体原有认知结构的一部分。布鲁纳的发现理论是指学生在教师的认真指导下,能像科学家发现真理那样,通过自己探索和学习,发现事物变化的因果关系及其内在联系,形成概念,获得原理。

(2)教学目标:认识死亡,改变死亡态度,理性思考死亡相关议题,促使大学生构建正确的死亡观,形成稳定的人生观、价值观和世界观。

(3)操作程序:问题描述(激发对死亡问题探究欲望)—合作探究(团体诘问)—总结归纳(对死亡问题进行总体思考和回答)—矫正指导(交流分享探究死亡问题的结果,不一定能达成共识,但最后教师需对这个探究过程出现的问题与相关观点进行矫正,指出不足)。

(4)实现条件:教师应对探讨的死亡问题有深入思考,能够进行正确引导,有把控探究式课程教学过程的能力,对教师综合素养要求较高。

(5)教学评价:学生对死亡的认识和态度发生转变,能够直视死亡、思考死亡而不是逃避死亡,每个学生都能够参与讨论,氛围热烈,探讨深入。

2.体验式课程教学模式

体验式课程教学模式是指在教学过程中根据教学需要为达到既定教学目标,以引起学生的情感体验,帮助学生迅速而正确地理解教学内容,促进他们的心理机能全面和谐发展的一种教学模式。一般来讲,把引入、创设、创造与教学内容相适应的具体场景或情景也称为体验式教学, 为与下文情境式课程教学模式相区别，本书的体验式课程教学模式专指亲临现场体验或非教室内的实地体验，包括上文的墓地探访、殡仪馆参观、清明祭祀、参观临终关怀中心等实地参与体验的教学方式。

（1）理论依据：情绪心理学研究表明个体的情感对认知活动至少有动力、强化、调节三方面的功能。情感对认知活动具有增力或减力的效能，即健康的积极的情感对认知活动起积极的发动和促进作用，消极不健康的情感对认知活动起阻碍和抑制作用。生死教育需坚持积极心理学为导向，通过体验死亡促进学生对生命意义的认识，大学生生死教育体验式课程教学模式其理论依据是情感与智力活动的相互作用，智力因素与非智力因素、有意识与无意识心理活动相统一的理论，增加对死亡积极的情感体验，提高死亡认识能力，使大学生对死亡的情感与智力发生作用，这是体验式课程教学模式基本理论依据。

（2）教学目标：体验死亡，激发大学生对死亡的健康的积极情感，以此纠正学生对死亡的错误认知，减少死亡恐惧与死亡焦虑。

（3）操作程序：选择死亡体验现场（场景）—设计全过程的体验教学（包括各个环节）—组织进入现场（关注学生情绪状态，做好心理疏导，及时调整相关环节）—陈述与讲解（根据设计方案，在特定现场进行必要介绍）—感悟体验（学生分享个人在现场的生死体验、所思所想）—总结与归纳（先沉默一段时间，让学生沉浸在分享死亡体验的触动与思考中）。

（4）实现条件：需要与殡仪馆、墓地等机构进行沟通与协作，达成共同进行生死教育的共识，教师要完全了解体验教学模式的目标，激发学生参与兴趣，鼓励学生积极参加体验死亡活动。

（5）教学评价：通过死亡体验，大学生在生命过程中面对死亡具有积极的情感评价，能够正确认识生命的结束，对死亡的情感与情绪有所改变和触动，激发出大学生追求生命意义与死亡价值的动力，使生活更有激情，更加乐观。

3.情境式课程教学模式

情境式课程教学模式是指在教育教学过程中,教师有目的地引入或创设具有一定情绪色彩的、以形象为主体的生动具体的场景,以引起学生一定的态度体验,从而帮助学生理解教学内容,并使学生的心理机能得到发展的教学模式。情境教学模式在于对社会和生活中的相关情境进一步提炼和加工后才对学生产生影响,核心在于激发学生的情感,将教学内容寓于具体形象的情境之中,其中也就必然存在着潜移默化的暗示作用。

大学生生死教育情境式课程教学模式就是要创设相关死亡情境,使大学生在死亡情境中体悟死亡、思考死亡、练习死亡,这些情境可以是现实案例如安乐死,可以是某个死亡问题如自杀事件,可以是表演如戏剧角色扮演,也可以通过绘画、音乐等形式来设置死亡情境,死亡情境的创设对情境式教学模式非常重要,下面分别从理论依据、教学目标、操作程序、实现条件、教学评价五个方面来对大学生生死教育情境式课程教学模式进行分析。

(1)理论依据:大学生生死教育情境式课程教学模式与体验式课程教学模式其理论依据相同,都是积极心理学情感与智力活动的相互作用,情境里有体验,体验中有情境,两种课程教学模式不同之处在于设置情境与体验的方式,体验一般是指与死亡相关的组织机构和现实场景,而情境是人为创设,一般包括问题情境、实物演示情境、生活情境、表演情境、音乐渲染情境、语言描绘情境等。总之,两种教学模式的理论依据都追求情境体验与智力活动的相互作用,强调对死亡的直观原理,追求将智力因素与非智力因素、有意识与无意识心理活动相统一,使大学生在情境中体验死亡,思考死亡问题,练习死亡,向死而生。

(2)教学目标:大学生情境式课程教学模式就是要在人为创设的死亡情境中认识死亡、体验死亡、练习死亡,培养对现实生活中相关死亡事件有清醒和透彻的认识,从而使大学生具有应对和处理相关死亡事件的能力,追求个体生命的意义,了解生命质量的丰富内涵,以期实现自我价值,提升生命质量。

(3)操作程序:情境教学设计(整个过程和各个环节的设计)—创设死亡情境,激发兴趣(通过各种创设死亡情境的方式,如案例、问题、表演、绘画和语言描述等,促使学生积极地探索和思考死亡问题)—提供背景材料,带入死亡情境(教师介绍相关必要的死亡知识,指导学生感受创设的死亡情境)—运用死亡情境,组织学生探讨死亡问题(在情境中体验死亡,思考解决情境中的死亡问题)—分享死亡体验,交流死亡思考(鼓励学生分享自己在情境中的死亡体验和对死亡的思考)—总结死亡观点,促进学生发展(教师对情境教学中相关死亡体验与死亡观点的总结、评价,强化情境教学的情境性、体验性,促进学生整体发展)。

(4)实现条件:教师需要对情境教学模式进行整体设计,选择哪一种创设情境的方式,如何对整个死亡情境教学过程进行指导,教学过程可能涉及哪些问题,这些都对实施生死教育课程的教师提出了要求。一方面,教师要对死亡情境中的相关问题有非常深入的思考与了解,另一方面,教师还需具备善于推动教学过程发展,调动大学生参与死亡情境体验与思考的积极性,总结在死亡情境中出现的不同观点并给予正确引导。

(5)教学评价:教师对生死教育情境教学过程的把握和推进程度;学生在创设的死亡情境中的感受与思考;正确处理相关死亡事件的能力,对生命质量与生命意义理解程度,即认识水平与理解层次等。

4.混合式课程教学模式

严格来讲,混合式课程教学并不是一种教学模式,而是随着信息技术迅猛发展,传统课程教学模式在互联网+时代的主动适应与发展升级。混合式教学模式是将在线教学和传统教学优势相结合的一种线上与线下相互支撑配合的教学模式，通过两种教学组织形式的有机结合，试图使学习者的学习由浅到深地引向深度学习。

大学生生死教育课程教学模式，具有两个层面内涵，一是大学生生死教育课程教学模式并不完全是单一的教学模式，而是上述诸多课程教学模式（探究式、体验式、情境式，还有传递-接受式简称讲授式等）的一种综合，应根据具体教学目标与教学内容来选择不同的课程教学模式；二是大学生生死教育课程混合式教学并没有统一的模式，只不过是适应现代社会信息技术发展和互联网+时代对教育教学的挑战，通过线上与线下两种教学方式的结合，既能在线下发挥教师在教学过程中的引导和监控的主导作用，又能在线上通过不同媒介引发学生在学习过程中的积极性、主动性和创造性，将面授课堂教学与网络多媒体教学结合起来，目的是获得更好的生死教育课程教学效果。因而本书认为适合于大学生生死教育更多的是混合式课程教学模式，现时代大学生生死教育的实施与推广应该利用好多媒体信息技术和互联网技术进行生死教育。

（1）理论依据：不存在放之四海而皆准的课程教学模式，应该依据不同的生死教育目标和内容来选择课程教学模式，在互联网+时代也不存在单一的课程教学模式，因而为达到生死教育课程教学目标，大学生生死教育课程教学应采用混合式课程教学模式。

（2）教学目标：混合式课程教学模式具有不同的教学模式，不同教学模式对应着不同教学目标，但从整体来说，生死教育的最终目标是超越死亡，因而大学生生死教育课程教学的总体目标是超越死亡，促进大学生个人生命持续成长，根据不同需要选择不同的教学模式，都应该为超越死亡这一总体目标而服务。

（3）操作程序：明确不同教学目标（教学目标是一个目标体系，不同教学目标适用于不同课程教学模式）—设计混合式教学（对整个混合式教学的全面全过程的考察与设计)—具体教学模式的选择(按教学目标选择教学模式对大学生进行生死教育)—总结与反思(总结生死教育中出的问题,提出改进措施,评估教学目标的实现程度,反思教学模式的利弊得失)。

(4)实现条件:混合式课程教学模式的首要条件是对信息技术的运用,教师需要明确生死教育课程教学目标,在课程教学过程中需结合教学目标运用网络多媒体和现代信息技术,调动学生参与死亡问题讨论的积极性,具有不同课程教学模式转换的能力,掌控和推进混合式课程教学向前发展。

(5)教学评价:大学生对死亡的态度得到改变,死亡恐惧与焦虑有所减少,人生意义得到自主构建,生活有活力,大学生个人生命持续成长。

五、大学生生死教育课程实施的评价

课程评价的对象包括课程计划、课程实施、课程管理、课程效果等多种课程要素。课程评价其评价对象与范围广泛而复杂,从课程评价功能来说,具有形成性评价和总结性评价两大功能,[1]限于篇幅和精力,本书课程评价专指课程实施的评价,主要从教师、学生两个方面进行。

(一)大学生生死教育课程的教师评价

教师评价主要是指教师对自己实施大学生生死教育课程的评价与自我评价,教师对课程实施的评价又分为形成性评价与总结性评价。中国台湾课程专家黄政杰教授认为形成性评价功能包括需求评估、缺点诊断、课程修订等方面,而总结性评价功能包括课程比较、课程方案的选择、目标达成程度的了解、绩效判断等方面,不管是形成性评价还是总结性评价,都是为课程

---

① 钟启泉.课程论[M].北京:教育科学出版社,2017年,第300页。

开发与改革服务。

1.教师对课程实施的形成性评价

形成性评价是指教师实施大学生生死教育课程过程中包括设计、学生需求、课堂教学等方面的评价,主要是为了修订、改进和完善生死教育课程服务。首先,教师对大学生生死教育需求进行评估,大学生对生死教育课程的兴趣、参与程度及其表现出来的对生死教育的理解与重视程度。其次,在生死教育课程教学与实施过程中,从课程方案设计到课程教学内容的组织,再到课程教学模式的选择,教师需对大学生生死教育课程实施整个过程所表现出的缺点与不足进行评估与判断。最后,实施生死教育课程的教师还需要评价在哪方面对课程进行修订与改进,旨在持续地完善生死教育课程。

2.教师对课程实施的总结性评价

总结性评价主要是指在生死教育课程结束后,教师对课程设计、实施、效果的总体判断,并对有关人员如学生、教学管理者等做出评定与考核。首先,与同类课程的比较,比如与国内生死教育课程相比,自己的课程实施有何不同,其利弊如何?为什么会选择这些教育内容?可对生死教育内容进行评价。其次,对生死教育课程方案的设计合理性与有效性进行评估,现有的生死教育课程方案是否还有改进和完善的空间。最后,对是否达成生死教育课程目标进行评估:大学生接受生死教育是否有一些改变,有哪些改变,应该从哪几个方面进行评估大学生接受生死教育的效果。

3.教师对课程实施的自我评价

教师对生死教育课程实施的自我评价,既是课程评价里的一个重要内容,又是教师提高教学水平,促进生命成长的重要方式,包括时间精力的投入、生死教育研究的关注、教学的优劣分析、个人生命成长等方面。首先,教师对自己投入生死教育课程的时间与精力进行自评:是否全力以赴,是否对生死教育进行过研究。其次,教师对生死教育课程教学是否满意:对生死教育课程教学优点与缺点进行分析,发挥其优势,弥补其劣势。最后,教师在对大学生实施生死教育课程后,个人是否对死亡及生死教育具有新的体悟,个人生命是否有了新的成长,是否建构了自己的人生意义。

(二)大学生生死教育课程的学生评价

生死教育课程的学生评价主要是指大学生参与生死教育课程学习后的效果评价,主要包括参与生死教育课程学习过程中的形成性评价、课程结束后的总结性评价和自我评价。

1.课程学习的形成性评价

课程学习的形成性评价是指大学生在学习生死教育课程过程中对死亡、生命、自我价值与人生意义的感受,也包括对生死教育课程本身的感受与体悟。首先,是对大学生生死教育需求方面的评价,大学生经历了生死教育课程学习,这个过程中是否对死亡及生死教育有了新的认识,能否认识到生死教育的重要性,可以通过对学生访谈的形式进行检验。其次,对大学生在生死教育课程的评价,在生死教育课程学习过程中对课程的总体认识和评价。最后,大学生对生死教育课程的改进与完善进行评价,从大学生的视角提出相关意见和建议。

2.课程学习的总结性评价

课程学习的总结性评价是指大学生在学习生死教育课程中实现的目标与效果评价,包括死亡态度、意义构建、生命觉知和行为表现等方面。首先,对大学生死亡态度的评价,可用死亡态度量表以前测与后测的方式,比较大学生在接受生死教育课程的前后面变化,来评价死亡态度是否发生转变。其次,对大学生接受生死教育课程之后的人生意义与生命觉知进行评价,可以通过访谈的形式来考察,比如言谈与言谈内容对某些问题的看法与认知。最后,对大学生接受生死教育课程之后的行为表现进行评价,比如生活行为等,同样也可以通过访谈形式来评价。

3.课程学习的自我评价

课程学习的自我评价是指大学生经历了生死教育课程学习,自己对自己的评价与感受,包括死亡自我体验与感受、内心的触动、生命安顿与精神充实等方面。首先,大学生可对死亡自我体验与感受进行评价,自己对死亡的体验、感受如何,是否具有新的改变。其次,大学生可以感觉在学习生死教育课程中有哪些触动,对生命是否有了新的理解与体悟,大学生的精神生活是否更加充实。最后,大学生对生死教育课程的满意度进行评价,自己对生死教育课程的满意度如何,不满意与满意的原因是什么,具体描述出来。

本章小结

本章对大学生死教育实施途径进行理论探讨,并辅之以对大学生生死教育实施途径的实证调查,探讨高校设置大学生生死教育课程的意义、实施大学生生死教育课程条件,以及大学生生死教育课程实施过程中的课程目标、课程标准、课程方案、课程教学模式及课程实施评价等方面内容。

第一,根据教育活动开展的教育要素理论,比较家庭、社会和高校能否成为实施大学生生死教育的途径,并对大学生生死教育实施途径进行实证调查,根据调查结果,高校设置生死教育课程是目前大学生生死教育的最好途径,但家庭和社会及其相关机构可以在外围协助配合高校实施大学生生死教育,营造良好的生死教育实施环境,使家庭、社会与高校形成生死教育的合力,从而不断地去更新和完善传统死亡文化。

第二,高校开设大学生生死教育课程具有重要意义,大学生生死教育课程是高校通识教育的重要组成部分,是大学生个人发展的内在需求,是现阶段社会发展的现实需要。

第三,实施大学生生死教育课程,需要具备课程条件、师资条件、物质条件和环境条件。课程条件是指需要利用高校一定的教育教学资源,精心准备和设计一整套系统完善、科学合理的具有可操作性的生死教育课程计划,做好生死教育课程实施前的一切准备,这是对大学生进行生死教育课程所必需的课程条件;师资条件是要有具备相应素质的生死教育课程的教师;物质条件是指实施大学生生死教育课程要具备的硬件设施、软件设备和教育教学资源;环境条件是需要创设实施大学生生死教育课程的内外部环境。

第四,实施大学生生死教育课程首先需确定生死教育课程要实现的目标,生死教育课程目标应从学习者需要、社会发展需求和学科体系方面来分析与确定;大学生生死教育课程标准是对课程实施过程中内容、目标、教学模式、效果等相关问题的统一性的认识,是一种对普遍性的追求,大学生生死教育课程属于通识教育类课程,必然具备通识教育相关特征,课程标准必须符合通识教育目标和内容,每个教师对生死教育及其目标会有不同的理解,按照各自对生死教育及其目标理解的不同去实施课程,将形成不同的生死教育课程标准,但生死教育课程所期待的效果是相同的。大学生生死教育课程实施方案具有安全-预防取向、认知-学理取向、生命-体验取向、心理-健康取向四种课程实施方案取向,而大学生生死教育课程活动方案具有墓地探访课程活动方案、殡仪馆参观课程活动方案、死亡情景模拟课程活动方案、戏剧角色扮演课程活动方案四种课程活动方案类型,不管是课程实施方案还是课程活动方案都需精心设计,认真准备,有效实施。

第五,课程实施评价是大学生生死教育课程实施过程的重要内容,是检验生死教育课程效果的重要手段。大学生生死教育课程的教师评价包括教师对课程实施的形成性评价、总结性评价和自我评价,大学生生死教育课程的学生评价包括大学生生死教育课程学习的形成性评价、总结性评价和自我评价,因而可以从教师与学生两个方面分别对大学生生死教育课程进行课程评价，以便检测生死教育课程实施的效果。

　　综上所述，对大学生生死教育实施途径、高校设置大学生生死教育课程的意义、实施大学生生死教育课程的条件，以及大学生生死教育课程实施过程中的课程目标、课程标准、课程方案、课程教学模式及课程实施评价进行探讨，为后续生死教育课程的开设与实施奠定了基础。

第七章　夹缝中的探索：我国大学生生死教育的实践

　　按照课程框架结构对大学生生死教育进行研究，探讨了大学生生死教育需求、目标、内容和途径等关键问题,结合对大学生生死教育实证调查,基于对国内外大学生生死教育的经验和全面系统达成生死教育目标的要求,本书认为高校是对大学生进行生死教育最主要、最适切的途径。但在夹缝中生存的大学生生死教育的探索遭遇诸多阻碍，本章依据前面对大学生生死教育的理论研究,探讨大学生生死教育的主要形式,通过分析典型的大学生生死教育实践和笔者开设并实施生死教育课程的实践,总结和评析大学生生死教育实践存在的问题,并提出大学生生死教育实践改进的方略。

一、大学生生死教育的主要形式

　　由上文可知,高校是对大学生进行生死教育最主要、最适切的途径,但高等学校大学生生死教育有哪些形式并没有进行充分探讨，根据大学生生死教育现有实践形式和施良方先生《课程理论——课程的基础、原理与问题》著作中对课程的分类,本书认为大学生死亡教育存在以下三种主要形式。

(一)渗透融入式生死教育课程

将生死理念和生死教育内容按照一定方法和原则,渗透融入某一门独立课程中,如"思想道德与法治""马克思主义基本原理""大学生心理健康教育"等课程中,这即是大学生生死教育渗透融入式课程。严格来说,这并不是一种"正式"的生死教育课程,只是一种生死教育内容与理念的融入与渗透,但为了与活动组织式课程、独立设置式课程相区分,以凸显大学生生死教育主要形式的周延性,本书将其单独进行分析。

渗透融入式生死教育课程其渗透融入的课程不限于大学生必修的公共课程中,甚至在某些专业课中相关章节内容也可将生死理念和生死教育内容,通过精心设计、巧妙引入和技术处理融入进去。这一方面可以避免公共课程或专业课程的枯燥无味,改变固化的程式化的课程教授风格,调动起大学生参与课堂的积极性;另一方面可以对大学生进行生死教育,促使其思考死亡价值,寻求生命意义,建构起稳定的生死观,实现自我价值。渗透融入式生死教育课程对教师提出了很高的要求,教师不仅需要对渗透融入的课程非常熟悉,而且对生死教育与生死理念也要有充分了解和深入研究。由于渗透融入式生死教育课程增加了教师很多的工作量,教师不仅要有改变课程教授方法、提升课程效果的决心与动力,还要有不仅是教书更多是育人的对学生负责的教育情怀。因此,渗透融入式生死教育课程实施的难处关键在于教师,教师需要对大学生生死教育的意义有充分认识和深入研究,也需要激发教师改进教育教学的动力。

（二）活动组织式生死教育课程

活动课程也叫活动组织式课程，它与分科课程相对应，重视学生的学习过程，坚持个人本位和经验本位的教育理念。活动组织式生死教育课程是强调大学生经验与体验死亡的重要性，通过组织与死亡相关的活动，参观与死亡相关的机构，探讨与死亡相关的议题对大学生进行生死教育，试图使大学生能在与死亡相关的情境中体验死亡，直观感受生命的意义，形成稳定的死亡价值观，为活出精彩的人生奠定基础。

活动组织式大学生生死教育课程校外活动包括殡仪馆参观、墓地探访、在安宁疗护中心做志愿者、大体老师①生命故事挖掘、敬老院参观等，校内活动包括清明论坛、开设生死教育讲座、举办与死亡相关议题辩论赛等。活动组织式生死教育课程对教育资源和教育条件的依赖性较强，如墓地探访活动，在校内需要得到学生、教务管理部门和校领导的支持、允许与批准，在校外需要得到墓地管理机构及其工作人员的理解、帮助与协作，整个活动组织式生死教育课程还要考虑活动的可持续性和学生的安全性等。总之，生死教育活动课程对教育教学资源和教育条件的强依赖性使此类活动课程实施的难度增大，要想开展活动组织式生死教育课程需要前期进行充分准备、协调和沟通。

（三）独立设置式生死教育课程

分科课程即是指学科课程，也叫独立设置式课程，重视学生的学习结果，坚持知识本位和综合本位的教育理念。独立设置式生死教育课程强调死

---

① "大体老师"是医学界对遗体捐赠者的尊称，也叫"无言老师""无语老师"，遗体捐赠者在过世 8 小时内急速冷冻到零下 30℃保存，在教学使用时再复温到 4℃，从而保证遗体的新鲜程度，让学生在最接近真实的人体上进行模拟手术训练。

亡知识的系统学习和对死亡的深入思考，一般是在高等学校独立设置生死教育课程，由专门的教师选择死亡教育课程内容，综合运用不同教育教学方法，给予大学生全面系统的生死教育，改变大学生的死亡态度、降低死亡焦虑、促进大学生生命成长，提升生命质量与生命价值。

如果从普及推广大学生生死教育目的来看，独立设置式生死教育课程是对大学生进行生死教育的最好方式。但高等学校独立设置大学生生死教育课程需具备有意愿从事生死教育且有能力与素质的教师，需得到校领导和教务管理部门的审核批准。只要具备相应的师资、课程、物质和环境条件，就可以在不同高校申请设置生死教育课程，对大学生进行生死教育并将其推广。

二、大学生生死教育渗透课程的设计与实施

以浙江传媒学院何仁富教授将生死教育与生命教育观念渗透融入"思想道德与法治""马克思主义基本原理"课程为典型案例，对大学生生死教育渗透融入课程进行分析，并探讨大学生生死教育实践的特点与问题。何仁富教授长年从事生死教育研究和生命教育实践与推广，他是国内高校首家生命教育研究机构的创始人、中国生命教育专业委员会副理事长，大学生命教育论坛联盟召集人，他的学术专著《生命教育理念下高校思想政治工作创新研究》于2019年出版。除将生死教育与生命教育理念渗透融入"思想道德与法治"课程外，何仁富教授还将生命教育理念融入"大学生心理健康教育"课程，并出版了《大学生心理健康与生命教育》高校教材，他在大学生生死教育渗透融入式课程实践方面具有非常丰富的教育教学经验，根据何仁富教授有关生死教育渗透课程的访谈内容、材料，总结大学生生死教育渗透课程实施需要注意的问题。

（一）生死教育渗透融入思想政治课程的设计

基于综合性的客观和主观原因，何仁富教授试图将生死教育渗透融入大学生思想政治课程当中。客观上来说，思想政治理论课需要有一些落地的措施和手段，要把抽象的思想政治理论课程中世界观、人生观和价值观方面的大道理，转化成大学生感兴趣的，与他们当下生命具有相关性的话题或者容易接受的教学内容，也即是客观上具有将生死教育融入思想政治理论的需要；主观上来说，何仁富教授一直做道德哲学与生命哲学方面的研究，如尼采、唐君毅、新儒家等，侧重点都在人生哲学和对生命的思考，这些思考有时会转化成思想政治理论课相应的教育或教学资源，让思想政治理论课充满另外一种学理性的思考，那即是关注生命本身和人生活动。2005年，当何仁富教授接触到生命教育，并了解生命教育理念、观念和价值追求后，认为生命教育既不完全是形而上，也不纯粹是形而下，而是形而中的教育理念或教育活动，可以用在思想政治理论课程中，所在才尝试在思想政治理论程中渗透融入生命教育理念。

将生死教育渗透融入大学生思想政治理论课程关键问题是教学内容的改造，即怎样将教材内容转化为具有生命教育内涵的教学内容，这实际上是很考验教师的设计能力。何仁富教授对学生进行调研，看到教材标题的感受与转化为教学内容的感受，学生更愿意、更能够、更容易接受转化为专题式的标题。总的来说是将思想政治理论教材转化成"三化"的专题式的教学内容，三化是生命化、德化、思化，也即是围绕"三化"将大学生思想政治课进行专题化的教材设计，专题化的教学内容，既与教材具有相关性，又对教材内容进行转化和深入。如在德化方面，何仁富教授提出"新三好学生"理念，即和自己好，热爱自己的生命；和别人好，尊重他人的生命；和地球好，维护地球的生命，这也是将生命教育中的天地人我关系转化为"新三好学生"的理念,使大学生在生活中落实它。思化是在教学操作方式上,将前面专题化的教学内容展示给学生,引导学生对相关专题中的问题进行探讨,激化学生的生命思考和自我反省。总之,生命化、德化和思化实际上是从教学内容、教学方式、学习方式三个方面融入大学生思想政治课的总体规划。

(二)生死教育渗透融入思想政治课程的实施

通过将生死教育和生命教育理念渗透融入大学生思想政治理论课,在上述教学内容、教学方式和学习方式的"生命化、德化、思化"基础上,何仁富教授继而提出生死教育渗透思想政治课程中课堂教学模式的"性情化",这就涉及教师如何将自己设计的教学内容在课堂上以生命教育理念和方式展示给学生,生命教育是以生命引领生命,以生命影响生命,以生命感动生命,我们不能把学生当作受教育者的机器,而把老师看作是一种脑力劳动者,而实际上教师应该是以自己的真实生命与一群学生的真实生命达成的一种交互运动。为达到上述生死教育渗透融入的课程教学效果,何仁富教授认为教师生命的开放度对这种生死教育渗透融入课程效果至关重要。教师需要将自己的生命打开,继而才可能把学生的生命打开,教师与学生的互动才是有效果的,而不是那种居高临下的、宣讲式的、干瘪瘪的。

教师如何打开自己的生命,保持教师自我生命的开放度?何仁富教授主要采取艺术性的体验手段,如音乐体验活动,特别是把手语歌曲从头到尾融入整个课堂教学活动中,当涉及不同主题或专题时,让学生在课间或课前学一首手语歌曲。手语歌曲的学习主要是教学生学做、学唱,讨论歌词意义和不同的生命内涵,不同阶段学习不同的手语歌曲如《从头再来》《中国人》《生命之河》《感恩一切》《相亲相爱一家人》,不同手语歌曲会提出不同的生命问题,这即是将生死教育与生命教育理念融入大学生思想政治课程教学模式相对性情化的开放课堂。除了教手语还会有一些体验式的活动。总之,何仁富教授的生死教育与生命教育理念渗透融入大学生思想政治课程，是"四化"的渗透融入式生命教育，促使大学生思想政治课向着生命化、德化、思化和性情化的课程教学转变，这其中涉及教学内容的转换、教学方式的调整、学习方式的变化和课堂教学模式的变化等。

(三)大学生生死教育渗透课程需注意的问题

实施大学生生死教育渗透融入式课程，需要注意以下几个问题：一是教学内容的转换问题。当教材内容转换成教学内容时，不能脱离大学生思想政治理论课政治性、理论性的要求，比如与大学生的人生观、价值观、世界观不能有出入、有偏离，需彰显思想政治理论课的特色，但又不能只是一种教材化的语言，要能让学生感受到确实不是抽象化、社会化、国家的与我无关的大道理，它确实是当下自己应该思考的问题，是与大学生的真实生命密切相关的重要问题。二是教师的课程教学和教学模式的变化问题，生命教育强调教师本身就是教材，在生命教育过程中教师是最好的教材，教师在教室的所作所为、课堂上的所作所为与课外的所作所为都可以让大学生围绕老师思考一些生命问题。三是生死教育渗透融入式课程在课堂上教师与学生的互动问题，运用互联网时代下一些新的互动方式如慕课、在线开放课堂、雨课堂、学习通等软件。四是拓展学生与生命的思考和体验的课外作业，引导学生完成课外作业。

实施大学生生死教育渗透融入式课程客观上来说对教师提出了更高要求，第一个要求是教师需要了解生命教育，认识生命教育，生命教育是每一个教师的核心素养，包括不同的层次如对学生生命的关注、热爱和生命教育的理念和方法；第二个要求是教师应尝试一些新的教学手段和方法，包括开发自己的性情，开放自己生命的一些体验活动如游戏、手语、歌曲等，做生命教育最大的受益者。教师在准备教育内容、改革教学方法时，需要去读一些新的内容、了解一些新的事物、学习一些新的技术与艺术,需要去了解生命、认知生命,还需要将设计的教育内容转化为学生可以接受的内容,这个过程其实就是在促进教师生命的成长,使教师生命受益。教师需要破除畏惧心,突破自己的惰性,只有不怕难、不怕累才会愿意尝试新的方法,才可能把此种渗透融入式课程做得很好。渗透融入式生命教育,它涉及面广,受众更多,每个教师都可以实施生死教育渗透式课程,也不需要有系统的策略和规划,见问题就问题,在当下便可以展开生命教育。

三、大学生生死教育活动课程的设计与实施

选择山东大学基础医学院王云岭老师带领学生去参观殡仪馆活动课程为典型案例,对大学生生死教育活动课程进行分析,并探讨大学生生死教育实践的问题与特点。王云岭老师多年从事大学生生死教育实践与生死学研究,目前已出版学术专著《现代医学与尊严死亡》,他创设的"死亡文化与生死教育"课程在智慧树在线教育、中国大学 MOOC 网络平台上线传播以来,受到和赢得大学生的欢迎和赞誉,引起社会各界的广泛关注。王云岭老师多次组织大学生参观殡仪馆,在开展大学生生死教育活动课程方面具有丰富经验,本部分内容根据王云岭老师的访谈内容、资料总结了大学生生死教育活动课程应该注意的问题。

(一)组织参观殡仪馆活动课程的设计

基于生死教育的本质要求和借鉴国外生死教育实践的经验,王云岭老师开始组织大学生参观殡仪馆活动课程的设计与探索。一是王云岭老师认为大学生生死教育对知识传递功能不是很大,生死教育里没有多少知识,关键是价值观念的传递与培养,而价值观念的传递与培养最好应该从大学生

自身经验做起,从个体经历中去提炼,才有可能从内心接受我们所传递的价值观念。二是借鉴国外、中国香港和中国台湾实施生死教育的做法与经验,如参观殡仪馆、参观墓地、参观安宁疗护病房、参观养老院等。组织大学生参观殡仪馆活动,首先,要与殡仪馆方面就参观活动联系、沟通、协调好,落实和筹备参观活动各项事务;其次,精心考虑参观殡仪馆活动各个环节和参观活动程序,制定和规划好参观殡仪馆课程方案;最后,按照活动课程方案参观殡仪馆活动结束后,鼓励学生分享参观殡仪馆整个过程的心理感受和生死体验,让学生在集体中交流互鉴,彼此参照生命的感受从而提升参观活动课程效果。

(二)组织参观殡仪馆活动课程的实施

按照参观殡仪馆活动课程实施方案,安排好接送学生车辆,事先提醒大学生在参观殡仪馆活动过程应该注意的相关事项和遵守的纪律,整个参观过程主要是由学生去看、去体验、去感悟,以达到大学生生死教育价值理念传递与培养的目的。到达殡仪馆后由殡仪馆工作人员负责专门讲解和引导,整个殡仪馆参观活动具体流程是先到办事大厅(简单介绍和说明相关注意事项)—告别大厅—遗体存放处—遗体整容车间—遗体焚化车间—遗体转运车间—生命之路(从人出生到生命的终点是一条路,在这条道路上各个阶段各个生命节点上有许多雕塑,整个过程能使大学生有更多的生死体验和生命感悟)—骨灰存放处等环节,最后在殡仪馆骨灰存放处旁边的一个教室,在殡仪馆工作人员引导和讲解下,鼓励学生谈一谈自己的参观感受,分享和交流一些生命体验和人生感悟,加深大学生参观殡仪馆活动的印象和体验,也起到了同伴教育的作用,以期提升大学生生死教育课程实施效果。此外,在殡仪馆参观活动课程结束后,王云岭老师通过蓝墨云班软件平台,鼓励学生将参观殡仪馆活动的体验与感想用文字写出来,可以将这些文字发送到蓝墨云班课平台上以供同学交流,但完全采取自愿原则。

实施大学生生死教育活动课程一反传统课堂以知识传授为主,从理论到理论的教学方式。所谓百闻不如一见,以现场教学、情境体验为主的教学方式更加符合生死教育的本质要求和实施特点,能够促使大学生在参观殡仪馆活动中,产生的生命感受和生死体悟更深,使学生在参观与体验活动课程中由自己去建构一套生死价值观念,而不是在课堂讲授上的灌输和宣讲,但实施此类大学生生死教育活动课程也存在一些弊端,首先并不是所有的学生都愿意去参加此类活动课程,采取自愿原则会降低生死教育的受众面。其次,实施大学生生死教育活动课程花费时间比传统在校内的课堂活动更长,需要教师和学生投入更多精力。再次,大学生生死教育活动课程实施需要一定的经济支出,比如需要雇车定点接送,此类费用往往需要教师个人支付。最后,从大学生生死教育活动课程的持续性与连续性来讲,教师甚至学校较难与殡仪馆、安宁疗护中心此类机构建立稳定的合作关系,因为接待这样一次参观活动必定会增加殡仪馆、安宁疗护中心等机构及其工作人员的工作量,也必定会扰乱正常的工作秩序,也即是大多数生死教育活动课程很可能只是一次的组织与筹划,很难成为一种常规性的、常态性的活动课程。

(三)大学生生死教育活动课程需注意的问题

根据对王云岭老师组织大学生参观殡仪馆活动课程的访谈,他认为实施大学生生死教育,参观殡仪馆活动此类课程需要注意以下几个问题:一是关注学生安全问题,确保学生的身体与心理的安全;二是需要到学校教务管理部门进行备案,得到学校的允许与批准;三是实施此类活动课程一定要遵循学生自愿原则,事前告知学生整个的参观环节包括尸体焚化车间等,学生若不愿意去也不应强迫;四是教师必须随时准备对学生开展心理辅导与心理咨询,因为在参观过程中可能会有学生产生心理不适。

　　大学生生死教育活动课程组织与开展对教师的能力与素质提出了要求：一是教师对生死教育有过深入研究，并进行过生死教育实践；二是具备一定的组织能力，能够号召大学生积极参与，主动并愿意去；三是教师还应具备较强的社会活动能力，建立与殡仪馆、安宁疗护中心等社会机构的稳定联系，以确保生死教育活动课程的连续性；四是教师需要具备较强的心理咨询和心理辅导能力，能够处理和应对参观活动过程中学生心理不适等种种问题。

四、大学生生死教育学科课程的设计与实施

　　上文对大学生生死教育渗透课程、活动课程进行探讨，分析大学生生死教育实践过程需要注意的问题，本部分基于笔者在 K 高校开设生死教育课程实践的行动研究，实施大学生生死教育学科课程，探讨大学通识类生死教育学科课程实践的相关问题。

　　笔者从 2016 年 12 月开始着手为"死亡教育与生命成长"全校公选课做准备，搜集到当时所能收集的所有死亡教育材料，购买并阅读了所有能找到的与死亡学、生死学和死亡教育相关的学术著作，到 2017 年 12 月在 K 高校通过学校审批，成功开设"死亡教育与生命成长"全校公选课，目前已完成两轮课程教学，第一轮课程于 2018 年 3 月至 6 月（限选 30 人），第二轮课程于 2018 年 9 月至 12 月（限选 60 人），本部分是对大学生生死教育课程的实践探索，主要是基于这两轮课的课程教学实践，笔者既是课程实施者，也是生死教育研究者，通过大学生生死教育课程的实施，反思课程实施过程中的问题与困惑，并提出开设大学生生死教育课程的相关建议。

(一)大学通识类生死教育学科课程的设计

1.“死亡教育与生命成长”课程开设的准备

在高校开设生死教育课程,首先要得到高校领导与教学管理部门的允许与支持,如果没有他们的支持,对大学生进行生死教育便无法落实。因为对死亡的敏感与避讳,根据访谈调查,很多有兴趣开设生死教育课程的老师,没能通过学校的审核与批准,最终不了了之。山东大学王云岭教授经过多次向学校沟通与提出申请,最后同意学校对课程名称进行修改,才让课程得到学校的认可与支持。所以生死教育课程开设的第一步是要向学校提出申请,需要学校审核并获得其批准与认可。

笔者在 2017 年 10 月就跟教务处处长提出了口头申请,根据 K 校通识教育公选情况(本科生近两万人,面授公选课程门数才 90 门左右,严重偏少),详细解释了高校开设生死教育课程的重要性,对促进大学生心理健康、生命成长与个人发展的重要作用,争取了教务处处长的认同,为后续成功开设生死教育选修课奠定了基础。这期间也与分管教学运行的教务处副处长说明了情况,希望开设的生死教育课程能够控制选课人数 30 人(学校规定选课人数若达不到 50 人,取消开课资格,控制 30 人的目的是更容易掌控课堂教学,并照顾到每一个学生),并得到教务处副处长的同意与理解,直到 2017 年 12 月学校发布 2017—2018 学年第二学期公选课审核通知,笔者正式根据学校公选课开设相关要求,提出开设“死亡教育与生命成长”公选课的申请,填写全校公选课申请表,包括开课班数、课时、学分、课程教学计划等,并顺利通过学校审核,最终 K 高校同意笔者开设生死教育课程“死亡教育与生命成长”全校公选课。

2.“死亡教育与生命成长”课程方案的设计

课程方案的设计是生死教育课程开设与课程实施的前提,科学合理的生死教育课程方案为生死教育的顺利开展奠定了基础。课程方案的设计包括课程名称、课程理念与目标、课程性质、课程实施原则、课时、课程教学方式、课程考核方式和课程管理相关措施等内容,设置课程对大学生进行生死教育,应对上述课程问题具有成熟的思考和理性的选择。课程方案可以说课程实施的蓝图,对生死教育课程方案的设计对大学生进行生死教育是至关重要的。

由于对生死教育及其目标的认识与理解,课程名称坚持使用了一般人较难接受的生死教育而不是生命教育,又由于是对大学生进行生死教育,根据笔者对生死教育的前期研究和探索,此课程以生命成长和个体发展取向为主,辅之以实际应用取向和个体心理取向,所以将课程名称定为"死亡教育与生命成长"。课程性质属于选修课性质,因为在中国谈论死亡是一件较为尴尬而又忌讳的事,普遍认为死亡是消极的、毫无价值的,不是每个人都敢于探讨生死问题,从让学生易于接受的角度来看,选修课性质是妥当而又符合现实的。所以,对大学生进行生死教育时,设计课程方案考虑的课程实施原则,需要坚持正向性、建构性和批判性原则。根据学校选修课开设要求,通过课程考核,学生可以获得 2 学分,一共 24 课时,可由一位老师独立开课,也可多位老师合作开课,"死亡教育与生命成长"公选课共 2 学分 24 课时(笔者申请时是 32 课时,为了便于教务处统一管理与安排,便削减为 24 课时),由笔者单独授课。根据笔者对课程的理解和实际情况,课程考核方式定为四次课堂作业、两次问卷调查、一次课堂实施调查表、一次访谈四种。课程目标设计为改善大学生死亡态度、适当唤醒死亡意识和降低死亡恐惧、促进大学生生命成长,最终为提升其生命质量服务。课程教学方式根据不同的教学目标与课程内容进行选择,以讲授法为主,辅之以探究式教学、情境式和体验式教学方法,利用现代网络技术进行混合式教学。注重生死教育课程管理,采用多种措施和技巧调动学生参与交流、讨论与分享的积极性。

3."死亡教育与生命成长"课程内容的组织

课程内容是生死教育课程的核心要素，一般是以课程目标为直接依据进行选定，课程内容的合理性程度，制约着教育目标和课程目标的实现，可见，课程内容的选择与组织对一门课程的重要性。

"死亡教育与生命成长"课程是以认知死亡、体验死亡、练习死亡、超越死亡的目标框架来组织与选择教育内容，如果再将目标框架细分，那么认知死亡的次一级目标就是要改变大学生的死亡态度，形成科学合理的死亡观；体验死亡的次一级目标就是要唤醒死亡意识、降低死亡恐惧、构建生命意义；练习死亡的次一级目标就是要促进大学生生命成长，激发其生命潜能，实现人生意义；而超越死亡作为生死教育的总体目标和最终追求就是要提升大学生的生命质量与生命价值，获得死亡尊严。大学生似乎离死亡较远，但是他们迟早要面对自己与亲人的死亡，他们必须了解生命质量和死亡尊严的概念。目标框架细分为次一级目标，是组织与选择课程内容的前提，根据次一级目标，着手进行课程内容的选择与构建。以认知死亡目标框架下改变大学生的死亡态度，形成科学合理的死亡观为例，课程内容可以选择死亡的本质、死亡的必然性、避讳死亡的原因及其后果、如何理性认识和正确对待死亡、死亡的意义、假如这世上没有死亡等，这些内容可以使用讲授式、探究式、案例式教学等方法，主要教学目标就是改变大学生的死亡态度，使他们能谈论、敢谈论、想思考、会思考死亡问题，而不是忌讳、搁置、逃避、对死亡视而不见，从而逐渐形成正确合理的死亡观。

4."死亡教育与生命成长"课程安全的防范

死亡在现代社会毕竟是一个敏感话题，虽然实施生死教育应坚持正向性、正能量和积极性原则，以积极心理学为指导思想，但对于课程与学生安全问题也要有足够的重视。课程安全主要是指生死教育课程因发生学生安全问题等突发事件，在学校内外造成不良影响，致使课程被迫停开或遭到其他外力的阻碍而中断。学生安全是指学生在参与生死教育课程过程中引起学生强烈情感波动与不适心理而出现的安全问题,需要进行安全防范。陆晓娅老师在开课前,对选课学生会作出一个声明,规劝那些近一两年有亲朋好友离世、心理承受能力较弱的同学退课(见图7-1)。因为怕引起学生的不适反应,陆晓娅也设计了一个扰动处理《我和我自己在一起》:如果有任何情绪或心理上的问题都可以用笔写下来,哪些内容引起了强烈感受,对自己触动很大, 或者直接找老师进行咨询与疏导。王云岭老师组织学生参观殡仪馆时,也特别强调如果参观途中有任何心理与身体的不适,需要第一时间提出来,可以选择无理由地退出。这些课程声明与事先考虑是教师对生死教育课程可能形成的负向功能的一种防范。

"死亡教育与生命成长"第一次课课前,笔者就声明了关于课程安全和课程教学管理相关需要注意的事项, 如果学生觉得某些内容对自己的影响触动大,可以课上提出来或课下向老师寻求帮助,凡是不能按时上课、认为

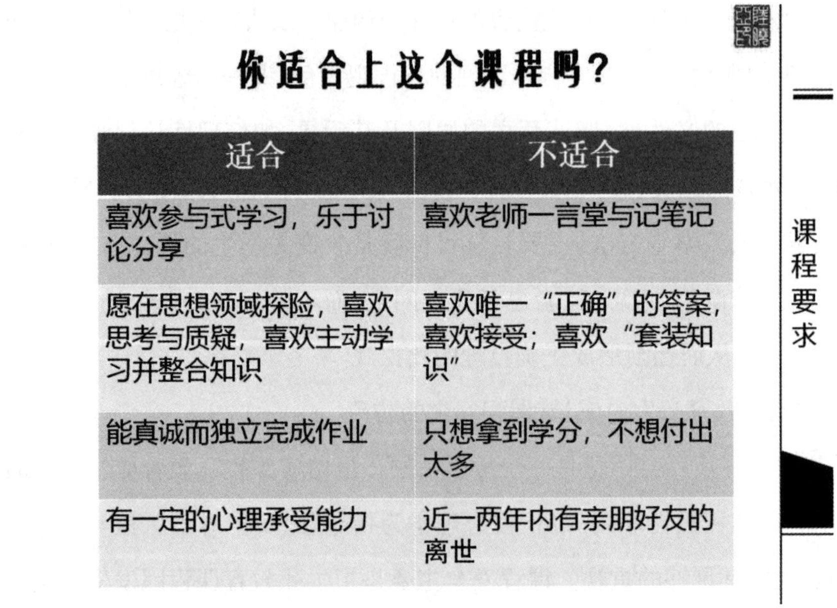

你适合上这个课程吗?

适合	不适合
喜欢参与式学习,乐于讨论分享	喜欢老师一言堂与记笔记
愿在思想领域探险,喜欢思考与质疑,喜欢主动学习并整合知识	喜欢唯一"正确"的答案,喜欢接受;喜欢"套装知识"
能真诚而独立完成作业	只想拿到学分,不想付出太多
有一定的心理承受能力	近一两年内有亲朋好友的离世

课程要求

图7-1 你适合上这个课程吗?

选修课不重要、不主动发言、不能完成课堂作业、近两年有亲人过世、心理承受能力差的可直接申请退课。

(二)大学通识类生死教育学科课程的实施

1."死亡教育与生命成长"课程实施的定位

课程定位与目标稍有区别,定位指明生死教育方向、课程来源等有关其在课程体系中的位置,而课程目标使生死教育更明确、更具体,因为上文有对"死亡教育与生命成长"课程目标进行说明,在此只对课程定位进行讨论。首先,"死亡教育与生命成长"课程是一门通识教育课程,通识教育就是要促进大学生个体生命成长和个体整全发展,就是要弥补专业教育的偏缺,减少条块化知识对人的宰制。其次,"死亡教育与生命成长"课程是针对现实社会中真实问题而开设,大学生掌握了大量关于生的知识,而关于死亡的知识却极少,人们重视生的价值而忽视死的意义,死亡对个体成长的动力与正向影响基本上受到忽略。最后,当今时代人们面对生死时的困惑与困顿,所谓生死事大,生死是根本,"死亡教育与生命成长"就是要促进大学生探究死亡意义,反思个体生命价值,寻求安身立命之道,以期达到生死无憾、生死两安。总之,"死亡教育与生命成长"课程是以谈生论死的方式,寻求生命的意义,促进大学生生命成长和个体整全发展,实现自我价值,试图解决人的生死困惑与困顿。

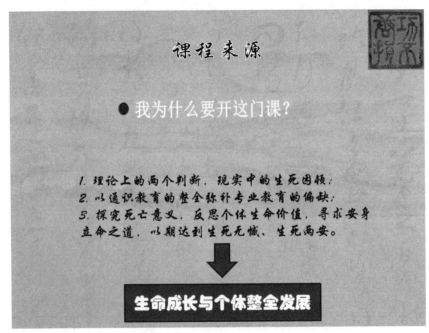

图 7-2　为什么要开这门课？

2."死亡教育与生命成长"课程教学的方法

不同的课程目标与教育内容,应该选择不同的教学方法。"死亡教育与生命成长"共分为五讲内容,每一讲内容都根据相关特点选择了不同的教学方法。第一讲是死亡教育——人生的必修课,即死亡教育概述,一共 4 课时,包括死亡教育的重要性与必要性、死亡教育的内涵、特征、起源、发展与演进等内容,主要采用讲授法进行课堂教学;第二讲是认知死亡,一共 6 课时,包括死亡的界定、标准、本质和特性,及不同学科视野下的死亡观点、电影《小猪教室》的生死讨论等内容,主要采用的是探究式教学、情境式教学和案例教学;第三讲是体验死亡,一共 6 课时,从主体、环境和情境中去体验死亡,主体方面包括体验自我与他者之死, 环境方面包括从死亡事件与死亡文化中体验死亡,情境方面是在对影片《入殓师》进行赏析的过程中去体验死亡,主要采用情境教学、电影教学方法;第四讲是练习死亡,一共 6 课时,包括濒死体验与死后世界、安乐死、自杀、死刑、堕胎、器官捐赠等议题探讨,及临终关怀与缓和治疗、悲伤辅导与居丧照护,主要采用探究式教学、案例教学、分组讨论等教学方法;第五讲是超越死亡——生命的成长与修行,一共 2 课时,包括不忘初心——重申死亡教育的目的,何处超越——死亡教育要如何落地,方得始终——生死一体、两相安、三自在等内容,主要采用讲授法进行课堂教学。

3."死亡教育与生命成长"课程考核的方式

课程考核是检验课程实施效果的主要手段,"死亡教育与生命成长"课程采用过程考核与终结考核相结合的方式, 过程考核与终结考核各占比50%。其中,过程考核包括出勤率(5 次缺勤的学生拿不到学分)、课堂作业(一共 3 次课堂作业,字数不限,但必须是真诚的所思所想)、参与课堂讨论(不同的视角看问题、为课堂教学和学生学习所做的贡献)、问卷调查(死亡态度前测)等考核方式;终结考核包括小论文(关于死亡的小论文,提出个人对死亡的观点,有思考也有论证)、访谈(每一个学生都需要进行访谈,大概45~60 分钟,访谈内容关于死亡教育相关情况、对死亡的感受、对死亡教育课程的看法与认识及改善建议, 对课程学习效果的自我评价等相关内容)、课程实施调查表(关于课程实施满意度、问题与改进意见的调查表)、问卷调查(死亡态度后测)等考核方式。

4."死亡教育与生命成长"课程实施的效果

(1)大学生死亡态度的变化与测量

第一,第一轮课程大学生死亡态度的前后测量。

表 7-1　大学生死亡态度(趋近接受)前后测(N=26)

趋近接受	前测			后测		
	得分(S)	均值(M)	标准差(ST)	得分(S)	均值(M)	标准差(ST)
我相信我死后会进入天堂或到极乐世界	50	1.92	0.977	77	2.96	1.311
死亡是通往极乐之地的入口	52	2	1.166	59	2.27	1.079
我相信天堂是个比现世更好的地方	51	1.96	1.113	59	2.27	1.041
死亡是与上帝(神、佛)及永恒至乐的结合	45	1.73	1.002	61	2.35	1.093
死亡肯定会带来一个崭新辉煌的生命	59	2.27	1.282	68	2.62	1.134
我盼望死后能和我所爱的人团聚	101	3.88	1.107	98	3.77	0.951
我视死亡为一个通往永生幸福之地的通道	54	2.08	0.845	63	2.42	1.137
死亡为灵魂提供了美好的解脱	60	2.31	1.158	63	2.42	1.027
面临死亡令我觉得宽慰,我相信死后有生命	77	2.96	1.28	84	3.27	1.032
我对死后的生命怀有期待	82	3.15	1.317	85	3.27	1.079
趋近接受得分总和(T)	631			717		

由表 7-1 可知,大学生在经过一个学期的生死教育课程之后,对于死亡持趋近接受的态度明显增加了,这表现在学生在 10 个题项上,后测得分明显高于前测得分,各个题项的得分均值也普遍都有提升。

表 7-2　大学生死亡态度(恐惧死亡)前后测(N=26)

恐惧死亡	前测			后测		
	得分(S)	均值(M)	标准差(ST)	得分(S)	均值(M)	标准差(ST)
不知死后会发生什么事的不确定性让我担忧	83	3.19	1.386	81	3.12	0.993
我对死亡有强烈的恐惧感	83	3.19	1.021	68	2.62	1.098
死亡意味着一切的结束,这个事实令我害怕	74	2.85	1.317	69	2.65	1.231
人终将会死的定局让我感到困扰	71	2.73	1.313	75	2.88	1.033
想到自己死亡,就会使我焦虑不安	89	3.42	1.102	78	3.00	1.2

恐惧死亡	前测			后测		
	得分(S)	均值(M)	标准差(ST)	得分(S)	均值(M)	标准差(ST)
死后是否有生命,这问题让我感到非常困扰	94	3.62	1.169	81	3.12	1.143
死亡是一种可怕的经历	84	3.23	1.142	75	2.88	1.275
恐惧死亡得分总和(T)	578			527		

由表 7-2 可知,经过第一轮课程的生死教育,大学生对死亡恐惧的态度与心理明显降低了,这表现在多数题项得分都减小了,后测分值要低于前测,且均值都有不同程度的降低。

表 7-3 大学生死亡态度(死亡逃避)前后测(N=26)

死亡逃避	前测			后测		
	得分(S)	均值(M)	标准差(ST)	得分(S)	均值(M)	标准差(ST)
我完全避免去想到死亡	54	2.08	0.977	59	2.27	1.151
我总是试着不要去想到死亡	68	2.62	1.061	76	2.92	1.412
我尽量避开与死亡相关的事物	74	2.85	1.047	76	2.92	1.055
我尽可能去避免想到死亡	76	2.92	1.294	81	3.12	1.366
每当死亡的想法进入我的脑海中,我都试着将它赶走	77	2.96	0.999	77	2.96	1.076
死亡逃避得分总和(T)	349			369		

由表 7-3 可知,经过生死教育课程学习,大学生死亡逃避态度有一定程度增加,这表现在各个题项的得分,后测分值要高于前测分值,且均值也有一定程度提升,这说明生死教育课程唤起了大学生死亡意识,而又不得不压制它才能正常地投入现实生活。

大学生生死教育研究

表7-4　大学生死亡态度(逃离接受)前后测(N=26)

逃离接受	前测			后测		
	得分 (S)	均值 (M)	标准差 (ST)	得分 (S)	均值 (M)	标准差 (ST)
我将死亡视为今生重担的解除	65	2.5	1.175	65	2.5	1.030
我视死亡为现世痛苦的解脱	59	2.27	1.151	62	2.38	1.061
死亡可让我从这个可怕的世界逃脱	56	2.15	1.084	57	2.19	0.939
死亡是悲痛与苦难的解脱	65	2.5	1.030	61	2.35	1.056
死亡会结束我所有的烦恼	68	2.62	1.299	67	2.58	0.987
逃离接受得分总和(T)	313			312		

由表7-4可知,大学生对于死亡逃离接受的态度,从得分总值上看并未出现太多变化,这与上述分析结果趋于吻合,生死教育课程在不同程度上唤醒了大学生的死亡意识,正常生活又需要自觉逃离这种死亡意识的侵扰。

表7-5　大学生死亡态度(自然接受)前后测(N=26)

自然接受	前测			后测		
	得分 (S)	均值 (M)	标准差 (ST)	得分 (S)	均值 (M)	标准差 (ST)
死亡只是生命过程的一部分	113	4.35	0.892	108	4.15	1.047
死亡是生命过程中自然的一部分	122	4.69	0.471	111	4.27	0.919
死亡是自然的、不可否认且不可避免的	116	4.46	0.859	110	4.23	0.992
死亡既不是好事也不是什么坏事	88	3.38	1.023	80	3.08	0.935
对于死亡我既不害怕也不欢迎	99	3.81	0.801	90	3.46	0.989
自然接受得分总和(T)	538			499		

由表7-5,大学生对于死亡自然接受的态度,在得分总值上出现了小幅度的降低,这可能是生死教育课程促进了大学生对死亡的思考与体验,唤醒了其死亡意识,并不是单纯的自然接受态度,还掺杂了逃离与恐惧的心理成分,从而导致各题单项得分、均值和总体得分都有所下降的结果。

综上所述,第一轮生死教育课程大学生死亡态度趋近接受维度总体得分增加86、恐惧死亡降低51、死亡逃避增加20、逃离接受减少1、自然接受降低39,这说明生死教育课程实施对大学生死亡态度具有显著影响,且以增幅最大的趋近接受死亡为主,不仅降低了死亡恐惧,而且唤醒了学生的死亡意识,在思考生命意义的过程中对死亡自觉的出现产生逃离与逃避的心理。

第二,第二轮课程大学生死亡态度的前后测量。

表7-6　大学生死亡态度(趋近接受)前后测(N=27)

趋近接受	前测			后测		
	得分 (S)	均值 (M)	标准差 (ST)	得分 (S)	均值 (M)	标准差 (ST)
我相信我死后会进入天堂或到极乐世界	71	2.63	1.079	70	2.59	1.248
死亡是通往极乐之地的入口	54	2.0	1.038	61	2.26	1.095
我相信天堂是个比现世更好的地方	62	2.3	1.137	60	2.22	0.974
死亡是与上帝(神、佛)及永恒至乐的结合	54	2.0	1.000	59	2.19	1.001
死亡肯定会带来一个崭新辉煌的生命	64	2.37	0.937	66	2.44	1.121
我盼望死后能和我所爱的人团聚	84	3.11	1.311	91	3.37	1.305
我视死亡为一个通往永生幸福之地的通道	66	2.44	1.188	66	2.44	1.121
死亡为灵魂提供了美好的解脱	69	2.56	1.188	70	2.59	2.59
面临死亡令我觉得宽慰,我相信死后有生命	66	2.44	1.281	70	2.59	0.971
我对死后的生命怀有期待	77	2.85	1.262	82	3.04	1.255
趋近接受得分总和(T)	667			695		

由表7-6可知,第二轮接受生死教育课程的大学生对于死亡持趋近接受的态度较为明显,这表现趋近接受维度多数题项得分都提升,且均值有增加,总体分值有一定增幅。

表7-7 大学生死亡态度(恐惧死亡)前后测(N=27)

恐惧死亡	前测			后测		
	得分(S)	均值(M)	标准差(ST)	得分(S)	均值(M)	标准差(ST)
不知死后会发生什么事的不确定性让我担忧	71	2.63	1.182	74	2.74	1.163
我对死亡有强烈的恐惧感	72	2.67	1.177	76	2.81	1.145
死亡意味着一切的结束,这个事实令我害怕	82	3.04	1.055	76	2.81	1.075
人终将会死的定局让我感到困扰	68	2.52	1.312	74	2.74	1.130
想到自己死亡,就会使我焦虑不安	85	3.15	1.322	83	3.07	0.958
死后是否有生命,这问题让我感到非常困扰	89	3.30	1.171	85	3.15	1.027
死亡是一种可怕的经历	95	3.52	1.122	85	3.15	1.064
恐惧死亡得分总和(T)	467			553		

由表7-7可知,大学生对死亡的恐惧有了明显提升,这说明生死教育课程激起了学生的死亡焦虑,恐惧死亡维度由总分467增加到553,各题项均值多数是增加,也有个别题项出现了小幅度降低,也说明内部出现了一定个体差异。

表7-8 大学生死亡态度(死亡逃避)前后测(N=27)

死亡逃避	前测			后测		
	得分(S)	均值(M)	标准差(ST)	得分(S)	均值(M)	标准差(ST)
我完全避免去想到死亡	76	2.81	1.001	67	2.48	1.087
我总是试着不要去想到死亡	72	2.67	1.074	74	2.74	1.023
我尽量避开与死亡相关的事物	81	3.00	1.177	77	2.85	0.864
我尽可能去避免想到死亡	89	3.30	1.265	84	3.11	1.155
每当死亡的想法进入我的脑海中,我都试着将它赶走	76	2.81	1.111	78	2.89	1.050
死亡逃避得分总和(T)	394			380		

由表7-8可知,大学生死亡逃避维度总体得分由394降到了380,死亡

逃避维度各题项均值有不同程度的增加或减少，这表明大学生通过接受生死教育课程其逃避死亡的态度得到了改善。

表 7-9　大学生死亡态度(逃离接受)前后测(N=27)

逃离接受	前测			后测		
	得分(S)	均值(M)	标准差(ST)	得分(S)	均值(M)	标准差(ST)
我将死亡视为今生重担的解除	65	2.41	1.047	73	2.70	1.103
我视死亡为现世痛苦的解脱	72	2.67	1.177	72	2.67	1.109
死亡可让我从这个可怕的世界逃脱	67	2.48	1.156	66	2.44	1.155
死亡是悲痛与苦难的解脱	63	2.33	1.177	75	2.78	1.155
死亡会结束我所有的烦恼	72	2.67	1.240	81	3.00	1.330
逃离接受得分总和(T)	339			367		

由表 7-9 可知，大学生逃离接受维度总体得分由 339 分增加到 367,如第一轮课逃离接受死亡态度一样,接受生死教育课程的学生被唤醒了原本受到压制的死亡意识,为保证生活的正常而出现逃离死亡的态度。

表 7-10　大学生死亡态度(自然接受)前后测(N=27)

自然接受	前测			后测		
	得分(S)	均值(M)	标准差(ST)	得分(S)	均值(M)	标准差(ST)
死亡只是生命过程的一部分	109	4.04	0.980	113	4.19	1.039
死亡是生命过程中自然的一部分	111	4.11	1.086	117	4.33	1.038
死亡是自然的、不可否认且不可避免的	121	4.48	0.700	109	4.04	1.255
死亡既不是好事也不是什么坏事	99	3.67	0.734	90	3.33	1.074
对于死亡我既不害怕也不欢迎	98	3.63	1.149	93	3.44	1.155
自然接受得分总和(T)	538			522		

由表 7-10 可知,大学生死亡态度自然接受维度得分总值从 538 降低到 522 分,且自然接受维度多数题项得分与均值都在不同程度有所降低,这说明接受生死教育课程之后,学生对死亡的思考和认识加深,并不像之前那样

单纯的自然接受,掺杂了个人的死亡体验和情感价值。

综上所述,第二轮课程大学生死亡态度趋近接受增加28、恐惧死亡增加86、死亡逃避降低14、逃离接受增加28、自然接受降低16,这表明第二轮课程对大学生死亡态度也有比较明显的影响,且以变动幅度最大的死亡恐惧为主,这说明生死教育激起了大学生潜藏在心底的死亡焦虑,认识死亡、体验死亡和练习死亡等相关生死教育内容的传授,增加了大学生对死亡的思考,使得大学生的死亡逃避有所降低,逃离接受与自然接受都有不同程度的改善与变化。

第三,两轮死亡教育课程实施效果比较。

表7-11 大学生生死教育课程实施与两轮课程效果比较

死亡态度	没有参加课程学生		第一轮参加课程学生 (后测)		第二轮参加课程学生 (后测)	
	均值	标准差	均值	标准差	均值	标准差
趋近接受	25.1764	8.58993	27.5769	6.55544	25.9630	6.81899
恐惧死亡	20.5212	6.02197	20.2692	5.57536	20.4815	4.57719
死亡逃避	14.6769	4.50054	14.1923	4.81680	14.0741	4.16880
逃离接受	12.1098	4.94359	12.0000	4.06940	13.5926	5.12354
自然接受	18.5864	4.11611	19.1923	3.13712	19.3333	3.49725

由表7-11可知,参加了"死亡教育与生命成长"课程的学生与没有参加课程的学生在死亡态度产生了明显变化,趋近接受死亡的态度其均值与标准差都得到了提升,恐惧死亡的均值与标准差都降低了,自然接受的均值与标准差提升了,死亡逃避与逃离接受的均值与标准差都有不同幅度降低,这说明接受了生死教育课程的大学生降低了死亡恐惧以及对死亡的逃离与逃避,而很多是趋近接受与自然接受,与没有参加课程的学生对于死亡的态度发生了明显变化。与此同时,对两轮参加生死教育课程大学生的死亡态度进行后测,发现死亡态度各维度并没有发生太大变化,这表明生死教育课程对大学生死亡态度具有重要影响,降低了学生的死亡恐惧,增加了他们接受死

亡的态度,说明"死亡教育与生命成长"课程实施效果明显,但两轮生死教育课程实施效果的差异并不显著。

（2）参与课程的学生访谈

对按时出勤,具有考试资格,并按时交课程作业的学生进行访谈,询问他们对死亡、死亡教育、生死教育课程等主题的看法与意见,设计不同的访谈问题,从言谈内容、认知水平、精神状态和行为表现来分析课程实施的效果。一方面,可从访谈时学生表露的感兴趣程度和表现出的精神状态去衡量生死教育的效果,如有部分学生询问,下学期是否还会开这个课,愿意再次选修"死亡教育与生命成长"课程;另一方面,可从学生对死亡及生死教育的认知与观点来评价生死教育课程实施的效果,如有学生明确表示:这个课程应该推广到其他群体,以必修课的形式强制每一个人去学习,因为生死教育太重要了。上述学生访谈说明参与整个课程学习使学生有了较大变化,同时也说明了生死教育课程获得了很好的课程效果。此外,对学生进行访谈不能反映学生的外在行为的改变,但外在行为的改变蕴含着坚定的人生意义和生命热情,通过生死教育课程构建起的坚定人生意义与生命热情,只能通过外在行为的观察来体现。

"您希望学生从课堂中获得些什么？"陆晓娅老师在面对《新京报》记者的提问时,她是这样回答的:

我并不特别看重学生们写在报告里的"收获",但当他们告诉我说,"陆老师,上了这个课,我重新拿起画笔开始画画",或者说"我去报了个架子鼓班",我就知道这是他们真的从"生死课"上收获了一些东西。去画画不一定真的要成为一个画家,去学架子鼓也不一定成为架子鼓鼓手,但那里有他的生命热情。我认识个年轻人,学了别人很羡慕的专业,但是你感觉不到她的热情。最近我看她朋友圈,发现她开始烘焙面包了,烤得非常漂亮,还教给许多人。我猜她的嗅觉非常灵敏,也喜欢触觉,再加上她把自己的审美也放进去了。我就突然觉得,这个才是她,这个是她的热情所在,因为她在里面发挥了自己的创造性,找到了一种自己参与世界并在其中感到价值的方式。①

这样的生命热情需要一段时间才可以观察到,这样的人生意义需要长时间才能表现出来,对参与课程的学生进行访谈是难以发现这样的改变的,但这也是生死教育课程效果的一部分,属于学生的形成性评价,确实需要予以充分考虑。

（3）课程实施的问卷调查

课程实施问卷调查是对完整接受生死教育课程学生的一种课程考核方式,旨在了解学生对整个课程实施的总体意见,具体情况如下表:

表7-12　"死亡教育与生命成长"第一轮课程实施情况调查表（N=26 人）

情况描述	很不满意 人数 \百分比	不太满意 人数 \百分比	满意 人数 \百分比	比较满意 人数 \百分比	非常满意 人数 \百分比
你对死亡教育课程整体满意度是	0(%)	1(3.8%)	9(34.6%)	8(30.8%)	8(30.8%)
你对死亡的了解程度的满意度	0(%)	3(11.5%)	11(42.3%)	8(30.8%)	4(15.4%)
你对死亡意义与价值的了解程度	0(%)	1(3.8%)	15(57.7%)	8(30.8%)	2(7.7%)
你对教师教学方式满意度是	0(%)	3(11.5%)	10(38.5%)	6(23.1%)	7(26.9%)
你对课程内容的满意度是	0(%)	1(3.8%)	8(30.8%)	12(46.2%)	5(7.7%)

由表7-12可知,第一轮死亡教育课程实施整体满意度大部分学生都选择了满意,满意程度96.2%,只有1个学生选择了不太满意;对于死亡的了解

---

① 陆晓娅生死课——没有充分活过的人最怕死[N],新京报,2016-09-24.

程度有 3 个学生选择不太满意,满意程度是 88.5%;对于死亡意义与价值的了解满意程度也是 96.2%;对于老师教学方式的满意度是 88.5%;对于课程内容的满意度是 96.2%。第一轮生死教育课程没有选择很不满意的学生,课程实施总体情况良好。

表 7-13 "死亡教育与生命成长"第二轮课程实施情况调查表(N=27)

情况描述	很不满意 人数 \百分比	不太满意 人数 \百分比	满意 人数 \百分比	比较满意 人数 \百分比	非常满意 人数 \百分比
你对死亡教育课程整体满意度是	0(%)	0(%)	7(25.9%)	13(48.2%)	7(25.9%)
你对死亡的了解程度的满意度	0(%)	1(3.7%)	10(37.0%)	12(44.5%)	4(14.8%)
你对死亡意义与价值的了解程度	0(%)	1(3.7%)	12(44.5%)	10(37.0%)	4(14.8%)
你对教师教学方式满意度是	0(%)	0(%)	7(25.9%)	9(33.3%)	11(40.8%)
你对课程内容的满意度是	0(%)	0(%)	9(33.3%)	10(37.0%)	8(29.7%)

由表 7-13 可知,第二轮生死教育课程整体满意度是 100%,没有学生选择不满意的选项;对死亡的了解程度满意度是 96.3%,只有 1 个学生选择不太满意;对死亡意义与价值的了解程度也是 96.3%;而对教师教学方式与课程内容的满意度都是 100%,与第一轮课程比较,第二轮生死教育课程实施总情况稍好一些,可能是对生死教育课程实施过程更熟悉,加之第一轮课程中学生所反映的问题已经改正与避免。

(4)课程实施的自我评价

教师作为课程实施者,在整个课程教学过程中,通过与学生的互动、学生的反应、对学生的提问等方式,对于课程教学及其效果会有一个自我反思、自我诊断和自我调整,当生死教育课程结束,对学生的终结考核与学习访谈,最后教师会形成对生死教育课程实施效果的自我评价。L.E.韦尔斯和G.马威尔指出,自我评价通常有两个主要标准,一是对自己的能力或效能的感受,二对自己的德行或价值的感受。根据这两个标准,可以把课程实施及其效果的自我评价理解为两重内涵,一是在课程实施过程中,具有较强的自我效能感,能够掌控和主导课堂教学;二是接受和参与课程的学生,切实发生了外在行为与内在心理的变化,且对教师具有正向评价,教师能够强烈感受到自己行为的影响,实现了自我价值。

"死亡教育与生命成长"课程实施过程中,笔者深感自己掌控课堂教学能力的不足,虽然自己对生死教育教学很有激情,但总是不能很好地调动学生参与课堂讨论的积极性,正如访谈学生时他们所反映的问题,课堂氛围有时较为沉闷,有一定的课程教学的自我效能感,但不是很强。虽然课程实施过程与课程结束后,在与学生的交流与访谈中,有较多学生具有很大内心触动与改变,也对生死教育及课程具有很高的评价,但笔者自我价值感较低,总觉得自己可以做得更好。可能是整个课程实施由于各种因素影响,时间与精力的投入和课程教学准备并没有做到最好,笔者感觉在课程设计、教学方法和教学内容方面还具有很大提升和改善空间。

(三)大学生生死教育学科课程需注意的问题

根据笔者上述两轮生死教育学科课程的实践,本书认为大学生生死教育学科课程实施需要注意以下问题:一是设置大学生生死教育学科课程必须提前做好申请准备,生死教育学科课程名称、课时、学分、教育内容等方面需得到学校的审核与许可,经由教师申请学校教务管理部门批准才可以设置;二是需要保证生死教育学科课程安全,包括学生身心安全、课程实施的校内与校外安全及其影响等;三是大学生生死教育学科课程实施需要不断更新和挖掘生死教育课程资源,创新教育教学方式,以学生更加乐意接受的方式进行课程教学;四是生死教育学科课程实施需要加强课程师生互动,调动学生参与生死教育课程讨论与发言的积极性,以更好地提升大学生生死教育课程效果。

实施大学生生死教育学科课程同样也给学科课程提出了能力与素质要求:一是教师对生死学与生死教育具有深入研究,并有对大学生生死教育实践的需求与想法;二是教师自己的生命需要被打开而不是被束缚与禁锢,不断提升教师的生命层次,教师胸襟、思维和认知应满足生死教育学科课程的要求,教师具有持续对生死进行探索与思考的内在需要;三是教师需要有改进和完善生死教育学科课程的动力,对大学生生死教育学科课程具有持续的实践探索热情;四是要具备对大学生进行心理辅导与心理咨询方面的能力;五是教师需要具备较强的教育教学能力与素质。

五、大学生生死教育实践存在的问题

根据上文对大学生生死教育渗透课程、活动课程和学科课程的实践探索,分析大学生生死教育实践过程中存在的问题,并思考大学生生死教育实践改进的对策与建议,为提升大学生生死教育实施效果提供条件。

(一)教师综合素质较难满足实施生死教育的要求

从上述大学生生死教育渗透课程、活动课程和学科课程的实践探索来看,都对大学生生死教育教师的综合素质提出了更高的要求。教师是生死教育及其课程实施的关键,课程教学是否有效,课程实施能否取得较好的效果,教师是非常重要的影响因素。面临的一个实际问题是,承担生死教育及其课程的教师应该具有哪些能力、素质和条件? 这是需要认真思考的问题。一些生死教育学者非常慎重地呼吁死亡工作者,尤其是生死教育课程实施者——教师自己先具备正确的、健康的、自然的态度,并对生死教育的内容、实施的方法有基本的了解,才能引导学生自然而然地了解死亡之相关知识。

这些学者的呼吁一般也仅能从态度方面加以规范，而难以就知识面加以要求。[①]因为生死教育教师所需要的生死知识太广泛、太深厚。中国台湾著名生死教育专家纪洁芳教授认为生死教育教师应具备自身修为及态度（能有悲天悯人的胸怀及热爱生命的品质）、专业知识（对死亡具备正确的知识及态度）、教学及沟通能力（具备倾听、咨商及沟通基本能力和"临终关怀"之实际经验），[②]中国台湾早期生死教育和临终关怀的探索者，如黄中天（1993）、黄俊杰（2012）对生死教育课程教师的素质与要求都有不同的看法与表述，不仅如此，每个生死教育课程的教师对死亡教育、对课程与教学目标和要达到的课程效果都会有不同的理解与追求，这样容易导致实施生死教育课程的师资参差不齐，鱼目混珠。

笔者在两轮"死亡教育与生命成长"课程实施过程中，深深感受到教师对生死教育课程的重要性，教师除了对死亡及生死教育需要有科学合理的认识与健康正确的态度外，自身还应对生死教育具有深入研究、清晰明确的课程追求和对自他生命的悲悯与深切关怀，具备了这些条件并不能充分保证课程实施效果。教师的表达与沟通能力，推动课程教学往前发展，并娴熟地运用教学技巧和精心的课程教学设计对生死教育课程取得好的效果至关重要。在实施生死教育课程教学过程中，笔者深感自己专业知识有所欠缺、对课程教学的掌控与推进能力不足和教学功力不深厚，不能够很好调动学生参与课堂的积极性，有时候是为了教学而教学，缺乏对人、对生命的关怀和对课程效果的清晰认识。生死教育课程师资并没有统一的素质与能力要求，即使有生死教育课程也难以达到普遍的良好效果，但并不是每一位老师都能成为生死教育课程的教师。生死教育课程教师的素质与能力虽没有最

---

① 尉迟淦.生死学概论[M].台北:五南图书出版公司,2005 年,第 81 页。

② 何仁富,刘福州编.大学生命教育的课程与教学——第三届海峡两岸大学生命教育高峰论坛论文集[M].北京:中国广播影视出版社,2015 年,第 6 页。

高的要求，但一定有最低的标准，如生死教育课程教师的生命必须是打开的，能持续进行生命的自我探索，又比如对生死教育具有深入研究，能认识到生死教育的重要意义并热心于生死教育实践。总之，从生死教育渗透课程、活动课程和学科课程实践来看，大学生生死教育对教师提出了较高要求，高等学校中的一般教师的综合素质和学科素养较难满足实施生死教育的要求，也即是生死教育教师应该受到专门的生死教育培训和技术技能训练。

（二）课程支持与管理不足构成对生死教育的阻碍

课程管理关乎大学生生死教育课程实施效果，课程管理的主要目的是为生死教育课程实施提供条件和过程保障，以促进大学生有效学习，提升生死教育课程实施效果。生死教育课程管理包括两个层面，一是教师层面对课程教学的有效控制与推进方面的管理，二是学校层面对生死教育课程的条件保障与支持方面的管理。从课程管理方面来说，在实施生死教育过程中教师对课程实施与课程教学缺乏管理，有效控制课堂和推进课程教学能力不足，而学校及教务管理部门也缺少对大学生生死教育课程的重视与支持。

在"死亡教育与生命成长"课程实施过程中，课程管理存在不规范和管控能力不足的问题，笔者虽制定了一整套课程实施计划，却不能有效推进课程教学，重点不突出，每次上课总感觉还有很多内容需要讲，对学生访谈过程中也有反映，老师上课总是在赶时间，对课程管理掌控不够。虽建立了课程教学与班级管理的 QQ 群，不定期推送生死教育相关阅读材料，但没有充分利用 QQ 群平台组织与发动学生探讨死亡及生死教育相关问题。此外，由于 K 高校某些原因没能严格按照课程考核方式来对学生进行评价，课程管理显得较为松散。

从学校层面来看课程管理，"死亡教育与生命成长"虽被允许开课，但其课程实施并没有得到教务处等教学管理部门的支持，对生死教育课程重视程度比较低。此外，教务处对学校选修课重视程度和管理支持力度不够，长期以来学校对待选修课的态度和学生的学习氛围使学生对选修课存在偏见，多数学生以混学分为主，进而导致大学生对生死教育课程重视程度不够。从生死教育活动课程来看，往往需要跟教务管理部门多次申请与沟通，才有可能获得学校的批准与许可，总之，学校及教务管理部门缺乏对生死教育课程的支持和生死教育管理不足，对生死教育产生了一定阻碍。

（三）教学方式不能适应生死教育实施的需求

"死亡教育与生命成长"两轮课程实施比较来看，根据学生访谈过程中集中反映的课程教学问题，第二轮课程虽然有一定改进，但提升效果不太明显，笔者对此也有分析：一是无论从专业水准与课堂教学掌控能力来说，还是从教学方式与教学方法运用来说，笔者深感功力尚浅，经验不足，尝试不够，整体生死教育实施还有较大提升空间；二是生死教育课程方案需要更加全面和合理，教学设计更应注重细节和预期要达到的效果，通过一定的教学方式和手段使学生能够进入课堂，而不是老师在课堂上自说自话，学生只有理论知识的学习，没有生命的体验和内心的感动，不能触动其生命开关，大学生生死教育课程很难取得理想的效果，这可能是生死教育课程普遍存在的关键问题。如何通过课程方案和教学设计把学生生命带入生死教育课程，显得尤为重要，这里蕴藏着生死教育课程实施的奥秘，也是笔者实施生死教育课程心有余而力不足的关键所在，这样的本领需要生死教育课程教师长期的积累与持续的修炼。

与国内其他教师的生死教育课程比较，首先，"死亡教育与生命成长"课程教学方式较为单一，虽使用过电影教学等较为直观体验的方式，但主要还是以讲授法为主，国内很多生死教育专家在生死教育课程上都有不同的尝试,如陆晓娅老师组织学生进行墓地探访、王云岭老师组织学生去参观殡仪馆、朱明霞老师使用角色扮演法让学生体验死亡,这些老师整个课程教学形式非常丰富而且效果明显。其次,不同老师实施的生死教育课程倾向性和对生死教育课程要达到的课程目标有所不同,由此设计的整个课程方案和选择的课程内容都会有所偏重,从而导致生死教育课程效果的千差万别,这里需要思考的问题是生死教育课程是追求统一的课程效果,还是满足与符合学生需求多样化有差异的课程效果,这两者之间是否具有非此即彼的关系,还是存在应有的张力和相关限度的要求,是需要生死教育课程实施者进一步研究和思考的问题。总体来说,大学生生死教育课程教学及其教学方式并不能适应生死教育实施的需求,如王云岭老师认为生死教育主要是传递和培养大学生的死亡价值观念,大学生到现场体验,开展活动课程是生死教育的本质需求,但现有大学生生死教育实践形式和教学方式并不能适应和满足死亡教育的本质需求。

(四)生死教育资源挖掘不够影响课程教学效果

课程资源是实施生死教育课程直接而必要的条件,一般可包括校内课程资源、校外课程资源和信息化课程资源。在广州大学举办的全国第二届生死学研讨会上,王云岭老师指出生死学资源具有多元性特征,他认为生死学课程可以从跨学科(医学、哲学、社会学、心理学、文化学、民俗学、人类学、伦理学等诸多学科)、跨文化(中国的儒、释、道等文化以及各少数民族文化,基督教、伊斯兰教等诸多文化)、多种存在方式(观念形态、实物形态、操作形态)、不同类型(学理型、体验型)等方式对相关课程资源进行取舍。在对这些生死学资源进行选择时,一是要坚持文化适应性原则,因为不同文化在价值观念上存在冲突;二是要坚持教育对象的针对性原则,因为不同教育对象的生死学需求差异较大,不同教育对象的心理承受能力也各不相同;三是要坚持学理型资源与体验型资源相结合原则，因为学理型资源更适合高校的生死教育，但辅之以体验型资源会取得更好的效果，体验型资源更适合普罗大众的生死教育，但也需要学理型资源作为理论支撑。①生死教育课程可根据上述方式和原则来挖掘与选择课程资源，各取所需，相互融通。

从课程资源来看，"死亡教育与生命成长"课程基本上是以校内课程资源为主，限于条件，并没有很好地利用校外课程资源，生死教育内容及材料的呈现主要是以教学 PPT、电影教学等视听媒体为主，信息化课程资源如网络资源、音频资源、光盘资源等形式的课程资源虽有但涉及较少，主要是通过生死学与生死教育教科书、绘本、参加两届生死学会议获得的教育教学资源和参加陆晓娅老师生命教育杭州教学工作坊的相关课程资源。在两轮生死教育课程实施过程中，对于最近发生的重要生死事件及相关新闻报道，没有把它当作一种生死学资源来看待，没能及时利用和挖掘出此类生死事件与新闻报道的课程价值，将这些课程资源适当地创造性地运用于课程教学，吸引大学生关注和思考死亡事件及生死问题，从而影响生死教育实施效果。总之，对生死教育资源挖掘和开发不够会对课堂实施效果造成消极影响，大学生生死教育应采取各种手段与途径充分利用和挖掘现有生死学资源，使其为课程所用，丰富课程教学内容和教学方式，以期获得更好的生死教育课程实施效果。

六、大学生生死教育实践改进的方略

根据上文对大学生生死教育渗透课程、活动课程、学科课程实施存在的问题，结合笔者"死亡教育与生命成长"课程实施的感受和对死亡教育课程

---

① 王云岭.中国生死教育中的生死学资源取舍[A].广州大学全国第二届生死学研讨会，主旨报告 PPT，2017-12-09.

的认识，本书试图对大学生生死教育实践提出相关对策与改进方略，以期更好地对大学生进行生死教育，获得更好的课程实施效果，促进大学生个体发展与生命成长，提升生命质量，拥有一个美好、幸福而有价值的人生。

（一）内修外培，探索大学生生死教育师资培育模式

教师是教育活动顺利开展的第一资源，对大学生进行生死教育，师资力量最为关键。然而并不是每一个老师都能认识生死教育对于大学生的重要性，也并不是每一个认识到对大学生进行生死教育重要性的老师，都有能力胜任大学生生死教育课程，具备生死教育教师应有的技能素质和相应的专业知识，此外，即使这些条件与素质都具备了的教师，也会因各种因素限制，并不能在学校开设生死教育课程，如华人生死学研究会发起人、北京物资学院雷爱民博士完全具备了生死教育教师应有的各项素质与能力，当他向学校申请开设生死教育课程时，学校却出于对学生安全和心理健康的考虑，没有被批准开设，于是就此作罢。本书认为生死教育课程教师的生成与培育，应坚持内修与外培两条路径，不断去探索创新生死教育课程师资培育模式，只有充足的能承担起大学生生死教育课程师资数量，才能不断地将生死教育推广，生死教育课程才能在更多高校开设，从而使更多的大学生接受生死教育。

内修的生死教育师资培育路径是指教师因自身经历、知识结构、生命体验、思想觉悟等方面因素强烈认识到生死教育对个人发展与幸福的重要与必要性，对生死教育具有浓郁的兴趣，不断学习和探究死亡及死亡教育知识，形成正确、合理、独特的生死观念，不断加强自我内在修养，提升个人境界修为，逐渐形成生死教育教师应有的各项能力与素质，基本具备对大学生进行生死教育的专业知识。内修的生死教育教师培育模式就是通过自我修行与努力成为合格的生死教育教师，大概需要符合满足这些条件与特征：一

是教师认识到生死教育的重要性与必要性；二是教师个人探究生死教育的积极性与自主性；三是教师个人对生死态度的境界与修为；四是教师对生死教育教学的专业性与技术性。

外培的生死教育师资培育路径是由外部力量对教师进行培训，使其掌握实施生死教育的教师应该掌握的基本技能、知识和原则等，外部力量可以是某个组织机构，也可以是某个著名生死教育学者或死亡教育实施为推广与传播生死教育，推动生死教育师资力量的壮大，在国内以教学工作坊或专门的种子教师培训的组织方式对生死教育教师进行培训，目前中国台湾在生死教育师资培训方面做得比较成功，如著名生命教育专家纪洁芳教授构建了一整套生死教育师资培训内容，形成了个人独特的生死教育师资培训模式，①许多老师都参加过她的生命教育培训，培训效果非常好。在北京师范大学开设"影像中的生死课"课程的著名生死学传播者陆晓娅老师，连续举办多期生命教育教学工作坊，为国内高校培养了众多生命教育教师，对生死教育的宣传与推广具有重要作用。外培的生死教育师资模式是以一对多的形式对教师进行培训，一是指生死教育专家，多是指生死教育教师，这种师资培育模式可以在短时间内培育出充足的生死教育师资，前提是生死教育培训专家对生死教育形成了独特的个人知识和内容体系，在生死教育实践方面取得了良好的实施效果，具有长期生死教育实践探索的经历，对生死教育目标、方式方法等有着个人独特认识和理性思考，此外，还要有众多热衷于生死教育实施与推广的教师，只有这样，才能满足外培的生死教育师资模式所需要的条件和具备的特征。

---

① 纪洁芳,郑玮宜,廖莎. 跨时代生命教育种子教师培育模式与培训实务之探讨[A].第七届华人生命教育高峰论坛,2018-10.

(二)争取支持,加强大学生生死教育课程管理

课程管理是对大学生进行生死教育,取得良好效果的重要影响因素。新生事物在没有得到社会和学校认可之前,实施大学生生死教育课程,一方面要得到学校的批准,争取学校教务管理部门的支持,营造良好的课程实施环境,另一方面,教师在对大学生进行生死教育课程实施中,要加强生死教育课程管理,坚持积极心理学和促进个人发展与生命成长的原则,避免大学生因受到死亡冲击而产生不适与消极心理,确保大学生身体与生命安全,运用课堂管理技术,对大学生运用恰当方法传授死亡知识,为取得良好生死教育课程效果提供条件。

在争取获得学校开设生死教育课程支持方面,首先,教师应该对生死教育有较为深入的研究,能从社会、个人、学校等层面分析生死教育的重要意义,在申请开设课程之前要营造一种氛围,强调大学生生死教育的必要与重要性,为什么要开设生死教育课程等。其次,在以上前提和基础上,向教务部门甚至学校校领导提出申请,要向他们阐明生死教育及生死教育课程的意义,争取得到他们的理解、同意与支持。最后,要根据生死教育课程的特点争取生死教育课程实施的有利条件,如谈论死亡话题会唤醒学生死亡意识,因而开课时间不宜在晚上,避免黑暗引起学生对死亡的恐惧,再比如生死教育课程最好控制一定人数,小班授课为宜,授课地点应在小教室,因为小教室紧凑,利于讨论,大教室空旷,显得疏散,因而在生死教育课程授课时间、授课地点、选课人数等方面应尽量获得教务处等管理部门最大的理解与支持。

在加强大学生生死教育课堂管理方面,首先,要明确生死教育课程目标,如果再细化一点,每一节课都要明确其教学目标,只有在教学目标明确的前提下,在生死教育课堂教学上才能有的放矢,在课堂管理上散而不乱。其次,除了科学的死亡知识外,对于有关死亡观念、死亡态度、死亡文化、死

亡伦理、死亡尊严等方面的问题,并没有统一的标准答案,在课堂教学管理中,应该引发大学生对这些问题的探讨,形成一定的死亡观念,促进个人发展,这就要求在课堂上探讨死亡问题中不断推进死亡的认识,较为松散的课堂管理与较为明确的课堂教学目标,对生死教育课程教师的生命成长和教学技能提升会有很大的帮助。最后,在生死教育实施过程中,课堂管理上要密切关注大学生心理活动和个人情绪与精神的波动,做好学生心理与精神健康辅导,设计一些课堂管理环节(如陆晓娅老师设计的扰动处理"我和我自己在一起",学生有任何问题和心理感受都可以记录下当时的心理活动,不能处理应及时找老师排解和疏通),形成课堂管理危险处理预警机制,尤其是在生死教育课堂体验活动或在外进行生死教育教学过程中,要有完整周详的活动设计方案,密切关注学生心理健康与精神情绪的波动,强化生死教育课堂安全管理。

(三)创新形式,促进大学生生死教育形式多样化

课程形式是大学生生死教育课程实施效果的影响因素。课程形式既指课程组织形式,又指课程实施形式,课程组织形式包括课内组织形式、课外组织形式和教师指导方法,课程实施形式主要包括讲授式、问题探究式和训练与实践式。采用哪种课程组织形式,使用哪种课程实施形式,都会影响到大学生生死教育课程实施效果和推广程度。处于信息化社会的当代,互联网+技术与理念已经深深影响到了学校教育教学,无论是课程实施形式,还是课程组织形式,大学生生死教育课程都应根据课程实施特点,充分利用互联网现代信息技术,创新课程形式,促进大学生生死教育课程多样化,提高生死教育课程实施效果,在更大范围内推广生死教育。

从课程组织形式来看,大学生生死教育课程应创新课内组织形式,增加课外组织形式,丰富教师指导方法。首先,创新课内组织形式需要利用互联

网现代信息技术,传授死亡知识,呈现死亡教育内容,如视频教学、两分屏及三分屏课件、图文交互课件、交互动画、FLASH 课堂、雨课堂等形式,根据生死教育课程教学内容,不断创新大学生生死教育课程内容组织形式。其次,增加大学生生死教育课程课外组织形式,主要是以现场教学为主,以体验死亡为教学目标,如参观殡仪馆、安宁疗护中心、敬老院、墓地与陵园等机构,使大学生能够近距离地接触死亡、体验死亡、感悟生命。最后,丰富教师指导方法就是教师的教学指导不应局限于课堂与线上,还要把生死教育与教师指导扩展到课后与线下,所谓课后与线下就是充分利用互联网技术,建立教学微信群、QQ 群或其他与大学生交流的平台,推送相关生死教育阅读材料,并就材料中的生死问题,在群内展开充分讨论与教学指导,使老师的教学指导课上与课后连接,线上与线下结合,丰富教师指导方法,提升生死教育课程教育教学效果。

从课程实施形式来看,大学生生死教育课程应创新课程实施形式,根据课程教学内容选择相应实施形式,不断提升生死教育课程实施效果。首先,大学生生死教育课程不仅仅是老师讲、学生听,以老师为主导的传统式课程实施方式,而是视课程内容而定,改变传统课堂教学方式,发挥学生讨论死亡问题的积极性,教师充当的是指导、说明、组织与总结的角色,以充分实现对传统课堂教师讲、学生听的翻转,也即是在生死教育课程上实现对课堂的翻转。其次,案例教学式也是大学生生死教育课程的实施方式,对古今中外著名死亡事件或死亡案例,如苏格拉底之死、商鞅之死、奥斯威辛集中营对犹太人的集体屠杀、南京大屠杀等影响较大的死亡事件,从生死学视角分析相关死亡问题,以期形成正确的生死观、培养大学生的生死智慧、促进大学生个体生命发展、提升大学生生命质量。最后,大学生生死教育课程应增加训练与实践式课程实施方式,增加对死亡事件的应对训练。一是增加现场体验式教学,实现对死亡的脱敏,降低死亡恐惧;二是提供应对死亡和处理死亡事件的能力,增加丧恸心理与悲伤辅导实务;三是了解整个殡葬过程,知道归时路,处理自他死亡事件时才能游刃有余。

(四)加强建设,提高大学生生死教育资源开发力度

加强课程建设是有效落实课程方案,提高教学水平和人才培养质量的重要保证。课程建设是一个较为宽泛的概念,凡是课程要素都属于课程建设的对象。考虑到前面某些课程要素多有涉及,本节中的课程建设专指课程资源建设,因为新开设的生死教育课程亟待挖掘出不同的课程与教学资源。加强课程建设,增加大学生生死教育课程资源开发力度,让大学生生死教育课程资源逐渐完善和丰富起来,以期提升大学生生死教育课程实施的整体效果。

从校外课程资源来看,传统文化中有丰富的生死教育课程资源,对大学生进行生死教育需要充分利用传统文化中有关死亡问题的思想观念、著名论述和案例典范,整理和挖掘出中国人的生死智慧,在这方面,我国著名生死教育专家郑晓江教授做出了重要贡献,他的著作《中国生死智慧》《生死两安》《学会生死》《感悟生死》《解读生死》等对中国传统文化中的生死智慧做了认真而扎实的梳理,大学生生死教育课程可根据课程内容选择相应的生死资源,不断丰富和充实大学生生死教育内容体系。

从校内课程资源来看,除了高校图书馆中生死学和生死教育著作、校园文化和校史关于死亡事件、叙事与传说,甚至校园建筑、纪念雕塑、绿化植被都可以成为生死教育课程资源,此外,高校来自不同民族和宗教信仰的大学生拥有不同的死亡文化与殡葬习俗、大学生不同的人生经历与阅历、大学生本身各不相同的死亡观念和死亡态度,通过一定的课程设计,让大学生充分表达、探讨与交流关于死亡的认识与看法等,这些都可以成为大学生生死教育课程中重要的课程资源。

从信息化课程资源来看，在信息化社会与互联网时代，知识正在成几何级数地迅猛增长，网络资源成为一种非常重要的课程资源，互联网上关于死亡的知识、论述与信息，网络新闻媒体对死亡事件的报道与传播，如何去看待和分析这些信息，如何利用和挖掘这些课程资源，大学生生死教育课程需要将这些网络资源转为课程内容，为其所用。在自媒体盛行的当代社会，应充分利用自媒体资源及其平台，展开讨论与学习，创新考核与考查方式。此外，现实社会中最近发生的死亡事件或重大案件事故，可以根据所要讲授的生死教育课程内容，巧妙设计，作为课程资源合理引入，提高大学生的参与积极性，使大学生充分思考死亡相关问题。

（五）由点及面，强化大学生生死教育的宣传与推广

目前，在中国高校里开设的生死教育课程还是比较少，只有极少数对生死学与生死教育感兴趣的专家和教师在积极推动，开设课程并从事课程教学研究，进行着各种形式的课程建设，而在大多数高校，生死教育课程并没有得到批准，教师不能开课，学生不能选课，避讳死亡一定也不能理解生死教育。避讳死亡的心态影响到了生死教育的实施与推广，生死教育并没有得到应有的重视，所以应该加强生死教育及课程的宣传与推广。

课程的定义有很多种，不同定义具有不同侧重。如果把大学生生死教育课程理解为对死亡文化的创新与传承，那么大学生生死教育课程承担着改变和更新原有死亡文化，建构符合现代社会发展与人们需要的科学合理的死亡观念和死亡文化的功能。从这个意义上说，强化大学生死亡教育课程的宣传与推广，就是在为整个中国人寻求更加合理死亡观念与死亡文化，改善中国人避讳死亡的态度，把死亡当作是生命自然而然的一部分，直面而不是逃避它，思考而不是忽视它。这种改变的过程是渐进而缓慢的，是需要长期对大学生生死教育课程进行宣传与推广，需要高校、家庭和社会各界共同努

力和共同推进。

问题是,如何对大学生生死教育课程进行宣传与推广?本书认为可以由点及面,聚面成体,逐步推广。高校开设生死教育课程的老师越来越多,选课的学生越来越多,课程实施效果越来越好,高校生死教育课程数量越来越多,社会各界关注越来越广泛,逐步增加生死教育课程的影响力。首先是老师要向所在学校申请开设相关生死教育课程,根据本人及学校实际现状,研究探索生死教育课程教育教学方法,形成完整的大学生生死教育课程内容的体系。其次,教师通过对生死教育课程的长期实施,逐步提升课程实施效果,形成一定声誉和社会影响,且对生死教育课程的宣传与报道,使社会各界了解了生死教育的重要意义,逐步引起其他高校和热心人士的关注,加入生死教育宣传与推广过程中。最后,由点及面,由一所高校开设到一个省或某个地区的开设,逐渐使国内高校生死教育课程遍地开花,只有这样,生死教育及其课程才能在全国范围内得到宣传与推广,不断改变人民对待死亡的态度,降低对死亡的恐惧,促进个体生命成长与个人发展,提升人们的生命质量。

本章小结

本章根据前面对生死教育概念辨析及相关概述、大学生生死教育理论探讨、需求、目标、内容、途径等六章对大学生生死教育理论探讨的基础上,分析我国对大学生生死教育实践的主要形式及其存在的主要问题,使用行动研究法在 K 高校申请一门全校公选课"死亡教育与生命成长",从生死教育课程申请、审核到课程准备,再到课程实施整个过程,通过生死教育实践发现生死教育实施的问题,最后提出生死教育相关对策建议与改进方略。

首先,探讨我国大学生生死教育的主要形式,主要包括渗透融入式、活动组织式、独立设置式生死教育课程,选择浙江传媒学院何仁富教授将生死教育渗透融入思想政治课程、山东大学王云岭教授组织参观殡仪馆活动课程为典型案例,分别分析大学生生死教育渗透融入课程、活动课程实施过程存在的问题,并思考改善大学生生死教育实践的相关对策。

其次,运用行动研究法在 K 高校开设大学生通识类生死教育学科课程,并探索学科课程存在的问题。向 K 高校提出开设"死亡教育与生命成长"课程申请,结合高校实际情况和大学生不同需求,设计科学合理的生死教育课程方案,根据布鲁姆教育目标分类理论,构建课程内容体系,两轮课程结束后探讨生死教育学科课程实施过程中需要注意的问题。

再次,通过大学生生死教育渗透课程、活动课程和学科课程"死亡教育与生命成长"的课程实践,发现我国大学生生死教育实践存在教师综合素质较难满足实施生死教育的要求、课程支持与管理不足构成对大学生生死教育的阻碍、教学方式不能适应生死教育实施的需求、生死教育资源挖掘不够影响课程教学效果等问题。

最后,根据上述大学生生死教育实践过程中发现的问题,提出我国大学生生死教育实践相关对策和改进方略,分别为:内修外培,探索大学生生死教育师资培育模式;争取支持,加强大学生生死教育课程管理;创新形式,促进大学生生死教育形式多样化;加强建设,提高大学生生死教育资源开发力度;由点及面,强化大学生生死教育的宣传与推广。

结　语

大学生属于青少年群体,正处人生观、价值观和世界观形塑阶段。现代应试教育背景下和传统死亡文化熏染下成长的当代大学生,长时间接受关于"生"的"有用"的知识,而学到的关于"死"的知识却非常少,在生与死的知识结构与总量严重不平衡中,死亡对个体发展与生命成长的动力和作用非常有限。死亡及其相关议题是教育活动的重要内容,作为观察教育现象的重要视角,其促进个人发展的作用与功能并没有受到教育理论界的普遍重视,更没有被教育活动充分挖掘出来。大学生生死教育的缺失,致使大学生创造丰富生命、充分展开生命的紧迫感与动力消失,总体上呈现出一种生命的无根感和漂浮感,从而导致大学生生活迷茫、精神空虚、意义虚无、价值缺失、漠视生命、自杀杀人等现象及各种相关问题的产生。

本书以大学生生死教育为研究对象,选择泰勒课程编制与开发理论和布鲁姆教育目标分类理论为理论基础,根据课程框架从哲学、心理学、社会学和教育学等学科对大学生生死教育进行理论探索,在理论上分析大学生生死教育需求、确定大学生生死教育目标、构建大学生生死教育内容体系、探讨大学生生死教育实施途径,结合大学生生死教育实证调查,在此基础上在 K 高校申请一门学校公选课"死亡教育与生命成长",对大学生生死教育进行实践探索,取得了较好的课程效果,也出现了不少问题与困惑,并提出生死教育课程实施相关对策建议,对生死教育课程进行未来展望。从生死教育课程申请、审核到课程实施前的准备,课程实施过程,笔者既是大学生生死教育研究者,又是生死教育课程实施者,既发现本书存在较多不足之处,又深深感受到实施生死教育的艰难。

从本书不足之处来讲,笔者虽精心设计了生死教育课程方案、建构了生死教育课程内容体系、获得了较好的课程效果,但深感笔者教学水平有待提升、学科功力不足,毕竟是首次开设生死教育课程,从整个实施过程来说,还有太多不尽如人意之处,这是本书第一个不足之处即课程实施的不足;虽遵循问卷编制原则,执行了严格问卷编制程序并进行了科学论证,但大学生生死教育调查问卷还不可避免地存在问题,问卷本身仍需进一步完善,而大学生死亡态度调查问卷虽采用国际上广泛授受的 1987 年宏恩、瑞克和杰斯尔所编制的"死亡态度描绘量表"(Death Attitude Profile,DAP-R),也根据中文语法和表达习惯对题项进行了修改,但不免因文化差异而出现死亡态度测量的有效性问题,这是本书的第二个不足之处即研究工具的不足;虽调研范围足够广,取样样本也属于大样本,但并没有覆盖全国所有省份,样本代表性不够,且不能进行区域差异分析,这是本书的第三个不足之处即调研取样的不足。

从实施生死教育的艰难来讲,大学生生死教育要在社会死亡系统和环境中进行,必然要面对那种潜在的巨大和深层的文化阻力,这是大学生生死教育的艰难所在。对大学生进行生死教育,要面对三个难题:第一,大学生生死教育课程开设难,并不是每一所高校都会允许开设,就单是开设课程申请,就需通过重重关卡,只要有一个部门不同意,就不太可能成功开设。第二,大学生生死教育课程实施难,找到一个有能力、感兴趣、适合的生死教育课程教师很难,即生死教育课程师资难以保证,教师的综合素质、学问修养和精神品格会直接影响生死教育课程实施效果。此外,在生死教育课程实施过程中会面临各种学校管理、课程管理、班级管理的困难和问题,这些都有待教师去协调、沟通并解决。第三,大学生生死教育课程推广难,在一个学校成功开设课程,构建起完整的课程内容体系,很难推广到其他高校,因为教师对于生死教育课程定位、课程目标、课程内容和课程教学方式很难有相同的理解,从宣传与推广意义上说,只能加强生死教育种子教师培养和培育,以期在更多不同类型的高校设置生死教育课程。

因此,这需要更多优秀教师投入生死学与生死教育研究中,条件成熟即可在高校开设生死教育课程。对大学生生死教育课程实施未来展望,在高校开设大学生生死教育课程,师资力量对于生死教育课程至关重要,应该坚持内修外培,不断探索大学生生死教育课程师资培育模式。一方面生死教育课程教师需要自觉提升自己的修为,持续地对生死学与生死教育进行研究,不断地提高个人综合素质;另一方面,生死学与生死教育专家应根据高校需求进行生死教育种子教师培训,不断探索生死教育课程师资培育模式。作为生死教育课程教师,还要积极争取学校支持,加强大学生生死教育课程管理;创新课程形式,促进大学生生死教育课程多样化;加强课程建设,增加大学生生死教育课程资源开发力度;由点及面,强化大学生生死教育课程的宣传与推广。

附录1 大学生生死教育调查问卷

第一部分:基本信息

1. 性别: ①男   ②女

2. 所属学科: ①文科   ②理科   ③工科   ④其他

3. 学校层次:①专科   ②本科

4. 专业:①医学   ②非医学

5. 年级:①大一   ②大二   ③大三   ④大四

6. 有无宗教信仰:①有   ②无

7. 是否曾参加过葬礼:①是   ②否

8. 有无濒死体验:①有   ②无

第二部分:请判断以下描述多大程度上与你的情况相符合,在相应方格内划√。

问题描述	很不同意	不太同意	不确定	比较同意	非常同意
1.我对死亡与濒死状况比较了解					
2.我掌握了大量关于死亡的知识					
3.我获得死亡知识的途径很多					
4.我从学校课程中学到了大量的死亡知识					
5.我自认为对生死教育很了解					
6.我所在学校对生死教育进行了大力的宣传					
7.我所在学校具有较好的生死教育条件和环境					

续表

问题描述	很不同意	不太同意	不确定	比较同意	非常同意
8.我所在学校开设的生死教育课程较多					
9.大学生生死教育受到了高度的重视					
10.我觉得没有必要对大学生进行专门的生死教育					
11.生死教育目的是让人坦然接受和面对死亡,克服死亡恐惧,转变死亡态度					
12.生死教育可以使人珍惜生命,生活积极,乐观向上					
13.生死教育是为了提高死亡质量和生命尊严					
14.生死教育能改善传统乐生讳死的死亡文化,重视死的教育从而形成完整的教育体系					
15.生死教育能促进大学生对死亡的思考,形成正确的人生观和价值观是生死教育的应有目标					
16.生死教育有助于大学生个人成长与发展					
17.生死教育能有效防止大学生自杀与轻生事件的发生					
18.高校应根据大学生需要及其特点选择生死教育内容					
19.生死教育从多角度、多学科来探讨死亡及其相关问题					
20.大学生应接受较为系统的死亡知识					
21.生死教育应培养大学生面对濒死和处理死亡事件的能力					
22.大学生应学习死亡本质、死亡过程、死亡原因、临终者情感与心理变化等方面内容					
23.安乐死、死刑废除、堕胎、生前预嘱等问题的探讨应该成为生死教育的内容					
24.临终关怀、缓和治疗、尊严死是生死教育必须探讨的主题					
25.应采取多种途径共同推进生死教育实施					
26.探讨死亡相关话题是实施生死教育的方式					
27.在大学设置生死教育课程是实施生死教育的最好途径					

问题描述	很不同意	不太同意	不确定	比较同意	非常同意
28.可通过学理认知、情境体验、参观活动、团体诘问等方式进行生死教育					
29.生死教育应由专门人员来开展					
30.生死教育应由家庭来负责推进实施					
31.社会及相关机构应参与到生死教育过程中来并负主要责任					

附录 2　大学生死亡态度测试量表

第一部分:基本信息

1. 性别:①男　　②女

2. 所属学科:①文科　　　②理科　　　③工科　　　④其他

3. 学校层次:①专科　　　②本科

4. 专业:①医学　　　②非医学

5. 年级:①大一　　　②大二　　　③大三　　　④大四

6. 有无宗教信仰:①有　　　②无

7. 是否曾参加过葬礼:①是　　　②否

8. 有无濒死体验:①有　　　②无

第二部分:请判断以下描述多大程度上与你的情况相符合,在相应方格内划√

问题描述	很不同意	不太同意	不确定	比较同意	非常同意
1.死亡是一种可怕的经历					
2.想到自己死亡,就会使我焦虑不安					
3.我尽可能去避免想到死亡					
4.我相信我死后会进入天堂或到极乐世界					
5.死亡会结束我所有的烦恼					
6.死亡是自然的、不可否认且不可避免的					
7.人终将会死的定局让我感到困扰					

续表

问题描述	很不同意	不太同意	不确定	比较同意	非常同意
8.死亡是通往极乐之地的入口					
9.死亡是让我从这个可怕的世界逃脱					
10.每当死亡的想法进入我的脑海中,我都试着将它赶走					
11.死亡是悲痛与苦难的解脱					
12.我总是试着不要去想到死亡					
13.我相信天堂是个比现世更好的地方					
14.死亡是生命过程中自然的一部分					
15.死亡是与上帝(神、佛……)及永恒至乐的结合					
16.死亡肯定会带来一个崭新辉煌的生命					
17.对于死亡我既不害怕也不欢迎					
18.我对死亡有强烈的恐惧感					
19.我完全避免去想到死亡					
20.死后是否有生命,这问题让我感到非常困扰					
21.死亡意味着一切结束,这个事实令我害怕					
22.我盼望死后能和我所爱的人团聚					
23.我视死亡为现世痛苦的解脱					
24.死亡只是生命过程的一部分					
25.我视死亡为一个通往永生幸福之地的通道					
26.我尽量避开与死亡相关的事物					
27.死亡为灵魂提供了美好的解脱					
28.面临死亡令我觉得宽慰的是,我相信死后仍有生命					
29.我将死亡视为今生重担的解除					
30.死亡既不是好事也不是什么坏事					
31.我对死后的生命怀有期待					
32.不知死后会发生什么事的不确定性让我担忧					

附录3 学生、家长、学科专家访谈提纲

第一部分:学生访谈提纲

1.你觉得你对死亡了解得多吗？第一次接触死亡的经历是在什么时候，你觉得你现在对死亡的态度跟什么经历或事件有关？

2.你听说过生死教育吗？你认为大学生应该接受生死教育吗？

3.你上学时和生活中接受过哪些生死教育相关课程或者讲座？请举例说说。

4.你觉得生死教育的目标有哪些？

5.如果学校开设生死教育类课程,你希望是必修课还是选修课？

6.你希望在生死教育课程中学到哪些内容？运用哪些教学方法？

7.假如你接受生死教育课程的学习,你希望达到什么样的效果？

第二部分:家长访谈提纲

1.在家庭生活中,会在孩子面前谈到死亡话题吗？当孩子问到死亡相关问题,你是什么态度和反应？

2.你了解生死教育吗？你认为孩子有必要接受生死教育吗？

3.你觉得生死教育的目的是什么？请具体说说。

4. 你觉得生死教育应该教给孩子哪些知识？生死教育内容包括哪些方面？请详细谈谈。

5.你觉得在高校应该怎样推进生死教育？可以采取哪些教育教学方式进行生死教育？对于生死教育的实施有哪些建议。

6.你希望孩子在接受生死教育后会有哪些效果和变化,请具体谈一谈。

第三部分:学科专家访谈提纲

1.你对生死教育有什么看法？请你具体谈谈对生死及生死教育的理解。

2.为什么你会选择开设这样一门课程,请谈谈你对这一类课程的认识？

3.你认为生死教育的目的是什么？有没有层级？请详细谈一谈。

4.你认为生死教育课程应该教给大学生哪些知识？课程内容包括哪些？

5.你是怎么上生死教育类课程的？请谈一谈你的经验与心得体会。

6.请你给我提一些建议,包括课程设计、课程内容、教学方法、考核方式等。

附录4 生死教育课程实施情况调查表

第一部分:课程满意度调查

上完全部课程后,对于课程的满意度如何,请你根据下面的情况描述,按自己的情况真实回答!

情况描述	很不满意(1)	不太满意(2)	满意(3)	比较满意(4)	非常满意(5)
你对生死教育课程整体满意度是					
你对死亡的了解程度的满意度					
你对死亡意义与价值的了解程度是					
你对教师教学方式满意度是					
你对课程内容的满意度是					

第二部分:课程效果调查

1.课程对你影响最大的单元是哪几个单元? 为什么?

2.若有机会,你是否愿意再接受此类课程? 为什么?

3.本课程教学让你收获最大的是什么?

第三部分:课程改进调查

1.你希望生死教育课程还可以选择哪些方式实施?

2.你觉得本课程教学不足之处有哪些？请提出意见？

3.你觉得课程内容有哪些改进的地方？请提出建议？

参考文献

一、中文文献

(一)学术专著类

1.[美]Irvin D. Yalom.直视骄阳——征服死亡恐惧[M].张亚,译.北京:中国轻工业出版社,2016.

2.[澳]S.A.阿列克谢耶维奇.我不知道该说什么——关于死亡还是爱情[M].方祖芳,郭成业,译.广州:花城出版社,2015.

3.[白俄罗斯]S.A.何列克谢耶维奇.我不知道该说什么——关于死亡,还是爱情[M].方祖芳,郭成业,译.广州:花城出版社,2014.

4.[美]W.G.Warren.死亡教育与研究——批判的观点[M].林绮云,林慧珍,徐有进,张盈堃,陈芳玲译,台北:洪叶文化事业有限公司,2007.

5.[美]阿图·葛文德.最好的告别[M].王一方主编,彭小华译.杭州:浙江人民出版社,2016.

6.[法]埃米尔·迪尔凯姆.自杀论[M].谢佩芸,舒云,译.北京:台海出版社,2016.

7.[美]艾伦·C.奥恩斯坦,费朗西斯·P.汉金斯.课程:基础、原理和问题(第三版)[M].柯森,主译;钟启泉,审校.南京:江苏教育出版社,2004.

8.[美]彼得·萨伯.洞穴奇案[M].陈福勇,张世泰,译.北京:生活·读书·新知三联书店,2017.

9.毕治国.死亡哲学[M].哈尔滨:黑龙江人民出版社,1989.

10.[美]查尔斯·科尔,克莱德·内比,多娜·科尔.死亡课——关于死亡、临终与丧亲之痛(第6版)[M].榕励,译.北京:中国人民大学出版社,2011.

11.柴春芽.我故乡的四种死亡方式[M].桂林:广西师范大学出版社,2013.

12.陈希.让死活下去[M].长沙:湖南文艺出版社,2013.

13.陈运星.生死学(第二版)[M].高雄:丽文文化事业股份有限公司,2017.

14.段德智.西方死亡哲学[M].北京:北京大学出版社,2006.

15.[美]厄内斯特·贝克尔.死亡否认[M].林和生,译.北京:人民出版社,2015.

16.[法]菲利普·阿里耶斯.面对死亡的人——上卷:野蛮化的死亡[M].吴泓缈,冯悦,译.北京:商务印书馆,2015.

17.[法]菲利普·阿里耶斯.面对死亡的人——下卷:卧像的时代[M].吴泓缈,冯悦,译.北京:商务印书馆,2015.

18.冯沪祥.中西生死哲学[M].北京:北京大学出版社,2002.

19.傅伟勋.死亡的尊严与生命的尊严[M].北京:北京大学出版社,2006.

20.高新民.人心与人生——广义心灵哲学论纲[M].北京:北京大学出版社,2007.

21.辜琮瑜.最后一堂生死课[M].北京:世界图书出版公司,2011.

22.郭大东.东方死亡论[M].沈阳:辽宁教育出版社,1989.

23.[德]海德格尔.存在与时间(修订译本)[M].陈嘉映,王庆节,合译.北京:生活·读书·新知三联书店,2009.

24.[德]海德格尔.时间概念史导论[M].欧东明,译.北京:商务印书馆,2009.

25.韩映红.直面人生的最后一刻——儿童死亡教育研究[M].天津:天津教育出版社,2011.

26.胡宜安.现代生死学导论[M].广东高等教育出版社,2009.

27.黄光雄,蔡清田.课程设计——理论与实际[M].南京:南京师范大学出版社,2005.

28.黄天中.死亡教育概论Ⅱ——死亡教育课程设计之研究[M].台北:业强出版社,1992.

29.霍韬晦.走出死亡[M].北京:中国人民大学出版社,2010.

30.江弱水.诗的八堂课[M].北京:商务印书馆,2017.

31.[丹麦]金·弗珀兹·艾克松,[瑞典]爱娃·艾瑞克松.爷爷变成了幽灵[M].彭懿,译.武汉:湖北长江出版集团,2012.

32.靳凤林.死,而后生——死亡现象学视域中的生存伦理[M].北京:人民出版社,2005.

33.靳玉乐,黄清.课程研究方法论[M].重庆:西南师范大学出版社,2000.

34.[印度]克里希那穆提.生与死的冥想[M].唐发饶,译.上海:学林出版社,2007.

35.[澳]肯·赫尔曼.长远看来,我们都已死去[M].李婵,译.南京:江苏凤凰文艺出版社,2016.

36.[美]肯·威尔伯.恩宠与勇气——超越死亡[M].胡因梦,刘清彦,译.许金声,审校.北京:生活·读书·新知三联书店,2016.

37.[美]雷蒙德·穆迪.死后的世界——生命不息[M].林宏涛,译.北京:世界图书出版公司,2014.

38.[美]雷蒙德·穆迪.死亡回忆——濒死体验访谈录[M].夏乐,译.长春:吉林文史出版社,2007.

39.李芳.大学生生命观教育研究[M].北京:光明日报出版社,2013.

40.[美]罗伯特·J.马扎诺,约翰·S.肯德尔.教育目标的新分类学(第2版)[M].高凌飚,吴有昌,苏峻主译.北京:教育科学出版社,2017.

41.[美]罗伯特·M.戴尔蒙德.课程与课程体系的设计和评价实用指南(修订版)[M].黄小苹,译.杭州:浙江大学出版社,2006.

42.[美]罗伯特·内米耶尔.哀伤治疗——陪伴丧亲者走过幽谷之路[M].王建平,何丽,闫煜蕾,译.张宁,审校.北京:机械工业出版社,2016.

43.李开复.向死而生——我修的死亡学分[M].北京:中信出版集团,2015.

44.李书崇.死亡简史[M].成都:四川文艺出版社,2009.

45.李书崇.死亡文化[M].北京:群言出版社,2016.

46.[加拿大]理查德·贝利沃,丹尼斯·金格拉斯.活着有多久——关于死亡的科学和哲学[M].白紫阳,译.北京:生活·读书·新知三联书店,2015.

47.林绮云等合著.实用生死学(第三版)[M].台北:华格纳企业有限公司,2014.

48.[美]琳恩·安·德斯佩尔德,艾伯特·李·斯特里克兰.最后的舞蹈:邂逅死亡与濒死(第9版)[M].陈国鹏,等译.上海:上海人民出版社,2013

49.刘良华.教育研究方法(第二版)[M].上海:华东师范大学出版社,2016.

50.刘自觉.解析死亡——走入神秘幽暗的世界[M].北京:中国国际广播

出版社,2004.

51.陆晓娅.影像中的生死课[M].北京:北京师范大学出版社,2016.

52.陆扬.死亡美学[M].北京:北京大学出版社,2006.

53.[美]洛林·W.安德森等.布卢姆教育目标视野分类学(修订版)[M].蒋小平,译.外语教学与研究出版社,2017.

54.[美]迈克尔·R.雷明,乔治·E.迪金森.温暖消逝——关于临终、死亡与丧亲关怀(第八版)[M].庞洋,周艳,译.北京:电子工业出版社,2016.

55.[法]米歇尔·沃维尔.死亡文化史[M].高凌瀚,蔡锦涛译.北京:中国人民大学出版社,2004.

56.莫嘉琳.向死而生的隐喻:隐喻性终结后的叙事[M].北京:清华大学出版社,2016.

57.[美]娜塔莉·巴比特.不老泉[M].吕明,译.南昌:21世纪出版社,2017.

58.[日]内田麟太郎,高巢和美.不要哭得太伤心[M].彭懿,译.贵州:贵州人民出版社,2016.

59.[南斯拉夫]丹尼洛·契斯.死亡百科全书[M].周淑丽,译.北京:中信出版社,2015.

60.[美]欧内斯特·范·登·哈格,约翰·P.康拉德.死刑论辩[M].方鹏,吕亚萍,译.北京:中国政法大学出版社,2005.

61.欧巧云.当代大学生生命教育研究[M].北京:知识产权出版社,2009.

62.[美]欧文·D.亚隆.存在主义心理治疗[M].黄峥,张怡玲,沈东郁,译.北京:商务印书馆,2016.

63.裴娣娜.教育研究方法导论[M].合肥:安徽教育出版社,2006.

64.[美]乔安娜·丽莲·布朗,董燕.最后的陪伴——如何面对亲人的衰老和死亡[M].北京:华夏出版社,2016.

65.[美]乔希·科恩.死亡是生命的目的——弗洛伊德[M].唐健,译,中信出版集团,2016.

66.[美]乔治·J.波斯纳,艾伦·N.鲁德尼茨基.学程设计——教师课程开发指南[M].赵中建,肖玉敏,李丽桦,吴瑞祥,译.上海:华东师范大学出版社,2003.

67.[法]让·波德里亚.象征交换与死亡[M].车槿山,译.南京:译林出版社,2012.

68.[美]舍温·努兰.死亡的脸[M].杨慕华,译.北京:中信出版集团,2016.

69.生前预嘱协会·中国医学论报坛编著.死亡如此多情——百位临床医生口述的临终事件[M].北京:生活·读书·新知三联书店,2015.

70.施良方.课程理论——课程的基础、原理与问题[M].北京:教育科学出版社,2012.

71.施罗兴,罗维.人生终站的陪伴——临终关怀百题[M].上海:上海交通大学出版社,2012.

72.施永兴,王光荣.缓和医学理论与生命关怀实践[M].上海:上海科学普及出版社,2009.

73.史铁生.向死而生[M].南京:江苏凤凰文艺出版社,2017.

74.史仲文.生死两论[M].北京:中国社会出版社,2009.

75.苏绚慧.走出丧恸——让我缓缓放开你的手[M].南京:译林出版社,2016.

76.苏永刚.中英临终关怀比较研究[M].北京:中国社会科学出版社,2013.

77.孙利天.死亡意识[M].长春:吉林教育出版社,2001.

78.索甲仁波切.西藏生死书[M].郑振煌,译.杭州:浙江大学出版社,2016.

79.探秘死亡的真相[M].成都:西南交通大学出版社,2015.

80.[美]威廉·维尔斯马,斯蒂芬·G.于尔斯.教育研究方法导论[M].袁振国,译.北京:教育科学出版社,2010.

81.[美]维克多·弗兰克尔.活出生命的意义[M].吕娜,译.北京:华夏出版社,2016.

82.吴飞.浮生取义——对华北某县自杀现象的文化解读[M].北京:中国人民大学出版社,2017.

83.吴飞.自杀作为中国问题[M].北京:生活·读书·新知三联书店,2014.

84.吴兴勇.论死生[M].武汉:湖北人民出版社,2006.

85.[英]西蒙·克里切利.哲学家死亡录[M].王志超,黄超,译.北京:商务印书馆,2015.

86.[美]谢尔登·所罗门,杰夫·格林伯格,汤姆·匹茨辛斯基.怕死——人类行为的驱动力[M].陈芳芳,译.北京:机械工业出版社,2016.

87.[美]谢利·卡根.死亡哲学——耶鲁大学第一公开课[M].贝小戎,蔡健仪,庞洋,译.北京:北京联合出版公司,2016.

88.[英]亚瑟·克里斯托弗·本森.向死而生[M].邢锡范,译.孔谧,校.哈尔滨:黑龙江教育出版社,2015.

89.闫守轩.中小学生命教育课程开发的理论与实践[M].北京:中央编译出版社,2016.

90.颜翔林.死亡美学[M].北京:中国社会科学出版社,2014.

91.杨鸿台.死亡社会学[M].上海:上海社会科学院出版社,1997.

92.杨足仪.死亡哲学十二讲[M].南昌:江西人民出版社,2015.

93.叶澜.教育概论[M].北京:人民教育出版社,2005.

94.[法]一行禅师.你可以不怕死[M].胡因梦,译.深圳:深圳报业集团出版社,2008.

95.[美]伊丽莎白·库伯勒·罗斯,大卫·凯思乐.当绿叶缓缓落下——与生死学大师的最后对话[M].张美惠,译.成都:四川大学出版社,2015.

96.于潇.死亡文化[M].北京:中国经济出版社,2014.

97.余德慧,石佳仪.生死学十四讲[M].北京:中国长安出版社,2011.

98.袁凌.我的九十九次死亡[M].桂林:广西师范大学出版社,2014.

99.袁振国.教育研究方法[M].北京:高等教育出版社,2006.

100.张娟芬.杀戮的艰难[M].北京:中国人民大学出版社,2014.

101.张贤亮.习惯死亡[M].上海:上海人民出版社,2013.

102.郑晓江.生命教育演讲录[M].南昌:江西人民出版社,2008.

103.郑晓江.寻找人生的真谛——生死问题的探索[M].南昌:百花洲文艺出版社,2002.

104.郑晓江.中国生死智慧[M].南昌:江西人民出版社,2013.

105.钟启泉.课程论[M].北京:教育科学出版社,2017.

106.[英]朱莉亚·塞缪尔.悲伤的力量[M].黄菡,译.桂林:广西师范大学出版社,2008.

107.邹宇华.死亡教育[M].广州:广东人民出版社,2008.

(二)报刊论文类

1.曹保印.青少年亟待普及死亡教育[J].教书育人,2004(4):39.

2.曹坤明.终身教育视域下我国开展死亡教育的必要性和迫切性初探[J].中国成人教育,2014(17):165-167.

3.陈君.死亡教育的重要性[J].医学与哲学,1999(11):59-60.

4.陈四光,王美娟,郭斯萍.国外死亡态度发展量表述评[J].通化师范学院学报,2006(3):71-73.

5.陈伟震.死亡观教育应成为高校德育的重要内容[J].吉林教育学院学报,2009(9):30-31.

6.陈雅雪,韩跃红.从临终关怀看死亡教育[J].昆明理工大学学报,2006(4):15-18.

7.陈玉婷,任俊圣.解蔽死亡的必要性、可行性与教育实践主体[J].医学与哲学,2014(5A):17-20.

8.程少波.实施"死亡教育"的必要性、年龄阶段和途径[J].教育评论,1991(2):12-16.

9.迟西琴,迟品伟.论死亡教育中死亡认知原则导向问题[J].2016(8A):77-80.

10.杜智殊,胡承志,张桂芝.死亡教育是学校健康教育的重要内容[J].中国健康教育,1994(6):40-41.

11.段美茹.高校开展死亡教育的重要意义及其途径[J].齐齐哈尔工程学院学报,2013(4):42-44.

12.冯建军.生命教育的内涵与实施[J].思想理论教育,2006(11):25-29.

13.高珂强,温永慧.死亡教育:老龄化社会到来的呼唤[J].山东青年管理干部学院,2004(2):121—122.

14.高钰琳,冯现刚,陈佩云,龚艳艳.死亡教育干预对医学生死亡态度影响的准实验性研究[J].中国健康教育,2016(2):138-140.

15.葛桥,沈贵鹏.论国内关于死亡教育的问题[J].中小学心理健康教育,2010(3):13-15.

16.葛晓飞.当代大学生死亡教育的现状及对策研究[J].世界教育信息2007(4):58-60.

17.关鸿军,刘辉.开展大学生死亡教育的成效分析[J].医学与哲学,2008(8):65-66.

18.郭巧红,任晓宏,刘琳.我国医学教育亟需死亡教育补课[J].医学与哲学,2009(7):69-70.

19.郭文成,何正球.经验死亡——论海德格尔的死亡现象学思想[J].武汉大学学报,2009(6):732-736.

20.郭学利.高校生命教育的分析与探索[J].内蒙古师范大学学报(教育科学版),2014(3):68-70.

21.郭玉琨.高校死亡教育课程设置的依据和原则探析[J].天中学刊,2009(6):15-17.

22.韩映虹,王映铃.美国儿童的死亡教育[J].社会心理科学,2003(2):58-60.

23.胡宜安.论生死观教育的必要性及其途径[J].黑龙江高教研究,2005(8):103-105.

24.胡英,余屏,宋爱清.论优死教育[J].医学教育.1992(6):24-27.

25.黄丽群,倪娜,张黎,张恩,马艳艳.医学院校开展死亡教育模式初探[J].护理研究,2017(10):1256-1259.

26.黄渊基.生命教育的缘起与演进[J].求索,2014(8):172-177.

27.姜淑兰,李卉.大学生"生死观"教育的内容与途径[J].吉林医药学院学报,2013(8):312-314.

28.靳凤林.论孔子的死亡观[J].北方论丛,2000(1):70.

29.靳凤林.中国鬼文华的成因、特征及其社会作用[J].中州学刊,1995(3):124-128.

30.雷静,谢光勇.近十年来我国生命教育研究综述[J].教育探索,2005(5):92-94.

31.李高峰.试析当代中国语境下的生命教育[J].教育导刊,2009(4):7-9.

32.李萍,张锐.新形势下高校生命教育体系构建研究[J].教育评论,2014(6):30-32.

33.刘晨.死亡观教育——高校生命教育的"短板"[J].理论观察,2011,

（6）：98－99.

34.刘峰.高校思想政治教育中的一项重要课题：死亡教育[J].长春工业大学学报,2010（4）：129－131.

35.刘桂珍,张亚敏.加强死亡教育,有助于推动临终关怀工作[J].天津护理,1995（4）：166－167.

36.刘辉,穆敬雯,关鸿军,谢欣,迟明珠.开展大学生死亡教育的成效分析[J].中国高等医学教育,2010（9）：14－15.

37.刘慧.生命教育内涵解析[J].课程·教材·教法,2013（9）：93－95.

38.刘慧.生死教育：学校生命道德教育中的重要之维[J].教育研究与实验,2003（2）：31－34.

39.刘娟,阳丹.浅析"向死而生"的死亡课程——基于存在主义死亡教育视角[J].中国校外教育,2013（7）：19－20.

40.刘霖,袁长蓉,徐燕.死亡教育与姑息护理[J].解放军护理杂志,2006（7）：48－49.

41.刘香东.大学生生死教育初探[J].扬州大学学报（高教研究版）,2009（2）：57－59.

42.刘香东.生命教育中的生死教育[J].中国德育,2008（8）：33－35.

43. 路倩,任旷,范红艳,王艳春.死亡教育在我国实施的重要性及措施[J].中国教育技术装备,2015（24）：93－105.

44.罗蕊.从大学生自杀透视高校死亡教育[J].中国校外教育,2010（8）：272.

45.苗睿岚.死亡教育：作为生命教育的价值与建构[J].中小学德育,2016（9）：27－30.

46.牛国兴.青少年死亡教育实施的必要性探析[J].现代教育论丛,2011（1）：15－18.

47.牛楠楠.美国中小学的死亡教育及其启示[J].基础教育,2009（1）：58－60.

48.平荣,阿米娜.开展临终关怀与死亡教育的意义[J].齐齐哈尔医学院学报,2005(12):1486-1487.

49.石守礼.试论我国开展死亡教育之必要性[J].中国医学伦理学杂志,1993(4):41-42.

50.宋晔.一个亟待关注的课题:生死教育[J].上海教育科研,2003(2):21-24.

51.苏海针.生命教育内涵之综述[J].继续教育研究,2008(3):50-52.

52.唐庆,唐泽菁.死亡教育漫谈[J].外国中小学教育,2004(4):28-33.

53.王定功,路日亮.美国中小学生命教育探析及其启示[J].中国教育学刊,2011(1):72-75.

54.王丽英.生死教育嵌入高校思想政治教育的理论分析[J].教育教学论坛,2015(6):32-33.

55.王曼.青少年死亡教育的基本问题研究[J].法制与社会,2016(16):254-255.

56.王曼.青少年死亡教育的实施瓶颈与推进策略[J].改革与开放,2017(1):52-54.

57.王淇,俞劼.死亡意识的毕生发展及其对死亡教育的的启示[J].基础教育研究,2016(19):71-74.

58.王世嫘."向死而生"的大学生死亡教育体系的构建——基于大学生死亡教育需求的调查[J].2015(3):30-33.

59.王学风.国外中小学生命教育及其启示[J].外国中小学教育,2007(1):43-45.

60.王学风.台湾中小学生命教育的内容及实施途径[J].教育评论,2001(6):52-54.

61.王云岭,杨同卫,朱世英.濒死体验研究及其现实意义[J].医学与哲学,2005(8):20-27.

62.魏彤儒,齐秀强.青少年死亡教育:必要性与可行性的双重诉求[J].中国青年研究,2015(7):111-115.

63.吴怀杰.尊严死的是非争议[J].中国社会保障,2013(11):54-55.

64.吴锦涛,张爱超,刘婧楠.大学生死亡认知与死亡教育需求程度调查[J].黑河学刊,2015(6):91-92.

65.吴艺.生命教育视域下死亡教育的反思[J].学理论,2010(10):78-79.

66.吴跃俊.日本关于生死学研究述评[J].日本研究,2009(2):87-91.

67.席晶晶.医学院校死亡教育的缺失及对策研究[J].辽宁高职学报,2017(3):106-108.

68.夏凤鸣."死亡教育"三题[J].教书育人,2003(1):28-29.

69.夏媛媛.中西方生死教育的发展与区别及原因探讨[J].中国高等医学教育,2011(5):1-3.

70.谢伊青.准备死亡——你逃不掉的必修课[J].成才与就业,2013(22):48-51.

71.谢云天,潘东.高校生死教育需求调查研究[J].煤炭高等教育,2007(2):73-76.

72.谢云天,徐云俊.中国内地近十年来死亡教育研究述评[J].理工高教研究,2007(6):26-29.

73.熊万军,苏小霞.死亡教育及其意义[J].现代医药卫生,2011(18):2810-2812.

74.许锋华,黄道主.论面向现实生活世界的死亡教育[J].教育研究与实验,2013(2):54-57.

75.杨慧勤.一个不可回避的领域:死亡教育[J].中小学心理健康教育,2011(6):16-18.

76.杨舜尧,陈晓斌.由死观生——论大学生的死亡教育[J].湖南第一师范学报,2009(4):145-146.

77.尧必文,龚玉秀,张有闻.大学生死亡教育实证调查及对策分析[J].煤炭高等教育,2010(4):92-94.

78.尧必文,蒋九愚,张有闻.死亡教育探析[J].中国职业技术教育,2010(10):76-78.

79.尧必文,李爱娇,张健康.大学生死亡教育教学探求[J].教育与教学研究,2010(12):44-46.

80.尹丹.美国中小学死亡教育课观察[J].福建论坛(社科教育版).2009(1):94-96.

81.于文思.从"有限之途"至"无限之境"——谈生命教育的三重维度[J].东北师范大学学报,2016(1):114-118.

82.余平.论海德格尔的死亡本体论及其阐释学意义[J].哲学研究,1995(11):30-40.

83.袁峰,陈四光.美国死亡教育发展概况[J].湖北教育学院学报,2007(1):94-96.

84.袁卫星.在死亡教育中追问生命的意义[J].人民教育,2015(7):43-46.

85.张东伟.高校大学生死亡态度及其影响因素的相关研究[J].现代预防医学,2011(4):675-680.

86.张慧兰,王丹,罗羽.国内外死亡教育发展的分析与思考[J].护理学报,2015(11):29-32.

87.张慧兰,王丹,罗羽.军医大学医学生死亡教育课程内容体系的构建研究[J].护理学杂志,2016(21):63-67.

88.张鹏.试论我国的生死教育及其推进[J].青海社会科学,2008(5):178-181.

89.张月梅.大学生生命教育的价值探[J].教育探索,2013(13):100-101.

90.赵登蔚.关于死亡教育[J].医学教育,1990(10):14-17.

91.赵秀云.论生命教育的内涵与途径[J].现代中小学教育,2007(2):1-4.

92.郑晓江.国外死亡教育简介[J].教师博览,2000(2):42.

93.周德新.死亡教育的作用、内容与途径[J].学理论,2009(19):56-57.

94.周国俊.浅析新课改背景下的死亡教育[J].现代教育学科·普教研究,2012(1):21-22.

95.周宏岩,王伟,徐洁.大学生死亡态度的调查分析[J].中国青年研究,2011(11):25-28.

96.周亚文.青少年死亡教育目标研究[J].吉林教育,2016(3):15-16.

97.周英会,方秀娜.生命教育国内外发展及其研究综述[J].鸡西大学学报,2014(12):10-12.

98.朱光明,郭清秀,赖建强.1393名居民死亡态度与死亡教育调查分析[J].中国健康教育,1994(6):14-18

99.庄军.青少年的死亡教育的省察[J].山东省青年管理干部学院学报,2002(3):22-23.

100.宗建芳.浅谈死亡教育的意义[J].中国医学教育,2000(5):21-22.

(三)学位论文类

1.蔡荔.大学生生命教育研究[D].中南民族大学硕士学位论文,2008.

2.蔡明昌.老人对死亡及死亡教育态度之研究[D].高雄师大学硕士学位论文,2005.

3.陈四光.心理健康视野下大学生死亡态度及生命教育研究[D].江西师范大学硕士学位论文,2006.

4.邓玲.论高校学生自杀现象——生命教育的视角[D].河南大学硕士学

位论文,2008.

5.邓雪英.死亡教育课程对大学生生命意义感的影响效果研究[D].中南大学硕士学位论文,2011.

6.丁颖.论死亡意识教育——向死而生的教育视角[D].河南大学硕士学位论文,2003.

7.胡晓静.大学生死亡教育实施策略问题研究[D].华北电力大学硕士学位论文,2016.

8.黄启峰.小学高年级学童死亡概念、死亡态度之研究[D].高雄师范大学硕士学位论文,2012.

9.江晓萍.大学生生命教育研究[D].南昌大学硕士学位论文,2005.

10.李彩妮.大学生死亡态度、生命意义及相关因素的研究[D].中南大学硕士学位论文,2012.

11.李高峰.生命与死亡的双重变:国际视野下的生命教育[D].华东师范大学博士学位论文,2010.

12.李尚洋.中小学科学生死观教育研究[D].上海师范大学硕士学位论文,2016.

13.李亚婷.高中生死亡态度现状及其与成人依恋、社会支持的关系研究[D].湖南师范大学硕士学位论文,2016.

14.李艳.台湾地区中小学生命教育的研究与启示[D].华东师范大学硕士学位论文,2006.

15.刘晋玉.马克思主义的死亡观与当代大学生的死亡教育[D].广州大学硕士学位论文,2008.

16.卢锦珍.青少年死亡教育之探索[D].广西师范大学硕士学位论文,2001.

17.梅亚羽.初中生死亡态度及其与依恋的关系[D].河南大学硕士学位论

文,2014.

18.唐鲁.《死亡教育》护士继续教育课程方案的构建与实验研究[D].第二军医大学博士学位论文,2013.

19.王佳一.大学生死亡态度及其与自尊、生命意义感的关系研究[D].哈尔滨师范大学硕士学位论文,2013.

20.王申.死亡态度和生命教育需求调查研究[D].厦门大学硕士学位论文,2009.

21.王晓虹.大学生生命教育研究[D].华中师范大学硕士学位论文,2005.

22.张美云.生命教育的理论与实践探索[D].华东师范大学博士学位论文,2006.

23.郑世彦.生如夏花,死如秋叶——生命教育课程对大学生生死观的影响之研究[D].华东师范大学硕士学位论文,2009.

24.钟义珍.基于"死本能"理论的死亡教育研究[D].西南大学硕士学位论文,2011.

二、外文文献

1.Birkholz,G.,Clements,P.T.,Cox,R.,& Gaurne,A.,Students' self-indentified Learning Needs:A Case Study of Baccalaureate Students Designing Their Own Death and Dying Course Curriculum[J].Journal of Nursing Education,2004(43):36–43.

2.Clark,V.,Death Education in the United Kingdom[J].Journal of Moral Education,1998(27):393–401.

3.Collett L.J.,Lester. The Fear of Death and the Fear of Dying[J].J Psy-eho,1969(12):23–24.

4.Dickinson G.E.,Summer E.D.,Durand RP. Death Education in U.S. Professional Colleges: Medical, Nursing, and Pharmacy[J].DEATH Studies,1987(11):57-62.

5.Dickstein,L.S.Death Concern: Measurement and Correlates[J].Psychological Reports,1972(2):563-571.

6.Eddy,J.M.,St.Pierre,Alles,W.F.,&Shut,R.Conceptual areas of death education[J].Health Education,1980(1):14-15.

7.Gibson,A.B., Robert,P. C & Buttery. T.J.,Death Education:A Concern for Living[J]. ERIC Document Reproduction,1982(ED):215.

8.Hannelore Wass. A.Perspective on the Current State of Death Education[J].Death Studies,2004(4):289.

9.Klug,L.F.& Boss,M.F. Factorial of Structure of the Death Concern Scale[J].Psychological Reports,1976 (1):107-112.

10.Leviton,D.,The Scope of Death Education[J]. Death Education,1997(1):41-56.

11.Nelson,L.D.& Nelson,C.C.A Factor Analytic Inquiry Into the Multidimensionality of Death Anxiety[J].Omega,1975(6):171-178.

12.Noppe,I.C.,Noppe,L.D..Adolescent Experiences with Death:Letting Go of Immortality[J]. Journal of Mental Health Counselling,2004(26):146-148.

13.Pine,V.R.,The Age of Maturity for Death Education:A Sociohistorical Portrait of the Era 1976-1985[J].Death Studies,1986(10):209-231.

14.Schlairet,M.C.,End-of-life Nursing Care:Statewide Survey of Nurses' Education Needs and Effects of Education[J].J PROF NURS,2009(3):170-177.

15.Smith-Stoner M. Using High-fidelity Simulation to Educate Nursing

Students About End of Life Care[J].Nursing Education Perspectives,2009(2): 115-120.

16.Tandy R.E.,Sexton J.A Death Education Course Survey[J].Health Education,1985(5):35-36.

17.Wendy Kopp, Melissa A. Hanson. High-Fidelity and Gaming Simulations Enhance Nursing Education in End-of-Life Care[J]. Clinical Simulation in Nursing,2012(3):e97-e102.

后　记

　　人生如寄,生也偶然,死却必然;人生一世,草木一秋,匆匆来去。

　　在生与死,来与去的中间,有多少人活得明白,死得安详,生死无憾,生死两相安。活得明白是要活得有价值,生命有意义,值得过此一生;死得安详是指死时无憾,死得坦然,死时温暖。但我们总是过多地关注"生",渴望着"生",忌讳"死",认为死亡是一种惩罚,打心底里否认着"死"。

　　人与其他物种不同,人终其一生都在寻求活着的意义。可是,生死本是一体,我们一生都在探究生命的意义,却忘了死亡意义正是生命意义的重要内容,离开死亡去谈生命,去思考人生,我们不可能看清生命的全貌,也不可能会有一个通透深彻的人生体悟。

　　教育是促进个体发展与生命成长的活动,如果教育活动只注重有关"生"的维度,而忽视"死"的视角,看不到"死亡"维度对于个体发展的重要性,没有关于"死"的内容涵括在正从事的教育活动中,也一定不能全面地、深刻地、通透地理解作为培养人活动的教育现象。没有"死亡"只有"生命"参与的教育活动是不完整的,教育不应只具有"生"的维度,应该而且必须也要有"死"的维度,死亡作为看待教育活动的重要维度,生死教育应该而且也必须成为教育分类的一种重要类型。然而在我国乐生恶死、重生讳死的传统文化深深影响下,生命教育开展得轰轰烈烈,而生死教育却显得冷冷清清,生死教育的开展甚至阻力重重,并没有引起并受到家庭、学校和社会各界人士的普遍重视。

本书是在我的博士论文基础上修改而成的,在一个讳死乐生的文化传统里,从事生死教育研究或开展生死教育活动会遇到太多困难与阻碍。虽一再说明生死教育实际上就是死亡教育,为避免不必要的麻烦,出版时还是将死亡教育改成了生死教育,这或许也从另外一个角度说明了在国内谈论死亡的困难,这就形成了现代社会中国人的死亡质量低下的根本原因。正如北京师范大学学者田松指出我们现在只有人生观,其实更需要的是人死观,死亡是一种能力,这种能力会影响我们对幸福生活的追求,同时也会制约我们的生命质量的提升,死亡质量恰恰是生命质量的重要部分。

本书通过对大学生生死教育进行研究,以课程理论为研究框架,基本建构起一整套大学生生死教育课程内容体系,将持续对课程内容体系进行改进完善,力求把它建设成为一流课程,并试图在网上进行推广,让更多大学生接触到生死教育,了解和认知死亡、改变死亡态度、寻求生命意义、促进生命成长、提升生命质量。由一个大学生再到更多的大学生,由一所高校的大学生再到许多所高校的大学生,这些大学生进入社会之后,其对待死亡的态度、正视死亡的勇气、身上所体现出的生命活力和反映出的意义感、对宇宙人生的认知与理解,都会深深影响身边的每一个人,进而影响整个社会的死亡系统,建构和形成新的符合现代社会发展的死亡文化。

死亡给予我们每个人的最大启示就是优雅而从容地活,就是认真地过好我们生命中的每一分每一秒,尽最大努力去舒展生命、活出意义、实现生命的价值。对于生命成长来说,死亡是个体最好的老师。希望本书的出版能够使更多的人思考死亡、谈论死亡、学习死亡,唤醒死亡意识、转变死亡态度、引发个体生命觉醒、促进生命成长，寻求安身立命之道，提升生命质量，达致生死教育的生死一体、两相安、三自在的终极目标。

兰霞萍

于南昌护念斋

2023 年 4 月 12 日